BELMONTE CARICATURAS DOS ANOS 1920

**FGV EDITORA**

Marissa Gorberg Stambowsky

# BELMONTE
## CARICATURAS DOS ANOS 1920

*Para Rachel*

Copyright © 2019 Marissa Gorberg Stambowsky

Direitos desta edição reservados à
EDITORA FGV
Rua Jornalista Orlando Dantas, 37
22231-010 | Rio de Janeiro, RJ | Brasil
Tels.: 0800-021-7777 | 21-3799-4427
Fax: 21-3799-4430
editora@fgv.br | pedidoseditora@fgv.br
www.fgv.br/editora

Impresso no Brasil / *Printed in Brazil*

Todos os direitos reservados. A reprodução não autorizada desta publicação, no todo ou em parte, constitui violação do copyright (Lei no 9.610/98).

Os conceitos emitidos neste livro são de inteira responsabilidade dos autores.

Primeira edição 2019

DESIGN DE MIOLO E CAPA
Victor Burton

EDITORAÇÃO ELETRÔNICA
Adriana Moreno

PREPARAÇÃO DE ORIGINAIS
Sandra Frank

REVISÃO
Fatima Caroni

TRATAMENTO DE IMAGENS
Anderson Junqueira

IMPRESSÃO E ACABAMENTO
Gráfica Stamppa

*Deixemos, pois, a caricatura viver.
É das artes mais felizes
destes tempos e, sem dúvida,
a melhor intérprete de sua época.*
-BENJAMIN COSTALLAT

## APRESENÇÃO
> 15 <

## INTRODUÇÃO
> 19 <

· CAPÍTULO UM ·
## CARICATURAS COSMOPOLITAS
> 53 <

· CAPÍTULO DOIS ·
## ESPAÇO METROPOLITANO:
*Multiplicidade de domínios*
> 101 <

· CAPÍTULO TRÊS ·
## RELAÇÕES DE GÊNERO
> 121 <

· CAPÍTULO QUATRO ·
## MODA NOS ANOS 1920
> 169 <

## CONCLUSÃO
> 197 <

## BIBLIOGRAFIA, FONTES E AGRADECIMENTOS
> 206 <

Frou-Frou, n. 32, jan. 1926

BELMONTE

# APRESENTAÇÃO

## LUCIA LIPPI OLIVEIRA

omo sugere Benjamin Costallat, deixe a caricatura viver, falar, informar, sugerir, questionar… E foi o que fez Marissa Gorberg ao longo deste trabalho, ao se dedicar às caricaturas de Belmonte nos chamados "loucos anos 1920".

As revistas de variedades ofereciam, nos anos 1920, espaço privilegiado para que a caricatura registrasse uma gama variada de temas que parecem pertencer aos anos 2020: relações de gênero, feminismo, moda, androgenia, culto às aparências e às celebridades… Vale lembrar que cronistas e caricaturistas se posicionavam frente a tudo isso de modo ambíguo. Participavam desses tempos eufóricos, partilhavam do espaço da cidade, mas mantinham uma visão cética, desconfiada e faziam uso do humor para apontar problemas, impasses, paradoxos e esgarçar ainda mais as teias daquela sociedade.

Bastos Tigre, Emílio de Menezes, Raul Pederneiras, J. Carlos e Belmonte fazem parte da seleção de craques da caricatura que conversa com cronistas como Benjamin Costallat, Théo Filho, Orestes Barbosa, Álvaro Moreira, Ribeiro Couto entre outros. Vale o registro: para esta geração não era mais possível crer no progresso do mesmo modo que antes da I Guerra Mundial.

Nos anos 1920, caricaturas e crônicas são expressões populares por excelência. Ambas partem da relação com a cidade como fonte e objeto de suas criações. Seus personagens e seus temas emergem do cotidiano. Exibem e criticam comportamentos de forma leve e clara, abusam do poder de síntese e assim são capazes de alcançar o leitor comum, que consegue identificar em sua vida situações similares. Ou seja, exibem linguagem fora do universo do "sublime", distante do "erudito" como registra a autora. Até por isso, crônicas e caricaturas demoraram muito a ser aceitas e valorizadas no mundo acadêmico. Hoje, isso não é mais assim. Este trabalho de Marissa Gorberg faz parte de uma linhagem de textos acadêmicos sobre o tema que pode ser acessada na bibliografia consultada.

Marissa Gorberg vai privilegiar, em sua análise, as caricaturas que o artista intelectual-paulista Belmonte publicou nas revistas cariocas *Careta* e *Frou-Frou* entre 1923 a 1927. Belmonte, é bom lembrar, disputava com seu contemporâneo J. Carlos a atenção do público em publicações concorrentes.

O trabalho de Marissa Gorberg exibe o fôlego da pesquisadora e a capacidade de acompanhar e analisar a miríade de temas tratada por Belmonte. Exibe com competência a relação entre imagem e texto, entre caricatura e crônica. Mencionar isso não é novidade, falar do entrecruzamento de caricaturas e crônicas como dois lados de uma mesma moeda também não. O importante é registrar como a autora conseguiu mostrar a "conversa" entre as caricaturas de Belmonte e as crônicas de autores contemporâneos a ele, assim como entre suas charges e as de outros caricaturistas, ou seja, seu sucesso em situar Belmonte no panorama do humor gráfico daquele tempo.

Marissa aponta as possíveis conexões entre traços biográficos e sua produção artística e situa Belmonte também no espaço dos movimentos futurista e modernista dos anos 1920 já que, com o fim da guerra, abriu-se espaço para o surgimento de outras ideias que questionavam os padrões do que era até então considerado como progresso. Os chamados movimentos de vanguarda pipocaram, com a proliferação de manifestos que procuravam mudar os padrões estabelecidos nos diversos campos da arte e da cultura. A história da cultura no século XX pode mesmo ser marcada por uma alternância constante entre tendências que pregavam o rompimento com o passado e movimentos que defendiam sua renovação, assim como de propostas que se alternavam entre as que pregavam o fortalecimento dos valores nacionais e as que defendiam a integração aos ideais cosmopolitas e universais.

A escolha em analisar Belmonte no Rio de Janeiro também vai exigir uma leitura mais focada no caso do Rio de Janeiro dos anos 1920, já que se trata do cotidiano de uma metrópole cosmopolita, ou que se pensava como tal, em estilo de vida, modos e costumes de sua elite. O amplo espectro dos temas das criações de Belmonte cobre uma série de relações, de encontros e desencontros em uma multiplicidade de domínios, que coabitavam uma mesma cidade que, desde a reforma Pereira Passos no início do século XX, gostava de se ver e ser vista como moderna, como a Paris tropical. Belmonte pode ser identificado como um "fotógrafo" do cotidiano que, com seu olhar crítico, distorce, acentua traços com o intuito de fazer ver, de possibilitar alguma identificação e, principalmente através da ironia, assumir uma posição crítica.

Nos anos 1920 no Rio de Janeiro também merecem ser registrados o início de transmissão do rádio, o início de apresentação do cinematógrafo e os esportes, que começam com as regatas e as corridas de cavalo. Foi também quando começou o futebol e sua transmissão pelo rádio através da instalação de autofalantes em espaços públicos. Vale igualmente mencionar a reforma urbana realizada nos anos 1920, quando o prefeito Carlos Sampaio pôs fim ao morro do Castelo para abrir espaço para a realização da Exposição do Centenário de Independência em 1922. E ainda cabe lembrar uma Copacabana que estava começando!

Pode-se também falar dos anos 1920 registrando outra escala de questões, já que a cidade, como capital, concentrava a vida política – o movimento tenentista em 1922 no Rio de Janeiro, o de 1924 em São Paulo, a marcha da Coluna Prestes, a criação do Partido Comunista, o governo Arthur Bernardes com o estado de sítio, a crise de 1929, a campanha da Aliança Liberal e a Revolução de 1930 fechando ou abrindo a década.

Em meio a crises políticas e econômicas, em meio a inovações e transformações mais ou menos relevantes, em oposição a tudo isso as revistas cariocas mantinham o foco no *faits divers* e continuavam a expor a "vida social", falar de eventos festivos, competições esportivas, chás dançantes, bailes comemorativos e *soirées* teatrais. Para além dessa aparente frivolidade, nos diz Marissa, "As caricaturas de Belmonte jogam luz sobre um competitivo jogo social, contribuindo para o fomento de indagações a partir de um ângulo específico – o do humor – que permite entrever uma faceta pouco explorada de nossa trajetória".

No pós-I Guerra, passa a ser objeto de crítica a cópia de valores europeus. Em seu lugar, vai ter espaço a valorização de elementos nacionais buscados em raízes folclóricas e regionais. Tal tendência, nos diz a autora, não interrompeu a chegada de novas influências culturais externas. No lugar do sonho europeu, especialmente francês, a inspiração da vida norte-americana e os Estados Unidos, que são apresentados como terra da liberdade, do progresso e modelo de opulência material. Marissa aponta tal mudança e registra que o modelo cultural norte-americano foi "filtrado pela recepção que esse modelo encontrou na cultura europeia", sendo, quando aqui chega, uma cópia da cópia. Tal reconhecimento, advindo da análise das caricaturas de Belmonte, é uma das importantes contribuições deste trabalho, já que a "americanização" da cultura brasileira tinha sua localização até agora registrada após a II Guerra Mundial.

Em várias de suas caricaturas, Belmonte colocou seus personagens habitando casas estilo bangalô com jardins simétricos, um tipo de lar idílico, espaço da ordem e da paz para uma classe burguesa emergente. Em outras, são apresentadas residências menores, onde se valoriza o estilo prático, moderno, norte-americano de morar que vai aos poucos substituir as chácaras, os palacetes ecléticos ou afrancesados. Há inclusive uma caricatura escolhida pela autora em que são registradas residências em estilo neocolonial, estilo que ganhou notoriedade na Exposição do Centenário da Independência em 1922.

Por fim, as caricaturas de Belmonte informam a presença notável do *art déco* – com sua simplicidade de linhas, sua ornamentação geométrica, com grafismos e linhas simplificadas – que vai substituir o *art nouveau* e o ecletismo da *belle époque*. Com essas cenas, Belmonte como que confirma a relevância de tal estilo na cidade do Rio de Janeiro, que tem no prédio da Estação Central do Brasil e na estátua do Cristo Redentor alguns de seus mais importantes ícones.

BENEDITO CARNEIRO BASTOS BARRETO (BELMONTE)

# INTRODUÇÃO

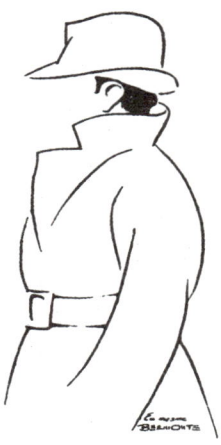

Após a I Guerra Mundial (1914-1918), o período convencionado como *belle époque* (1898-1914) ficara para trás, e os *loucos anos 1920* despontavam com provocações e enfrentamentos inéditos. A imprensa periódica se afirmava como lugar privilegiado de construção de um mundo em ebulição. Instrumento crucial de comunicação, entretenimento e informação, a mídia impressa semanal de variedades tinha como um dos principais atrativos a crônica visual satírica da avalanche de novidades capaz de inebriar e desorientar os que viviam de modo sensível aquela experiência.

Nas páginas de algumas das principais revistas ilustradas da então capital da República, o Rio de Janeiro, faziam sucesso caricaturas de um artista intelectual paulistano – Belmonte – que disputava com seu contemporâneo J. Carlos a atenção do público em publicações concorrentes (*Careta* e *ParaTodos*, respectivamente).

Belmonte abordava um amplo espectro de temas em suas criações: relações de gênero, arquétipos feminino e masculino, paternalismo, feminismo, relações entre patrões e empregados domésticos, moda, androginia, encontros e desencontros entre uma multiplicidade de domínios que coabitavam uma mesma cidade. Aspectos apontados por ensaístas de nosso tempo como traços marcantes da contemporaneidade – a materialidade das relações, a estetização do cotidiano, a disseminação do consumo, a obsessão pelo culto às aparências e pela celebrização, as reações sociais ante as transformações do feminino – eram contemplados por ele havia quase um século, num período em que foram sedimentadas as bases da modernidade.[1]

O caricaturista parecia vivenciar a ideia e os valores da nova ordem moderna não com um sentimento perpetrado de deslumbramento e

---

**1.** *Entenda-se "modernidade", aqui, como "o resultado do desenvolvimento capitalista, do progresso científico-tecnológico, da razão iluminista e pragmática" (Velloso, 2010:17).*

aprovação incondicional; ao contrário, apresentava situações que descortinavam uma visão debochada, cética e desconfiada daquela maneira de viver, ao largo dos vieses cientificista e positivista dominantes. Em oposição a padrões de pensamento imediatistas e utilitários, as caricaturas induziam a um percurso na via da subjetividade e do intimismo, numa perspectiva crítica do progresso.

Alinhado aos "homens de letras" que enfatizavam os desafios e os aspectos negativos do mundo moderno, capazes de acarretar anomalias e alienação, Belmonte suscitava indagações cruciais trazidas pelo momento. Nesse sentido, se aproximava de um grupo de mentes pensantes que vislumbravam a marcha do progresso como algo um tanto quanto incompreensível ou, no mínimo, risível.

Essa visão desencantada já aparecia entre o grupo boêmio do Rio de Janeiro atuante no alvorecer do século XX, integrado em sua maioria por artistas do traço que utilizavam o humor como ponto unificador de identidade intelectual – Bastos Tigre, Emílio de Menezes, Raul Pederneiras, Kalixto, J. Carlos, Storni, Yantok, Julião Machado. A arte se apresentava como saída possível para as instigações que mobilizavam esses intelectuais, para quem a história não cumpria uma trajetória de igualdade, racionalidade e bem-estar social como corolário automático da vitória do saber e do conhecimento.

*Caricatura de Belmonte por Nino, 1918*

Expoentes de formas de linguagem expressivas da modernidade, eles pavimentaram um caminho trilhado nos anos 1920 por autores que buscavam na vivência das cidades o combustível para agradar os leitores, tornando-se extremamente populares. Autores que testemunhavam os contrassensos de uma época percebida pelos encantados como tempos eufóricos, oferecendo a eles, ironicamente, contranarrativas disfóricas. Inspirados por um espírito de irreverência, caricaturistas decalcavam uma faceta peculiar do cotidiano em sua versão da nacionalidade, aliando a percepção aguçada de sua época à busca por novas formas de expressão cultural.

As caricaturas de Belmonte publicadas nas revistas *Careta* e *Frou-Frou* entre os anos de 1923 e 1927 se encaixam nesse panorama de discernimento, entre ficção e referencialidade, capazes de exprimir o espírito da modernidade periférica no Rio de Janeiro. Estetizando os dados que recolhia em sua observação do cotidiano, o autor não anulava seu senso de realidade, gravando com ironia e cinismo um universo de *féerie*. Os retratos que ele nos oferece podem ajudar a esclarecer muitos aspectos de nossa história social, flagrados pelo filtro da perplexidade que colocava em questão certas práticas e acontecimentos.

## Caricaturas e crônicas: expressões do moderno

Nos anos 1920, caricaturas e crônicas assumiram o posto de expressões populares por excelência do seu tempo, ligadas ao espaço e à experiência urbanos. Seus autores eram intelectuais que partiam da relação com a cidade e seus personagens para abastecer suas criações – sintônicos aos novos tempos, seus temas eram provenientes do "aqui e agora", com atenção aos modismos, às suscetibilidades, aos sintomas percebidos na vida ordinária das pessoas comuns.

As duas linguagens apresentavam uma série de similaridades; estavam ligadas ao desenvolvimento tecnoempresarial da imprensa, ancoradas no mesmo tipo de suporte – em jornais ou revistas – onde eram utilizadas como chamariz de venda. Foram capazes de incorporar as inovações técnicas na própria linguagem, alterando padrões estéticos, investindo na leveza, na clareza, no poder de síntese, com agilidade necessária para atender à efemeridade periódica.

À fragmentação da própria experiência da cidade moderna incorporaram a fragmentação na forma e nas ideias, facilitando sua apreensão e tornaram-se inteligíveis para grupos afastados de obras "clássicas e sublimes" que buscavam dar conta da vida acabada como um todo. A sátira e a irreverência, recursos nelas dominantes. Como recriações de seu tempo, davam visibilidade às emoções humanas, às feições inconscientes e faziam uso do humor como recurso privilegiado para entreter, enquanto reforçavam – ou contestavam – papéis e comportamentos socialmente aceitos.

Enquanto as revistas com caricaturas vendiam "que nem pão quente", editores e autores como Benjamin Costallat desenvolveram um tipo de publicação que também passou a ser consumida com muita avidez pelo público. Eram "romances de sensação" e coletâneas de crônicas escritas de forma direta, publicados em edições de formato específico de modo a resultar num produto atraente e vendável.

*Capa de livro de Benjamin Costallat*

Essas obras eram resultado de um processo de mudanças na concepção e na confecção dos livros em pleno curso no período, protagonizado pela casa editorial de Monteiro Lobato em São Paulo e por Leite Ribeiro, N. Viggiani e Costallat & Miccolis no Rio de Janeiro. No catálogo das editoras cariocas, figuravam títulos como *Mlle. Cinema*, *A mulher do próximo*, *Luvas e punhais* e compilações das crônicas de autores como o próprio Costallat, Théo Filho, Orestes Barbosa, Álvaro Moreyra, Ribeiro Couto, Gastão Pennalva e outros.

Embora tenham sido desvalorizadas pela crítica literária e relegadas ao esquecimento ao longo do tempo, uma multiplicidade de expressões artísticas existiram simultaneamente ao movimento modernista "canonizado". Nos anos 1960, o ensaísta Brito Broca manifestou seu espanto pelo ostracismo em que se encontravam cronistas extremamente populares na vida literária de 1920, marcados por ousadia e inovação (Broca, 1961). Recentemente, Beatriz Resende tem se debruçado sobre o que denominou "literatura *art-déco*" e promovido uma série de questionamentos sobre julgamentos de valor e classificações excludentes que foram legitimados por instâncias consagradoras acadêmicas, ressaltando o espírito de vanguarda e o papel que essas obras exercem como mediadoras de sentimentos e demandas sociais pulsantes.

No Rio de Janeiro, paralelamente à produção de autores consagrados como representantes do modernismo brasileiro, outras correntes inovadoras "bombavam" no período:

> A literatura que circulava como novidade era a de Théo-Filho e Benjamin Costallat, ousada, falando de sexo, drogas e automóveis. Costallat e Mme. Chrysantème [...] traziam o homossexualismo para as salas de visita, o uso da cocaína e seus males entre os elegantes. J. Carlos inovava as imagens da imprensa com sua Melindrosa [...] O Rio de Janeiro parecia moderno o bastante para não se impressionar com futurismos vindos de São Paulo, "novidades velhas de quarenta anos" [Resende, 2017:40].

Assim como as crônicas daqueles autores, as caricaturas de Belmonte, expressão "da hora" há quase um século, sofreram a ação implacável do tempo. Ruidosas na recepção que provavelmente encontravam junto aos leitores, permaneceram adormecidas nas páginas das revistas, resquícios de uma época que já se foi.

Por muito tempo à margem dos temas que mereceram o exame historiográfico, caricaturas e crônicas não integraram o manancial de fontes consideradas "legítimas", sendo duplamente desvalorizadas: primeiramente, por não se enquadrarem em perspectivas que visavam à análise de grandes estruturas, e em segundo lugar por serem tratadas como produções "sem seriedade", distintas daquelas inscritas nos referenciais canônicos da intelectualidade.

Pela perspectiva da história cultural (Le Goff e Nora, 1988) os campos da imagem e do humor conquistaram legitimidade como fontes de interpretação, conquanto exigissem considerações específicas para sua utilização, à luz da noção de *representações* (Chartier, 1990, 1991). Aquelas formas de expressão atuavam como mediadoras entre o universo do espectador e do produtor, estabelecendo conexões entre a representação fornecida e o ambiente que representavam. Embora não devam ser tratadas como espelhamento mimético do passado que se deseja alcançar, não se deve tampouco desconsiderar que possuíam o real como referente; sua produção não escapava ao ambiente cultural de seu espaço/tempo, à retórica, às expectativas e preconceitos que as orientavam. Caricaturas e crônicas estavam inscritas em uma rede de escolhas e intenções de produtores e receptores que chancelavam seu sucesso e sua demanda; a um só tempo, informavam e conformavam determinadas visões de mundo. Por meio delas, podemos inferir o imaginário do seu tempo e algumas das forças que orientavam a estrutura de funcionamento daquela sociedade.

*Capa de livro de Benjamin Costallat ilustrada por Chin*

## Os anos 1920 em revista

Na terceira década do século passado, uma crise estrutural atingia os campos político, econômico, social e ideológico, e prejudicava as bases da Primeira República. Alguns setores da sociedade brasileira, descontentes com a situação da ampla carestia e do desemprego – a classe operária, os militares, as camadas médias urbanas –, protagonizaram episódios de rebeldia que provocavam rachaduras no sistema de monolitismo oligárquico de São Paulo e Minas Gerais.

No ano de 1922, foi criado o Partido Comunista Brasileiro, e o movimento feminista ampliava suas pretensões sob o comando de Bertha Lutz. O então presidente Arthur Bernardes regeu grande parte do seu mandato (15 de novembro de 1922 a 15 de novembro de 1926) sob decreto do estado de sítio; foi sucedido por Washington Luís (15 de novembro de 1926 a 24 de outubro de 1930), que teve de enfrentar uma grave crise econômica agravada em 1929 e a questão da sucessão presidencial, quando as articulações da Aliança Liberal resultaram em sua deposição e a entrega do governo a Getúlio Vargas.

A política de valorização do café aplicada pelo governo entre 1921 e 1923 ocasionou o aumento da inflação e do custo de vida, prejudicando as camadas populares. Para as elites, os efeitos sentidos eram inversos: com o restabelecimento das atividades econômicas na Europa após o fim da I Guerra Mundial e o aumento do consumo do produto, a elevação dos preços proporcionava novas esperanças para os grupos agroexportadores que se encontravam no poder, ao menos até a crise internacional que se abateu em 1929.

Contemporâneas desses "motores da história", algumas revistas ilustradas abriam janelas para a crise, como era o caso da *Careta*, cujo perfil politizado era externado nos editoriais; outras, como a *Frou-Frou*, mantinham-se alinhadas a um perfil predominantemente elitista, dirigidas à parte da sociedade que continuava a usufruir de certas prerrogativas no topo de uma pirâmide de hierarquização social. Ambas, contudo, se encontravam fortemente referenciadas ao ideal progressista da virada do século e externavam uma ideia de Brasil, afeitas ao estilo de vida emanado pelas metrópoles europeias que ainda ecoava na capital da República, embora após a I Guerra Mundial o modelo americano também passasse a influenciar os hábitos e as demandas de parte da população.

Como veículo de comunicação de "primeira ordem" do seu tempo, as revistas viveram, no início do século XX, um verdadeiro *boom*, forjadas em um sistema de produção, circulação e vendagem com objetivos de larga inserção no mercado. Caracterizadas por forte apelo visual, atingiam em cheio um público amplo, não necessariamente letrado. Nelas, as criações de artistas gráficos passaram a ganhar destaque próprio, não mais como mero acessório complementar de texto, mas como própria forma de texto.

Naquele momento, o traço de Di Cavalcanti na propaganda do dentifrício Odol; de Manoel de Mora nos anúncios do Parc Royal; e de Belmonte, J. Carlos, Raul e Storni nas caricaturas coloridas, pulavam das páginas como forma primordial de linguagem. Como um objeto lúdico composto de texto e imagem, aqueles veículos de variedades privilegiavam a oferta de lazer e entretenimento, a abordagem mais leve das matérias, a inclusão de temas amenos, conjugados com seu forte apelo pictórico. Com capas mais atraentes, diagramação inovadora e uso da cor, as revistas se destacavam em relação aos jornais enquanto contribuíam para alçar as imagens ao patamar de sinal inequívoco da modernidade.

Chama atenção como, em meio a crises políticas e econômicas, essas revistas cariocas mantinham o foco sobre a "vida social": eventos festivos, competições esportivas, chás dançantes, bailes comemorativos e *soirées* teatrais pareciam ter maior influência e importância para os leitores do que qualquer outro assunto.

Em sua maioria, aquelas publicações serviam à reprodução de um sistema já implementado, vendendo um ideário envolvido com modelos dominantes. Seus editoriais não visavam, *a priori*, à contracultura, à abordagem de indícios antidemocráticos, às denúncias de injustiças sociais; pareciam mais empenhados em celebrar e dar continuidade à entrada do país nos "trilhos do progresso", com a preocupação de entreter seus leitores com aspectos agradáveis e desejáveis da experiência urbana que se queria moderna, antenada com os índices civilizatórios propagados pela cultura ocidental. De modo geral, o tom era otimista em relação àquela forma de viver que se inscrevia na metrópole capital, plena de facilidades tecnológicas, mobilidade facilitada e comunicação expandida (Martins, 2008).

Com cautela, podemos esboçar analogias entre as caricaturas daquelas revistas do início do século XX e os atuais memes no WhatsApp ou *stories* de Instagram; quem estivesse em busca de uma diversão ligeira e do riso descontraído, ou quisesse, numa leitura rápida, saber quais assuntos mobilizavam o dia a dia das classes alta e média urbanas – "o que estava rolando" entre gêneros e determinados grupos sociais – encontrava nas caricaturas situações que expunham dinâmicas presentes na sociedade naquele momento, retratadas de forma a provocar o riso.

Nos anos 1920, os repertórios mudavam rapidamente, o cenário pós-I Guerra rompia com uma série de antigas convenções, mormente nas elaborações de gênero, nas formas de lidar com o próprio corpo e o desejo, na afirmação da sexualidade; a experimentação de novas possibilidades no espaço privado e no público esgarçava limites morais e oferecia novos desafios ao convívio cultural.

O cineasta Woody Allen, no filme *Meia-noite em Paris*, construiu uma representação cinematográfica rica na demonstração de conjunturas próprias dos anos 1910 e 1920, mostrando a nós, um século depois, como um período distante – que poderia nos parecer "embolado" como uma coisa só na poeira anacrônica do tempo – era percebido na época como "antes" e "depois", como "velho" e "novo", como momentos distintos que demarcavam o imaginário e todo um calendário cultural.

Interessa-nos compreender como se deram, entre nós, certos momentos e mecanismos construtivos de determinada maneira de viver, que emergia entre o ceticismo e a desconfiança da racionalidade e da civilização, por um lado, e o otimismo e a euforia do pós-guerra, por outro. Nos anos 1910, pode-se notar como as fotografias, em sua maioria, ofereciam uma visão predominante do universo masculino em atividade – em visitas às propaladas indústrias ou na audiência de conferências, por exemplo – ou ocasiões mistas de encontro social – piqueniques no Corcovado, entre tantas outras –, mas raramente as mulheres apareciam se divertindo sozinhas.

Algumas caricaturas, naquele período, ainda mantinham uma configuração de "quadrinhos", mescladas com outras em que uma única grande imagem era associada ao texto, em meio a ornamentos que proliferavam na publicação, conferindo um ar de requinte *nouveau*. Formalidade, austeridade e seriedade ditavam a disposição dos corpos e as feições dos rostos de homens e mulheres, em poses estáticas ou, por vezes, flagrados em movimento, no caminhar da avenida; sempre cobertos, sob padrões de indumentária que os vestiam da cabeça aos pés com peças pesadas, em várias camadas de "elegância".

Passando aos anos 1920, a equação texto-caricaturas-anúncios que marcava o periodismo empresarial da virada secular se manteve, e o público-alvo que era retratado, *grosso modo*, também. Mas o que salta aos olhos como traço diferencial marcante daquele momento em relação às décadas imediatamente anteriores era um aumento expressivo da presença da mulher nas representações imagéticas e a exibição de formas masculinas e femininas mais aparentes sob novas combinações vestimentares. Pareciam um tanto mais à vontade, com mobilidade para circular na modernidade e ousar se desvencilhar do peso de antigas tradições, no balanço entre velhas formas de contenção e novas possibilidades de fruição.

As mulheres sobressaem nas fotografias em preto e branco, caminhando na rua à saída da missa, frequentando *matinées* dançantes, o curso de costura ou de estenografia. Afeitas, sim, a um modelo de feminilidade "de bom-tom", ciosas de certos papéis sociais que lhes eram atribuídos, mas figuravam nessas representações sem que houvesse necessariamente uma presença masculina a seu lado, conquistando paulatinamente mais espaço nas revistas e nas relações sociais.

A inclusão definitiva da praia carioca como forma de lazer também era um aspecto inovador, com o destaque para Copacabana como bairro que despontava no pódio da valorização imobiliária e simbólica como "balneário chique". O cinema passou a figurar no centro das atenções, como produto cultural inerente à agenda daqueles leitores. Graficamente, o *design* limpava as linhas e fortalecia o traço, reduzia os ornamentos e aumentava o uso das vinhetas e, na moda, que sofria uma série de alterações formais profundas, transparecia uma sintonia com aquelas mudanças nos modos de fazer, de perceber e de viver. O corpo, o rosto, o *design* e a moda "falavam" – e por meio de sua representatividade nas páginas revisteiras denotavam os anos 1920 como uma era de inéditas experimentações.

O fenômeno moderno estava impregnado num conjunto de intervenções urbanísticas e na conotação cosmopolita – mas também se insurgia na renovação de papéis identitários e na ação contundente de atores sociais emergentes, nem sempre em sintonia com as diretrizes imperantes. As representações das caricaturas oferecem subsídios ao exame de como, e em que medida, se manifestavam essas vogas na vivência dos habitantes da cidade, em minúcias e fragmentos suscitantes da experiência prática em meio à atmosfera cultural de uma época.

AO LADO:

*Páginas internas das revistas* Careta *e* Frou-Frou

## Careta *e* Frou-Frou

Exalando humor, leveza e mundanidade, as revistas *Careta* e *Frou-Frou* guardavam semelhanças e diferenças, cada qual ocupando um quinhão próprio no campo da mídia impressa e no horizonte do imaginário de seus leitores.

A *Careta*, reconhecida como uma das principais e mais prestigiosas publicações do início do século passado, circulou entre junho de 1908 e outubro de 1960, mantendo periodicidade semanal durante sua longevidade expressiva. Fundada pelo alemão Jorge Schmidt, empresário do ramo periódico, era lançada aos sábados, em formato tabloide (25,5 cm x 18,5 cm) e apresentava um traço essencialmente satírico como assinatura.

Naquele momento, começavam a causar sensação revistas com preços mais acessíveis, apresentação atraente, fartamente ilustradas e com grande dose de humor. Marcando uma diferença em relação à prestigiosa revista *Kosmos*, que era vendida pela quantia de 2$000, a *Careta* custava $300 no início de suas atividades; o mesmo preço d'*O Malho*, enquanto a *Fon-Fon* era vendida por $400. Conforme demonstra Botelho (2012), se levarmos em conta que uma passagem de bonde custava $200, podemos inferir que nenhuma dessas três últimas publicações era inacessível a uma grande parcela da população.

Além da concorrência d'*O Malho* e da *Fon-Fon*, acreditamos que, na década seguinte, a revista *ParaTodos* fosse uma das maiores competidoras da *Careta*. Pertencente ao mesmo grupo editorial d'*O Malho* – Pimenta de Mello & Cia. –, a *ParaTodos* circulou de 1918 até 1932, brigando pelo público com estratégias similares que incluíam o destaque a caricaturas modernas, *layout* arrojado e temas mundanos. Nosso posicionamento é corroborado pela saída do cartunista J. Carlos da revista *Careta*, onde era o mais eminente artista gráfico, justamente para dirigir as revistas *O Malho* e *ParaTodos* em 1922; nessa última, passou a fazer as ilustrações das capas coloridas e caricaturas voltadas para a temática que recheava o miolo. Não à toa, foi justamente naquele momento que a revista *Careta* contratou Belmonte para substituir J. Carlos, com suas caricaturas que versavam sobre assuntos correlatos e que apresentavam a mesma linha moderna na elaboração dos desenhos.

Com seções diversas, *Careta* trazia comentários sobre moda, política, urbanismo, esportes, cinema, literatura, textos inéditos de autores prestigiosos, caricaturas e fotografias, colunas sociais e arroubos filosóficos – sempre sob verve satírica. Embora dirigida ao "grande e respeitá-

*Capa da revista* Frou-Frou, *set. 1924*

vel público, com P grande", como anunciava em seu editorial inaugural, isso não significava uma diminuição na qualidade de seu conteúdo, que contava com colaboradores do porte de Lima Barreto, Emílio de Menezes, Luiz Edmundo, Olegário Marianno, Bastos Tigre e Olavo Bilac, além do talento de expoentes do humor gráfico como J. Carlos, Storni e Belmonte.

A revista *Frou-Frou*, por sua vez, se diferenciava da *Careta* por uma série de razões: era uma publicação mensal, em grande formato (33 cm x 24 cm), caríssima, com custo de 2$500 para a unidade e 36$000 para assinatura anual. A julgar pelo título, a *Frou-Frou* havia se inspirado na revista francesa homônima que circulou em França entre 1900 e 1923, dirigida ao público adulto da classe burguesa, a chamada "*presse de charme*". Ainda, a onomatopeia *Frou-Frou* ecoava uma canção consagrada no repertório francês desde fins do século XIX, cuja letra condensava um imaginário típico da *belle époque*.

A adoção de um título que já circulava em França como nome de revista e de canção teatral, não configura, a nosso ver, mera coincidência. Do contrário, corrobora a estreita vinculação cultural entre os meios de comunicação que proliferavam na então capital republicana brasileira e as matrizes francesas que ditavam ao mundo o referencial-mor de civilidade e progresso no início do século XX, privilegiado por certos setores sociais. Os intelectuais e artistas gráficos pátrios tinham acesso às publicações importadas, assim como os editores, e utilizavam modelos externos como fonte de inspiração, mas isso não significa uma reprodução mimética. A *Frou-Frou* brasileira possuía, sim, similaridades em relação à sua antecessora francesa, como a valorização do componente imagético, o teor satírico, os assuntos abarcados, porém não possuía a feição erótica da outra, que gozava de maior permissividade em França, equilibrando-se por aqui entre as novas liberalidades que se insurgiam no comportamento social da burguesia carioca e os valores da "tradicional família brasileira", instituição que mantinha seu peso, sobretudo como público consumidor que poderia garantir a subsistência da revista.

Cartaz de lançamento da revista Le Frou-Frou. *circa 1900*
*Litografia de Weiluc*

O valor monetário elevado da *Frou-Frou* era condizente com as intenções declaradas no editorial de apresentação, dirigido a um público feminino endinheirado: mulheres de "níveas mãos", excluindo outros tons de pele associados à condição da pobreza; mulheres de mãos "perfumadas e finas", ou seja, chiques, elegantes, cujas mãos não seriam engrossadas pelo trabalho, com aporte financeiro para morar numa casa com "*boudoir*, entre a *bombonière* de ouro e cristal", elementos inscritos na composição de um lar refinado. Mulheres de "espíritos simples e delicados", não contestadoras, tampouco desafiadoras ou amea-

# Frou-Frou...

ANNO I - NUM. 1      MAGAZINE MENSAL      JUNHO DE 1923

Propriedade de S. SANTOS & COMP.
**Preço:** Rio e Estados 2$500
Numero atrasado..... 3$000
Assignatura (um anno) 36$000

REDACÇÃO E ADMINISTRAÇÃO
Avenida Rio Branco, n. 110
RIO DE JANEIRO

Direcção de ANTONIO GUIMARÃES
CORRESPONDENCIA
a S. SANTOS & COMP.
Caixa Postal n. 572

Minhas Senhoras :

Frou-Frou... *tem o grande prazer de vos saudar, collocando-se, ao mesmo tempo, sob a protecção carinhosa das vossas niveas mãos. E' que Frou-Frou... se fez vida para vós e deseja ficar, no aconchego do vosso boudoir, entre a bomboniére de ouro e crystal e o frasco artistico do perfume de Coty. Não traz nas suas intenções a ambição exagerada dos grandes magazines estonteadores e disformes; quer ser apenas apetecida sorrindo, alimentando as vossas lindas futilidades, e dando ás vossas encantadoras almas de mulher aquelle suave conhecer e amar, tão natural aos espiritos simples e delicados. Uma vez, em cada trinta dias, porá nos regaços femininos leves impressões de arte: novas sensacionaes e detalhadas de sua magestade A Moda; as noticias de uma vida social selecionada e distincta ; romances, contos, versos, que vos encantem as horas de lazer. Frou-Frou... tem, superior a todos os outros, um grande objectivo, que, está certa, atingirá: o de vos ensinar a fazer do vosso lar, rico ou humilde que elle seja, um cantinho delicioso e artistico, em que sintaes um grande desejo de viver. Frou-Frou... fez-se para vós e de vós espera o amparo carinhoso e amigo. E, como para sellar esta alliança, beija-vos reverente as mãos perfumadas e finas...*

*Editorial do primeiro número da revista* Frou-Frou

çadoras, que desejassem alimentar "lindas futilidades" sorrindo, para apetecer um "suave conhecer" e nada mais. O tipo de ânimo visado e valorizado no editorial remete a uma mulher que ainda estaria circunscrita ao papel de esposa, mãe e dona de casa, sem maiores pretensões profissionais ou intelectuais, ciosa de determinado papel familiar e social.

A revista até esboçou uma iniciativa inclusiva, quando admitiu que o lar da leitora poderia ser "rico ou humilde", mas o contexto geral não deixa dúvidas de que se tratava de um produto dirigido à mulher dos mais altos estratos sociais, exalando uma atmosfera sofisticada de vida do *grand monde*, enquanto reforçava um lugar feminino tradicional nas divisões dedicadas aos cuidados do lar, com passo a passo de artesanato, dicas para decoração, para o cuidado da família e das crianças, "truques" para beleza pessoal e um inovador incentivo à fotografia amadora como um *hobby* dos novos tempos, na seção "A arte da fotografia", àqueles que pudessem adquirir uma máquina Kodak (não à toa, um dos seus maiores anunciantes).

Embora fique evidente que a *Careta* e a *Frou-Frou* eram publicações com objetivos, linhas editoriais e formatos bem diferentes, no entrecruzamento dos leitores de ambas havia uma camada burguesa que poderia se reconhecer nas caricaturas de Belmonte, ou ao menos ter conhecimento das situações que eram retratadas naquelas representações.

Aquelas publicações traziam em seu bojo a ambiguidade de tempos que se sobrepunham numa amálgama de passado, presente e futuro; materialmente, constituíam o que havia de mais moderno em termos de impressão periódica, de linguagem visual inovadora, de veículo de comunicação como produto mercadológico. Nem sempre, contudo, o conteúdo acompanhava a celeridade das inovações palpáveis, fortemente atado a esquemas tradicionais de composição social. Havia um descompasso entre a forma e o argumento; as revistas chancelavam um modelo de modernidade técnica enquanto reproduziam velhas estruturas e configurações sociais propaladas por grupos que visavam ao desenvolvimento econômico e à inserção cultural num modelo ocidental de modernidade, mas que se erigiam sobre correntes que os atavam a bases históricas de colonialismo e escravidão.

*Capa da revista* Careta *com caricatura de Storni*

## Belmonte, crítico da modernidade

Quem já ouviu falar de Belmonte (1896-1947) geralmente se lembra de seu personagem Juca Pato, muito popular na década de 1930. Ou de suas caricaturas sobre a II Guerra Mundial, que foram também compiladas e lançadas em livros. Paulistano que passou toda a vida na cidade natal – embora tenha recebido inúmeras propostas de trabalho no Rio de Janeiro e no exterior, inclusive pela revista *Time* e por Walt Disney[2] –, Belmonte alcançou reconhecimento e popularidade em vida, mas no imaginário coletivo das gerações posteriores, "ficou para trás".

Benedito Carneiro Bastos Barreto nasceu no bairro do Brás, num ambiente modesto. Na juventude, frequentava rodas boêmias de São Paulo,[3] e demonstrava desde cedo uma atenção aos detalhes e uma preocupação com a indumentária. Vestia ternos largos, polainas claras, quase sempre com uma luva na mão e a outra enluvada, chapéu enterrado na cabeça até as orelhas, numa época em que "os homens usavam cartolinhas no alto da cabeça, colarinhos arquitetônicos, punhos engomados e bigodes retorcidos".[4]

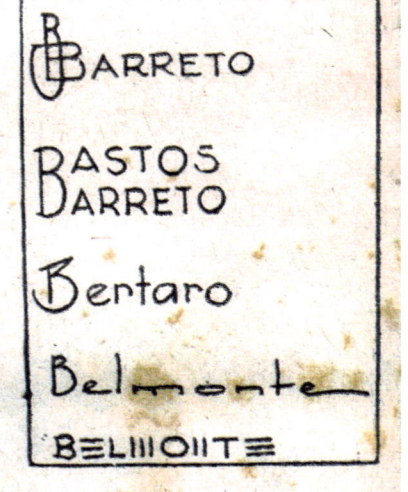

*Os pseudônimos de Benedito Bastos Barreto*

Filho de um médico homeopata português que faleceu quando ele tinha 2 anos, Belmonte quase cursou a Faculdade de Medicina, mas não levou adiante o projeto. Dedicado às ilustrações, começou suas atividades profissionais como desenhista na revista *Rio Branco*, n. 5, em março de 1913, e em 28 de agosto de 1915 estreou na imprensa carioca em um dos principais veículos da época, a *Revista da Semana*,[5] que contava com o trabalho de profissionais consagrados, como Raul Pederneiras, Julião Machado e J. Arthur.

No ano de 1921, Belmonte substituiu o caricaturista Voltolino no jornal *Folha da Noite*, embrião do atual *Folha de S.Paulo*,[6] e suas criações passaram a ser disputadas por diversas revistas nacionais. A adoção do pseudônimo Belmonte se deu nesse período, inicialmente para atender a um pedido de exclusividade feito pela editora das revistas *Miscellanea* e *A Farpa* e posteriormente de modo definitivo, não só para assinar suas caricaturas, mas também livros, ensaios e crônicas.[7]

Ainda em 1921, Belmonte começou a trabalhar também na carioca *D. Quixote*, capitaneada por Bastos Tigre, onde era encarregado da seção "D. Quixote em São Paulo", como uma espécie de correspondente interestadual. As questões políticas eram entremeadas também com questões culturais, manifestações artísticas e estéticas; Belmonte

---

**2.** Folha da Noite, n. 10.672, 2 jul. 1957.
**3.** Folha da Noite, n. 10.676, 8 jul. 1957.
**4.** Folha da Noite, n. 10.642, 20 maio 1957, e n. 10.667, 25 jun. 1957.

**5.** Dom Casmurro, n. 290, 20 fev. 1943.
**6.** Folha da Noite, n. 10.643, 21 maio 1957.
**7.** Ibid.

tratou com viés sarcástico o "Futurismo" em caricaturas sobre a Semana de Arte Moderna de 1922.

E foi naquele mesmo ano emblemático, em 1922, que ocorreu o convite para seu ingresso na *Careta*, intermediado por Alfredo Storni, então um dos principais redatores e caricaturistas da revista. Belmonte entraria no lugar de J. Carlos, que havia saído da *Careta* para *O Malho*. O cartunista Cássio Loredano, biógrafo de J. Carlos, sublinha a competitividade que havia entre as duas revistas e o impacto que a saída do artista teria provocado na editoria periódica: "J. Carlos era a graça e a força, era o tutano da revista [*Careta*]. Toda semana, sem falhar nenhuma, até 1921. É de se fazer ideia a sensação que não terá sido então sua transferência para a concorrência" (Loredano, 2007:9).

Contratado para substituir o mais eminente caricaturista da época, numa das revistas mais prestigiosas do seu tempo, Belmonte chegou a tentar se transferir para o Rio de Janeiro, mas logo voltou para São Paulo. Em conversa com Silveira Peixoto, ele conta que

> o velho Schmidt, diretor da *Careta*, precisava de mim no Rio, pois o mestre de todos nós, J. Carlos, havia deixado a revista e esta precisava de um substituto. J. Carlos era insubstituível. Mas, como eu tinha, então, pouco mais de 20 anos, resolvi embarcar para o Rio. Conversei com o velho Schmidt, que já me havia reservado aposento num hotel, por uma semana, para que pudesse ambientar-me. Fazia um calor medonho. A coisa passou-se em janeiro. E, quando, no dia seguinte, à hora do almoço, o Schmidt procurou-me no hotel, eu já estava em São Paulo. Zarpara na véspera, pelo noturno [Lima, 1963:1368].

*Capa da revista* D.Quixote *de 9 de maio de 1923, ilustrada por Belmonte*

Vale a pena reproduzirmos a narrativa do episódio, desta vez na visão de Jaguar:

> Quando seu ídolo J. Carlos saiu da *Careta* [...], tomou coragem e o trem para o Rio, convidado para substituí-lo. A aventura só durou dois dias. Deve ter se sentido um penetra na festa que era o Rio. Como um gato, fugiu de volta para o aconchego do seu habitat e o sossego da província. Bem Belmonte.[8]

---

**8.** *Texto de Jaguar para a edição de* Caricatura dos tempos *(Belmonte, 1982).*

*Belmonte no café-expresso da av. São João, SP*

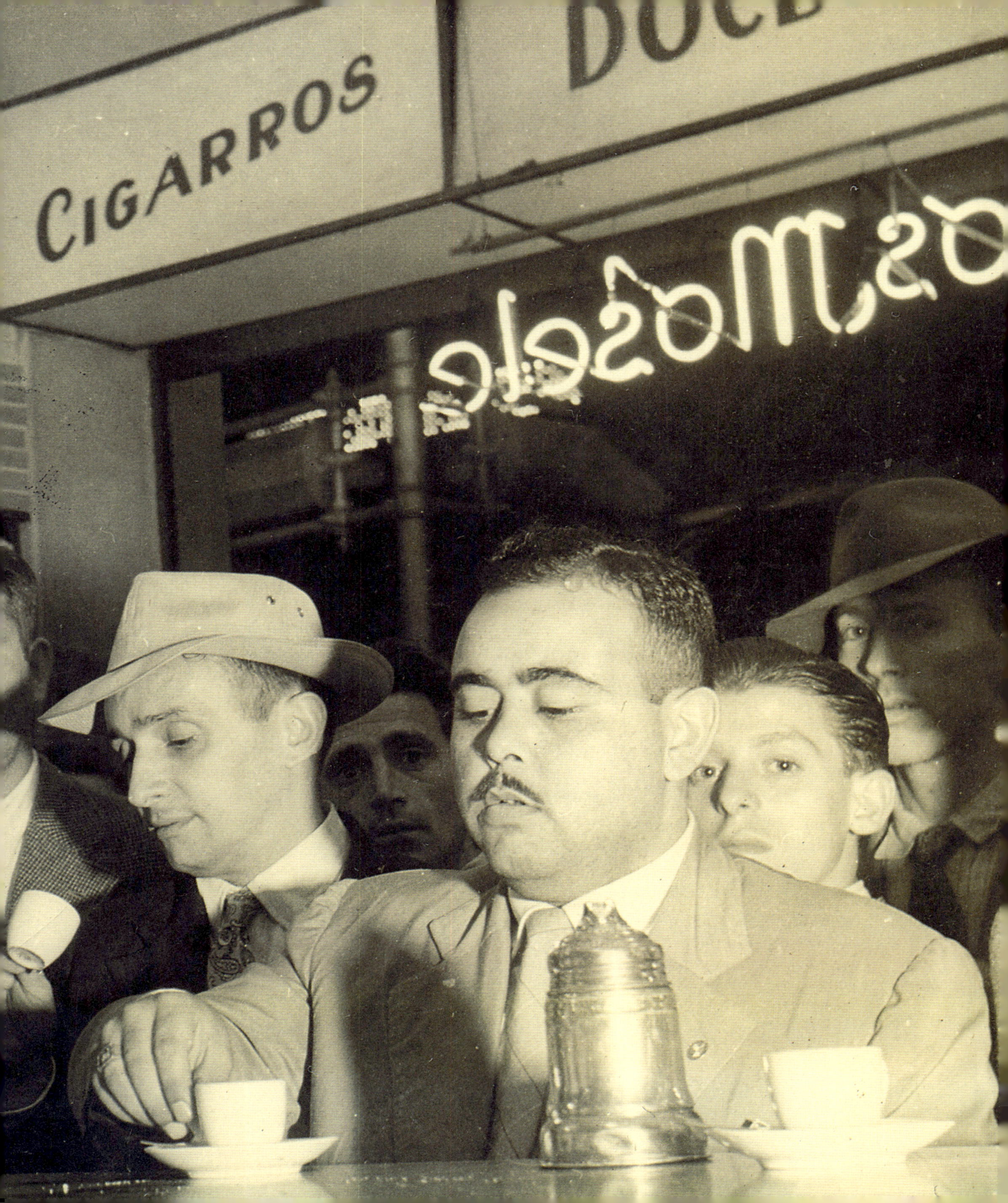
CIGARROS

Esse episódio ilustra bem o apego que Belmonte tinha por São Paulo, mas isso não foi impedimento para que colaborasse com veículos cariocas, tratando de temas correlatos ao conteúdo editorial das publicações: da vida mundana, metropolitana, dos comportamentos e da "maneira moderna de viver" propagada naquelas revistas de variedades.

Além da *Careta* e da *Frou-Frou*, Belmonte colaborou ainda com outras revistas do Rio de Janeiro como *Fon-Fon*, *O Cruzeiro*, *Revista da Semana*, *Verde Amarelo*, n'*O Imparcial*, no jornal literário *Dom Casmurro*, no jornal *A Manhã*, órgão oficial do Estado Novo, na revista *Vamos Ler*. Em São Paulo, contribuiu para *A Vespa*, *Vida Paulista*, *Zig-Zag*, *O Pirralho*, *A Garoa*, *A Gazeta*, *Cigarra*, *A Farpa*, *O Gigolô*, *O Queixoso*, *Alvorada*, *Planalto*, *Revista de São Paulo*, *Borba Gato*, *O Radium*, além da revista *Novíssima*,[9] uma publicação de Cassiano Ricardo e Francisco Pati.[10] Fundada em 1923, a *Novíssima* divulgava obras do "Movimento Literário Verde-Amarelo", a corrente modernista paulista pautada pelo nacionalismo ufanista e exacerbado; a aproximação de Belmonte àquela face do modernismo e alguns de seus integrantes ocorreu a partir daquela experiência.

Ao passo em que proliferava sua participação nas publicações do Rio de Janeiro, Belmonte continuava a trabalhar para a *Folha da Noite* e, posteriormente, para a *Folha da Manhã*. Foi lá, em 1925, que ele criou seu personagem mais famoso, o Juca Pato.

Durante o período do Estado Novo, o caricaturista se serviu do riso para satirizar os inimigos da liberdade de expressão, ousadias que lhe causaram problemas com a censura de Getúlio Vargas. Mas as repetidas contravenções não impediram que o caricaturista fosse, mais tarde, contratado para o Deip,[11] onde ocupou os cargos de redator e assistente-técnico de Festejos Populares.[12] O convite para ingressar naquela instituição havia sido feito pelo diretor do departamento, Cassiano Ricardo, em 1941, que passou o bastão para Cândido Mota Filho,[13] ambos membros do grupo nacionalista Verde-Amarelo.

Várias de suas atitudes e escolhas pessoais, tais como o apoio à Revolução Constitucionalista de 1932 e sua produção de charges políticas, demonstravam repúdio a regimes totalitários, nazistas e fascistas e preocupação com diretrizes humanistas. O próprio personagem Juca Pato, engajado politicamente, era denunciante de abusos daqueles que dominavam poder e finanças. Belmonte manifestou-se contra a Lei Celerada, decretada em 1927, que restringia o direito de reunião (por consequência, atingindo o tenentismo e o operariado) e estabelecia censura à imprensa. Sua personagem Giloca externava o apoio ao voto feminino. Suas charges contra o

---

**9.** *Texto de Paulo Duarte publicado n'O Estado de S. Paulo (22 abr. 1947) e no Catálogo da exposição Belmonte presente. São Paulo: Secretaria da Cultura, Ciência e Tecnologia/DACH - Comissão de Artes Plásticas, out. 1978.*
**10.** *Folha da Noite, n. 10.653, 4 jun. 1957.*
**11.** *Por meio de decreto datado de 4 de setembro de 1940, Getúlio Vargas criou, em cada estado do país, um Departamento Estadual de Imprensa e Propaganda (Deip), com atribuições muito próximas às do Departamento de Imprensa e Propaganda (DIP), instituído pelo Decreto nº 1.915, de 27 de dezembro de 1939.*
**12.** *Almanaque Folha Online. Banco de dados: autores. Disponível em: <http://almanaque.folha.uol.com.br/belmonte11.htm>. Acesso em: maio 2019.*
**13.** *Autor de Introdução ao estudo do pensamento nacional (1926) e Notas de um constante leitor (1958), integrou o grupo nacionalista Verde-Amarelo de São Paulo juntamente com Menotti del Picchia e Cassiano Ricardo.*

nazismo, publicadas internacionalmente, tiveram amplo alcance, a ponto de provocar irritação no ministro de propaganda nazista, Joseph Goebbels, que, às vésperas da rendição alemã, acusou Belmonte numa transmissão pela Rádio de Berlim: "Certamente o artista foi pago pelos aliados ingleses e norte-americanos."[14]

Ao buscar meios que nos permitissem avistar, ao longo do tempo, quais os matizes da produção de memória sobre o caricaturista e quais as variantes na recepção de sua obra, deparamo-nos com fontes diversas, por vezes com dados conflitantes. Em relação à sua percepção na historiografia da caricatura, havia desde celebrações esfuziantes entre seus contemporâneos a póstumas críticas negativas cristalizantes. Em comum, o reforço da importância do papel do biografado no meio cultural e a popularidade de sua produção na época de sua publicação.

Entre os registros encontrados na imprensa, a "biobibliografia" de Rubem Gil sobre Belmonte, anunciada como uma exclusividade do jornal *Dom Casmurro* em 20 de fevereiro de 1943, e o texto de Paulo Duarte[15] publicado n'*O Estado de S. Paulo* em 22 de abril de 1947, logo após a morte do caricaturista, se afiguraram repositórios de informações importantes. Assim como a reportagem biográfica de Belmonte escrita pelo jornalista Nelson Vainer e publicada na *Folha da Noite* entre os meses de maio e julho de 1957, dividida em 40 capítulos com sequência diária. Material que se revelou como fonte singular não só pelo volume de fatos descritos, mas pelo caráter afetivo que perpassava sua narrativa.

O exame do conteúdo dessas fontes, da historiografia da caricatura e do *corpus* de interlocutores de Belmonte permitiu entrever suas relações com os círculos intelectuais de sua época. Sem filiar-se apenas a um grupo específico – carioca ou paulista, conservador ou de vanguarda –, ele manteve um canal de troca e comunicação com pensadores de diversas vertentes que disputavam identidades e posicionamentos em meio à intensa produção intelectual dos anos 1920.

Belmonte foi valorizado tanto por integrantes do grupo dos verde-amarelos, face conservadora do movimento modernista em São Paulo durante a década de 1920 que atuava por meio do jornal *Correio Paulistano* – Plínio Salgado, Cassiano Ricardo e Menotti del Picchia entre eles –, como pelo grupo da revista carioca *D. Quixote*, calcada na produção humorística e satírica, fundada por Manuel Bastos Tigre, que tinha como colaboradores os caricaturistas Storni, J. Carlos, Raul Pederneiras e o próprio Belmonte.

Por um lado, demonstrava pendor para causas democráticas e julgamento crítico de posturas antiliberais; por outro, flertava com membros da vertente conservadora do movimento modernista, cuja proposta cultural contemplava um autoritarismo subjacente. Alguns aspectos peculiares de sua trajetória chamam atenção. O primeiro deles, sua agência no Deip, um órgão do mesmo governo ditatorial que havia censurado suas caricaturas. Criticou a Semana de 22, mas estava inserido na vanguarda teatral e cinéfila, além da colaboração profícua com seu amigo pessoal Monteiro Lo-

---

**14.** *Prefácio de Caricatura dos tempos, livro póstumo de Belmonte (Belmonte, 1982:III).*
**15.** *Jornalista, escritor e memorialista, Paulo Duarte integrou o grupo criador do jornal* Folha da Manhã *e consolidou longa carreira como editor de* O Estado de S. Paulo; *foi um dos amigos mais próximos de Belmonte desde 1913, responsável por sua entrada na* Folha *em 1921.*

bato, cuja produção criativa e empreendedora consubstanciava, à época, verdadeira inovação modernista.

Há um aspecto sobre Belmonte, no entanto, que não foi abordado por nenhuma daquelas fontes, que é sua origem mulata. Não podemos deixar de pensar o preconceito de cor no Brasil, sobretudo à sua época, e sua capacidade de adaptação a uma sociedade permeada por condicionamentos negativos.

Única exceção a essa ausência é o registro da biografia de Belmonte que encontramos no *Índice biográfico e cultural de artistas* do Museu Afro Brasil, vinculado à Secretaria de Cultura do Estado de São Paulo, justamente um espaço museológico que visa abranger uma memória afro-brasileira global.

Belmonte encarnava uma multiplicidade de atividades que era típica dos homens de letra de sua época: caricaturista, escritor, cronista, ilustrador, cenógrafo, poeta, historiador. Foi membro do Instituto Histórico e Geográfico de São Paulo, do Instituto Heráldico-Genealógico, do Instituto Genealógico Brasileiro (de São Paulo),[16] da Sociedade dos Escritores Brasileiros, da Associação Paulista de Imprensa e da Associação de Belas-Artes. Interessava-se pela pesquisa histórica, sobretudo de temas nacionais; produziu, no início da carreira, as obras *Velhas igrejas do Brasil* e *Biografias de uma cidade, uma história de São Paulo*, e em 1944 lançou pela Editora Melhoramentos sua obra *Brasil de outrora* (com desenhos inspirados em gravuras de Rugendas) e *No tempo dos bandeirantes*, além de ter ilustrado os livros *História do Brasil para crianças*, *A bandeira das esmeraldas* (ambos de Viriato Corrêa) e *Povos e trajes da América Latina* (de Gioconda Mussolini e Egon Schaden), que evidenciavam sua cultura memorialística.

Grande parte de suas crônicas diárias e caricaturas veiculadas na *Folha da Noite* e na *Folha da Manhã* foi reunida em várias publicações, como *Assim falou Juca Pato, Ideias de João Ninguém, Angústias de Juca Pato, No reino da confusão, Música, maestro!, A guerra do Juca, Nada de novo* e *Caricatura dos tempos*. Em sua homenagem, foi lançado em 1996 o livro *Belmonte 100 anos*, com releituras de seus trabalhos da década de 1940 feitas por outros cartunistas de renome na atualidade, como Ziraldo, Chico Caruso, Glauco, Angeli e Luiz Gê. Mas as caricaturas veiculadas na *Careta*, assim como a maioria das que constavam na *Frou-Frou*, nunca foram compiladas em livro, o que dificultou a divulgação e o acesso a essa produção de Belmonte realizada na década de 1920.

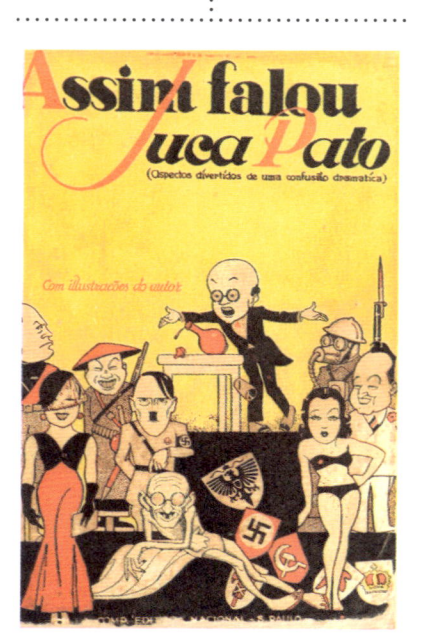

*Capa do livro*
Assim falou Juca Pato

**16.** Dom Casmurro, n. 290, 20 fev. 1943.

No tempo dos BANDEIRANTES

POR BELMONTE

Desenhos do autor

Volume XXIV da Coleção
Departamento de Cultura
S. Paulo - MCMXXXIX

## Belmonte no panorama do humor gráfico

No início de sua carreira, Belmonte elaborava caricaturas que demonstravam forte influência do estilo do desenhista francês Chéri Hérouard, colaborador de *La Vie Parisienne*, magazine francês que alcançou grande popularidade em seu país no início do século. A revista de variedades, que perdurou entre 1863 e 1970, possuía leve viés erótico, que combinava com uma série de matérias e análises sobre os mais diversos assuntos, da moda ao mercado de capitais, de fofocas a críticas literárias. Com destaque à mulher e às relações amorosas, chamava a atenção pelas ilustrações de renomados artistas da época, como Georges Barbier, Georges Léonnec, Maurice Milliére, além do próprio Hérouard.

Na primeira caricatura que publicou na *Revista da Semana* em 1915, Belmonte tratou do uso de produtos de maquiagem pelas mulheres, hábito incipiente naquele momento. Lembre-se de que no início da primeira década do século passado era comum, num primeiro momento, o uso de pó de arroz e anilina, sem pintura nos lábios. Paulatinamente, à medida que os costumes passaram a ser influenciados pelo cinema, pela propaganda publicitária, pelas informações que chegavam do estrangeiro, novos usos e parâmetros passaram a ser admitidos, e as mulheres começaram a demarcar boca, olhos e sobrancelha e a se permitir exibir colo, nuca e pescoço.

A decupagem do ritual ocorre em três momentos: a aplicação do batom nos lábios ocupa o quadro central, enquanto a pintura nos olhos e o pó na face são retratados à esquerda e à direita, em camafeus ovalados. A representação de Belmonte evocava uma "cena de bastidores" da intimidade feminina, demonstrando o ritual do embelezamento que ocorria no interior dos aposentos dos seus lares, onde toda uma ambiência – móveis, cortinas, objetos de toucador, plantas ornamentais e até a companhia de cães de estimação – foi registrada como um flagrante quase fotográfico de um momento hoje corriqueiro, mas ainda dotado de certo grau de ineditismo e curiosidade naquele momento de afirmação de um novo arquétipo feminino.

A seguir, podemos observar dois trabalhos de Chéri Hérouard publicados na *Vie Parisienne* alguns anos mais tarde, que também tratavam do flerte feminino com o espelho. O primeiro, *Mademoiselle Narcisse – La récompense du mirroir* (em tradução livre, "Senhorita Narcisa – a recompensa do espelho") e o segundo, *Les parisiennes peintes par elles-mêmes – l'art de savoir rougir* ("As parisienses pintadas por elas mesmas – a arte de saber rugir"). Ambas

*Caricatura de Chéri Hérouard na* La vie Parisienne, *1919*

AO LADO: *Caricatura de Belmonte na* Revista da Semana, *n. 29, 28 ago. 1915*

BELMONTE

*Revista da Semana*

## O MAQUILLAGE

A elegancia através da caricatura, por B. Barreto
(S. Paulo)

as ilustrações retratavam o exercício da sedução e do narcisismo das mulheres que afirmavam, cada vez mais, seu poder de atração e sua autoestima. A maquiagem era também abordada pelo ilustrador, que associava as imagens a títulos e subtítulos de caráter polissêmicos: as parisienses pintadas por elas mesmas se refere, literalmente, às francesas que se maquiavam, mas também podemos pensar numa imagem de mulher que era capaz de pintar seu autorretrato, como uma persona independente que cuida e domina o próprio visagismo. Ainda, a arte de saber "rugir" evoca tanto a capacidade de avermelhar (*rougir*, em francês), no sentido de realçar os lábios com batom vermelho, quanto a arte de saber rugir (novamente, a palavra *rougir*, em francês), no sentido de urrar, soltar rugidos, como um leão que não se amedronta e luta por seu desejo.

Entre Belmonte e Hérouard, nessas caricaturas, não houve uma estreita vinculação cronológica; mas a sintonia de temáticas e de projeto gráfico não se deve descartar. O acesso e o interesse de Belmonte por essa revista e suas caricaturas dão pistas sobre possíveis inspirações, tanto no campo visual e na estética do seu traço quanto nos objetos de conteúdo editorial que se tornaram temas visados pelo caricaturista. *La Vie Parisienne* era um veículo que atualizava seus receptores quanto às transformações dos novos tempos e admitia novos usos e costumes em suas representações, enquanto ancorava também vozes que utilizavam o recurso do humor para examinar e até julgar o repertório da realidade na qual estava inserida.

Embora não tenha havido uma revista carioca que reproduzisse exatamente o modelo editorial e visual de *La Vie Parisienne*, acreditamos que um magazine de tamanha importância em seu país de origem deva ter influenciado a percepção de caricaturistas e ilustradores como Belmonte. A ascendência da revista francesa e do estilo de Hérouard podia ser percebida nas capas e ilustrações que Belmonte fazia para as revistas *Miscellanea* em 1919, bem como em suas contribuições em outros semanários paulistas – *O Gigolô*, *Vida Paulista*, *A Farpa*.[17]

Nos anos 1920, é possível divisar uma mudança na estética e no traço das caricaturas do artista sob forte ascendência do estilo de J. Carlos, que fora precursor de novos padrões de inteligibilidade do grafismo das caricaturas. Apontado como criador do chamado "traço brasileiro", o renomado J. Carlos havia desenvolvido um tipo de representação que se afastava da rigidez acadêmica no tratamento da anatomia

*Caricatura de Chéri Hérouard na* La vie Parisienne, *1919*
*Litografia de Weiluc*

**17.** Dom Casmurro, n. 290, 20 fev. 1943.

BELMONTE

*Caricatura de Chéri Hérouard na*
La Vie Parisiense, *n.20. mai. 1922*

humana. Seus *dandies*, melindrosas, janotas, pierrôs e colombinas, com curvas e formas que brotavam de sua inventividade, não tinham o compromisso de obedecer a um retrato fiel de sujeitos determinados, e demarcavam uma acentuada diferença em relação às produções anteriores (Teixeira, 2001:34).

O percurso gráfico trilhado por J. Carlos influenciou toda uma geração de artistas por ele inspirada – inclusive Belmonte –, cuja produção denotava as transições estilísticas daquele momento, em direção à racionalização dos volumes e à redução de elementos de ornamentação. Cada caricaturista, à sua maneira, materializava no desenho a mutação de formas que influenciava a arquitetura, o desenho industrial, as artes plásticas, a moda, a decoração de interiores, enfim. Belmonte não fugiu a essa constante: em suas caricaturas produzidas entre os anos 1910 e 1920 percebemos ecos do *art nouveau* nos primeiros trabalhos gráficos, passando ao *art déco* na década seguinte.

É interessante observar que, no campo da caricatura de costumes, a influência americana se fez mais forte do que a europeia nos anos 1920, sobretudo se levarmos em conta que na historiografia brasileira é recorrente a afirmação de que o modernismo brasileiro não tenha adotado os Estados Unidos como signo de modernidade, permanecendo com olhos voltados para a Europa como balizadora de seu edifício cultural – mesmo quando em busca do rompimento com formas acadêmicas e voltado à construção de uma identidade nacional. A esse entendimento, haveria exceções, como Monteiro Lobato, descrito como "um dos poucos brasileiros cultos de sua geração que prefeririam os EUA à França" (Lustosa, 2004:219).

É fato que, num contexto de relações neocoloniais, a Europa permaneceu ao longo das primeiras décadas do século passado como matriz cultural-mor para a *intelligentsia* brasileira; na *belle époque*, como protagonista de uma fantasia de identificação das classes dirigentes, e na segunda metade dos anos 1920, como parâmetro de "nação culta", num cenário onde o acesso do Brasil ao universalismo modernista passava pela valorização da nacionalidade.

Outrossim, no campo específico da caricatura de costumes, observando-se a produção de um de seus maiores expoentes – J. Carlos – e de Belmonte, que se autoproclamava um de seus "filhos", fica evidente uma aproximação estética, estilística e temática com a produção gráfico-humorística norte-americana.

Não que fossem influências excludentes: Belmonte e J. Carlos "beberam" nas fontes periódicas europeias; afinal, a circulação transatlântica dos impressos entre Brasil, França, Inglaterra e Portugal, intensificada no século XIX, já apontava para uma sincronia globalizada de ideias. Na casa de J. Carlos, sabe-se que revistas francesas e inglesas eram cuidadosamente arrumadas numa mesinha (Loredano, 2002:47). A influência de Julião Machado, português que produziu no Brasil a transição entre o esfuminho e a linha simples, fora igualmente um fator importante para sua formação.

Em verdade, o ineditismo, a originalidade e o talento de J. Carlos, já evidentes nos primórdios de suas colaborações n'*O Malho*, davam a impressão de que ele prescindia de referências externas; sua ousadia fez com que enveredasse por uma produção que era baseada na sua própria genialidade, abrindo caminhos para tantos outros caricaturistas brasileiros. Ainda assim, não há como desconsiderar o trânsito de padrões gráfico-estéticos que chegavam às mãos dos artistas nacionais, tanto pela circulação de veículos estrangeiros que aqui aportavam como pela reprodução dos seus conteúdos em periódicos locais.

Naquele momento, as caricaturas assumiam feições distintas conforme o local onde eram produzidas e os veículos em que eram publicadas. Em França, as célebres *La Vie Parisienne* e *Le Rire* exibiam imagens de humor gráfico plenas de cores em meios-tons, em criações que mantinham uma influência do *art nouveau* e exalavam muita sensualidade por personagens que, na maioria das vezes, se olhavam nos olhos, reforçando a interação entre si. Na Inglaterra, tomando-se novamente como exemplo a notória *Punch*,[18] suas caricaturas apresentavam parco uso da cor, com uso da técnica de hachura para criação de sombras e tramas, mais próximas dos desenhos do século XIX.

Enquanto isso, os Estados Unidos apresentavam nas capas dos periódicos, nas ilustrações e nos *cartoons* que os acompanhavam um *layout* bem mais limpo, mais *déco*, com linhas simples, cores chapadas e uma economia de ornamentos, sombreados, texturas; seus personagens, que não exibiam a sensualidade explícita dos franceses, muitas vezes encaravam de frente o espectador da cena, se exibindo para o mundo. A revista de variedades *Life*, as de moda *Vogue*, *Vanity Fair* e *Harper's Bazar*, apenas para citar algumas, apresentavam esse tipo de construção gráfica, bastante moderna, em contraste com a arte produzida em alguns países europeus, mas não em todos eles – como exemplo, a revista de vanguarda alemã *Simplissimus*, e a portuguesa de variedades *ABC*, cada qual a seu modo, também apresentaram inovações no *design* de capas e nas caricaturas assinadas por artistas modernistas nos anos 1920.

Não há como ignorar uma similitude entre as feições que demarcavam a caricatura de costumes brasileira e aquelas encontradas na produção periódica dos Estados Unidos no mesmo período. No pós-I Guerra, houve uma abertura para a divulgação, no Brasil, do universo *yankee* de uma forma que, se não era simultânea, era bastante sintônica. Por exemplo, a capa da *Revista da Semana* de fevereiro de 1917 trazia a reprodução de uma capa da revista americana *Vanity Fair*, publicada um mês antes, em janeiro de 1917, com ilustração de Frank Xavier Leyendecker. Na imagem, um pierrô e uma colombina bailavam satisfeitos – afinal, embora o carnaval e a praia tenham adquirido configurações muito especiais no âmbito carioca, nunca foram "jaboticabas" de exclusividade nacional e eram também retratados em países com clima temperado.

É de se notar, também, a parecença entre os "bonecos" de J. Carlos presentes em caricaturas do início de sua carreira e os da cartunista inglesa Anne Harriet Fish (1890-1964), que começou a publicar nos anos 1910 suas charges em revistas como as britânicas *Punch* e *Tatler* e as americanas *Vogue* e *Vanity Fair*. Nas capas que fez para essa última, nos anos 1920, sobressaíam as linhas *déco* e as cores também usadas por J. Carlos nas capas da *ParaTodos*.

A análise visual da produção nos anos 1920 de J. Carlos e de Belmonte entrevê uma confluência estética entre o tipo de caricatura que produziam e a arte ilustrativa norte-americana, suscitando novas percepções do modernismo entre nós, em vertentes pulsantes também no modo de retratar

---

**18.** *A revista inglesa semanal* Punch, *caracterizada pelo humor, plena de caricaturas, possuía relevância entre a intelectualidade brasileira, descrita como "um dos mais interessantes hebdomadários ingleses" por* O Jornal *na edição de 18 de fevereiro de 1926, quando noticiou a visita ao Rio de Janeiro do então diretor do periódico, Laurence Bradbury.*

Vanity Fair, *jan. 1917*

a sociedade e a cidade que os caricaturistas brasileiros nos proporcionavam.

Especificamente entre os anos de 1923 e 1927, é possível observar como os dois artistas publicaram caricaturas com padrões similares na estética e no tratamento irônico com que retratavam o *café society* nacional. Seus temas versavam invariavelmente sobre relacionamentos por interesse financeiro, competitividade entre os gêneros, demandas femininas e feministas e o *laisser-faire* da juventude metropolitana abastada.

Atuando em grupos editoriais concorrentes, muitas vezes os caricaturistas esbarravam em certos cruzamentos – ou, quiçá, plágio – entre eles. Por exemplo, na *ParaTodos* de 21 de fevereiro de 1925, J. Carlos publicara "Ele, ela e o outro". Alguns meses depois, em junho daquele mesmo ano, Belmonte publicava na *Frou-Frou* outra caricatura sob título quase homônimo, "Ele, ela e... a outra".

Cada qual à sua maneira retratava triângulos amorosos em versões particulares. J. Carlos enunciava a infidelidade feminina em plena época de carnaval, e conjugava uma imagem de hedonismo, sedução e ressaca com um texto quase "explicativo": "A vida é como passou: uma comédia que não ensina, três personagens sem fim – Pierrô, Colombina, Arlequim... Sempre assim foi e assim será... Quá, quá, quá, quá, quá!". A versão de Belmonte se ocupava da infidelidade masculina, mais tolerada moral e socialmente numa sociedade que emergia do patriarcalismo; sem texto ou diálogo, apenas sob o título enunciado. É visível a ambientação luxuosa e elitista nas duas representações, e o olhar voltado à vida "como ela é" no *high society*; dentro ou fora do carnaval, feminina ou masculina, a infidelidade se tornava um assunto tabu presente, em cores.

Quem ficava ausente eram os pobres e pretos; a figuração da pobreza – em quantidade exígua comparada à figuração da riqueza – quando surge, é sempre imersa naquele universo elitista, nunca em outro contexto. Entretanto, se é verdade que essas caricaturas não se pretendiam combatentes – voltadas a grupo restrito e sua representação, com pouco espaço para personagens de outras esferas –, há que se destacar a introdução de pedintes, mendigos e empregados domésticos na produção de Belmonte.

Mesmo que "a serviço" da perpetuação de uma desigualdade social historicamente constituída, sem oferecer grande ameaça à hierarquização demarcada, a emergência desses atores nas cenas evoca, hoje, complexidades existentes no organismo social, onde células distintas se encontravam (e ainda se encontram) em disputas de força, de poder, de manifestação.

Revista da Semana, *fev. 1917*

BELMONTE

*A vida é como passou:*
*uma comedia que não ensina*
*tres personagens sem fim:*
   *Pierrot,*
   *Colombina,*
   *Arlequim...*
*Sempre assim foi e assim será...*
*Quá, quá, quá, quá, quá!*

E L L E,

E L L A

E  O  OUTRO...

ACIMA:
"*Ele, ela e o outro…*". Caricatura de J. Carlos.
ParaTodos, *21 fev. 1925*

AO LADO:
"*Ele, ela e… a outra*". Caricatura de Belmonte.
Frou-Frou, *25 jun. 1925*

# BELMONTE

*Elle, Ella, e... a Outra*

Frou-Frou, n. 22, dez. 1924

BELMONTE

· CAPÍTULO UM ·
## CARICATURAS COSMOPOLITAS

*Os tempos mudaram. A cidade se transformou.
E tudo aquilo entrou para o passado. […]
Os ladrões daquela época eram apenas ladrões de galinha.
Os de agora matam como em qualquer grande cidade europeia…
Civilização? Não sei.*
— **BENJAMIN COSTALLAT** (1936:70)

Era com melancolia e saudosismo que muitos intelectuais se posicionavam em relação ao caminhar da humanidade, em pleno processo de urbanização de cidades capitais. Presenciando uma torrente de mudanças que alteravam a forma do espaço, a vivência do tempo, as relações sociais, as convicções dos cidadãos metropolitanos, autores e cronistas demonstravam acentuada desconfiança em relação às tramas do progresso e da propalada ideia de civilização oriunda dos centros europeus.

Não podemos deixar de observar, contudo, que a modernidade era experimentada por eles como um capítulo inexorável da existência, e era o tema principal – senão o único – de suas reflexões. Modernidade que espantava, decepcionava, trazia problemas, mas que também causava fascínio, excitação, incitava ao alargamento das possibilidades morais, estéticas e culturais.

O modo de vida urbano, que pode parecer "natural" na contemporaneidade, já se afigurou inédito e chocante àqueles recém-egressos de um passado de feições rurais, habitantes de uma cidade com burrinhos, quiosques, bonde com tração animal, a baiana dos doces – "muito preta e muito limpinha" – e a vaca leiteira pelas ruas, "tilintando seus guizos, seguida por um bezerro berrador, e que passava, de porta em porta, com os seus úberes fartos de leite"; um tempo em que "nossa gente raramente saía de casa. Ficava à tarde e aos domingos nos seus jardins, nos seus pomares. Naquela época ainda existiam casas com jardins e pomares..." (Costallat, 1936: 69).

Homens de letras como Costallat suspiravam pela aldeia de outrora, quando não havia automóveis, ônibus, nem bondes elétricos: "Andava-se mais devagar... Não se tinha tanta pressa, nem tantas ambições. E os homens eram mais felizes..." E lamentavam pelo aumento da criminalidade na "cidade pacata e provinciana de 50 anos atrás" como consequência da "supercivilização por que vai sendo invadida. Todo progresso corresponde a uma grande convulsão social" (Costallat, 1936:70).

Seu contemporâneo, Orestes Barbosa, cunhou outra visão desolada da "ordem" que se via:

> O progresso é esta cidade que é uma vila. [...] Tudo é às avessas. Rua da Saúde. O estrangeiro vai atrás da placa, aluga uma casa lá e morre. Assim, a Rua da Harmonia com seus assassinatos bissemanais. A Ladeira do Livramento, onde ninguém escapa de um assalto à mão armada. E na política [...] é tudo ao contrário do que se anuncia [Barbosa, 1923:222].

Talvez essa sensação desagradável em relação aos novos tempos, paralelamente à idealização de tempos passados, fosse decorrência de uma dificuldade de adaptação às novas diretrizes. Talvez fosse apenas uma estratégia para captar leitores, que poderiam reagir empaticamente às sensações descritas, identificados com a perplexidade e o espanto diante dos ventos da mudança.

Fato é que a nova cidade, a nova mulher, as novas modas, os novos modos ocupavam o centro das preocupações de escritores e artistas como Costallat, Barbosa e Belmonte, a um só tempo questionando, ironizando, mas também registrando e propalando as transformações que presenciavam, como "decodificadores" de modernidade para seu público. Eles próprios eram autores modernos, que se beneficiavam das técnicas disponíveis para produção e distribuição de publicações de massa, representantes de novas formas de linguagem visual e escrita, ícones de sucesso do período que criticavam.

Muitos assuntos geravam desconfiança e desaprovação. O proceder mais ousado das mulheres era julgado como imoral; a conduta hedonista dos jovens era vista como ameaça às instituições; os interesses pela moda, por animais domésticos, pela dança e pela música eram vistos como frivolidades; as artes de vanguarda eram vistas como "embuste".

Mas aqueles que apontavam os aspectos negativos da "civilização", noutro momento demonstravam usufruir certas prerrogativas do seu tempo, num balanço repleto de ambiguidades e contradições inerentes à sua realidade. Por exemplo, os mesmos homens que desautorizavam o comportamento feminino mais emancipado demonstravam satisfação em poder contemplar o corpo do sexo oposto, mais exposto em vestidos transparentes ou na praia, e aprovavam o acesso das mulheres ao mercado de trabalho (desde que elas permanecessem sob as regras da "moral").

A um só tempo, criticavam o pendor nacional para imitar atitudes e valores europeus – copiar a moda parisiense, adotar o ritual inglês do chá das cinco – e rejeitavam fortemente alguns modelos culturais estrangeiros, como o *shimmy*, dança e música norte-americanas que se espalharam mundo afora, enquanto valorizavam elementos nacionais como as modinhas, o samba e o maxixe. Mas eram capazes de enaltecer os Estados Unidos como terra da liberdade e do progresso, modelo de opulência material e futura potência intelectual, pelo investimento que dispensavam a seus poetas e autores.

Numa leitura estreita, poderiam até parecer tradicionalistas *stricto sensu*, em desacordo com a marcha da modernidade, especialmente em relação às novas configurações de gêneros; mas o posicionamento veemente de Costallat contra o racismo, envergonhado pela escravidão, preocupado com a desigualdade social, não deixa dúvidas sobre a postura nada tradicional de lidar com antigas questões entranhadas nas raízes da nação (Costallat, 1922).

As caricaturas de Belmonte deixam entrever muitos traços comuns ao pensamento crítico de intelectuais contemporâneos a ele no que diz respeito a uma série de enunciados – embora não possamos afirmar exatamente qual era a opinião de Belmonte a respeito, sob a camada irônica de suas representações. Mas, independentemente dessa ou daquela certeza, percebe-se como os mesmos autores que se declaravam saudosistas, melancólicos e céticos em relação à modernidade eram extremamente modernos e vanguardistas em alguns aspectos, e anteciparam – ou reproduziram *ad tempore* – uma série de tendências postumamente consagradas pelos modernistas da Semana de 1922.

O olhar de Belmonte, em diálogo com autores contemporâneos a ele, é capaz de nos transportar para um conjunto de reações e sentimentos presentes na sociedade naquele momento, por meio de suas representações que decalcavam a vida na cidade, nas calçadas e nos lares. Cada vez mais povoada, movimentada, acelerada, abalroada por estímulos, a "babélica urbe" intensificava sua vocação de cenário estratégico para encontros de naturezas várias. Motivados pelo desejo de se divertir, se exercitar, se exibir e flertar; de consumir, usufruir o panorama cultural, socializar; ou simplesmente visando protagonizar a experiência moderna cultivada nos grandes centros em franca expansão, homens e mulheres saíam às ruas em busca de novidade de um modo impensável para seus avós.

## O "americanismo emancipador"

A fantasia de identificação com a cultura europeia, que havia atingido seu ápice durante a *belle époque*, no contexto neocolonial no qual o Brasil se encontrava inserido – conforme o ensinamento de Jeffrey Needell no canônico *Belle époque tropical* (Needel, 1993) –, dava sinais de arrefecimento nos anos 1920.

Sabemos que, após a I Guerra Mundial, um sentimento de desencanto e desolação substituiu a crença positivista no progresso, na racionalidade e na civilização: "Era o fim do período de otimismo nas realizações humanas e de confiança nas ideias liberais dominantes entre 1870 e 1914" (Oliveira, 2017:60). Correntes nacionalistas surgidas no período denunciavam o mimetismo de valores europeus decadentes, conclamando o fim do "vício da imitação" e a necessidade de se voltar às raízes folclóricas e regionais a fim de produzir uma nação mais moderna e brasileira. A proliferação de movimentos de vanguarda, de diagnósticos do atraso nacional e de teorias que ditavam soluções em busca do progresso do país sem dúvida ofereciam novas perspectivas identitárias e, ao mesmo tempo, promoviam a valorização de marcos culturais brasileiros na construção de uma ideia de nação. Houve, sem dúvida, um movimento crítico à predisposição da elite em seguir o modelo de civilização europeia, mas isso não irrompeu com a permanência de influências culturais estrangeiras, ou o desejo de equiparação cultural aos referenciais considerados ideais por certas camadas nacionais abastadas não cederia tão rapidamente.

Na verdade, entrou em cena um novo parâmetro cultural que iria disputar reconhecimento com a matriz do "Velho Continente" – o modelo norte-americano, ainda que "filtrado" pela recepção que esse modelo encontrou na esfera europeia. Com essa afirmação, não temos a pretensão de questionar o saber aceito até o momento, que localiza o fenômeno da "americanização" de modo inconteste após a II Guerra Mundial, quando a Europa passou à condição de "espectadora" da disputa de poder entre os Estados Unidos e a União Soviética.

Mas houve, no entreguerras, uma primeira fase de inflexão do crescimento do capitalismo americano no âmbito social e cultural da vida europeia. Considerar esse fenômeno nos ajuda a entender a presença, entre nós, de uma série de aspectos "americanos" que são encontrados, por exemplo, nas representações de Belmonte publicadas naquele período.

Com efeito, após 1918, ocorreram o fim do isolacionismo norte-americano e a elevação de sua economia a outro patamar; a noção fordista de competitividade, eficiência e produção em larga escala, assim como o entretenimento comercial de massas, a proliferação de formas americanas de lazer e a estética do prazer a elas associada influenciavam cada vez mais o mundo e o Brasil. A Europa vivenciava o declínio de impérios coloniais paralelamente à ascensão de um império midiático americano e o "tácito poder" que exercia por meio dos filmes, da dança, da música, dos impressos; os gostos e as novas regras americanas eram recebidos com entusiasmo por alguns – geralmente os jovens, em sua maioria – e profunda rejeição por outros. A penetração da onda *yankee* gerava debates, contestações e inclusive um sentimento antiamericano, embora alguns críticos reconhecessem que a presença daquela cultura fosse um fato consumado (Huggins, s.d.).

Em um determinado momento, "modernização" se tornou sinônimo de "americanização", complexificando as relações entre eixos de poder cultural; nações centrais europeias antes hegemônicas, como França e Inglaterra, se viam diante do desafio de encontrar um equilíbrio no balanço do desejo de manutenção de laços tradicionais e hereditários e o risco da perda do "bonde da modernidade" e do protagonismo na liderança mundial para uma ex-colônia norte-americana (Abravanel, 2012).

No Brasil, a influência americana no campo político se fazia presente desde os primórdios da República. Intelectuais como Joaquim Nabuco, Oliveira Lima e Rio Branco se voltaram para a experiência norte-americana, esse último fazendo a defesa de uma nova política externa mais voltada para os Estados Unidos, tendência que se consolidou após a I Guerra Mundial. Durante a década de 1920, ocorreu um processo de transição do poder econômico da Grã-Bretanha para os Estados Unidos que impactou as relações internacionais do Brasil no século XX; um período "em que a rivalidade anglo-norte-americana encontrou terreno fértil no Brasil, preparando o caminho para a ascendência dos Estados Unidos sobre a economia brasileira" (Garcia, 2002). A transição na esfera econômica alterava certo desequilíbrio que havia até a *belle époque* entre a admiração pelo modelo republicano federativo norte-americano, a presença econômica, até então predominantemente britânica, e a influência cultural, eminentemente francesa. Entretanto, o fato de haver uma inflexão política e econômica dos Estados Unidos sobre o Brasil nos anos 1920 não significa que houve, no terreno cultural, uma absorção imediata do estilo de vida americano.

Ainda que alguns intelectuais criticassem o pendor nacional de espelhamento do referencial europeu, a França continuava a ser polo imanente de referenciais de moda, de linguagem, de gosto e de classe associados a um repertório tradicional de requinte e "boas maneiras", ao menos para certas esferas, ainda desejosas de ascensão social, de equiparação ao *status* ao que consideravam exemplos ideais a serem seguidos. É curioso observar que, em Paris, os brasileiros representavam um dos maiores grupos de estrangeiros que rumavam àquela capital:

> Os brasileiros em Paris! Que esplêndido tema para um livro de costumes e de grotesco! Basta dizer que a maior colônia de estrangeiros na cidade luz é de brasileiros. [...] Um verdadeiro escândalo! Não é da América, terra dos reis do dinheiro, que mais vem essa emigração elegante. Não é da Inglaterra, país vizinho, de viajantes endinheirados. [...] É do Brasil, país distante, [...] que esses emigrantes de 1ª Classe vêm-se instalar [...] com seus luxos e suas despesas [Costallat, 1922:131].

Na revista inglesa *Vogue*, os países latino-americanos não costumavam ser mencionados, mas, na edição publicada na primeira quinzena de janeiro de 1925, uma caricatura de Martin explicitamente inclui os brasileiros entre os maiores visitantes de Paris, juntamente com escoceses, americanos, espanhóis e alemães. O tipo, chamado de *Brazil nut*, embora com nome espanhol (Señor Los Vegas), é descrito como "o alvoroço do Rio", aquele que passa os olhos em tudo e não deixa passar ninguém, retratado como um tipo corpulento, uma espécie de coronel (charutos, chapéu) mulato, com olhar "ta-

ACIMA:
Vogue *(Edição inglesa)*
Jan. 1925. Capa de
Georges Lepape

Caricatura de Martin
Vogue *(Edição inglesa)*
Jan. 1925

rado", rico (anéis, broche na gravata, indumentária), embora não muito elegante.

A complexificação de parâmetros identitários, contudo, atingia a própria matriz franco-inglesa, cada vez mais permeada por um rol de atividades culturais e de lazer que integravam uma maneira de viver espelhada nos *roaring twenties* norte-americanos, em referência à atmosfera de efervescência que tomou conta daquele país no pós-I Guerra. Não que o deslumbramento por Paris tivesse cessado; muitos intelectuais norte-americanos, inclusive, partiram rumo à capital francesa, polo de pensamento e de movimentos artísticos *avant garde*, descontentes com o desenrolar de movimentos nefastos em seu país, como o fascista Ku-Klux-Klan, por exemplo, e aumentaram o trânsito de influências entre aqueles polos.

Vale notar como a presença americana em Paris recebe uma avaliação negativa, sendo mesmo chamada de "invasão" nas palavras de Costellat (1922:17):

> Tudo é dinheiro. Tudo quer dinheiro. Tudo se reduz a dinheiro. A vida verdadeiramente parisiense acabou. Aquela graça, aquele espírito, não existem mais. A invasão americana fez mais mal a Paris do que a invasão alemã à França.

*Whitehall building, Nova York. Nele, Monteiro Lobato trabalhou como adido comercial do Brasil*

Na revista *Ilustração Brasileira* n. 66, de fevereiro de 1926, a coluna "Americanices" tecia reflexões sobre a disseminação daquela cultura:

> [...] a influência do povo americano tem crescido tanto e tão vertiginosamente nos últimos tempos, que já o Eco de Paris, em artigo especial, concita os franceses a libertarem-se do jugo americano, que reputa funesto aos velhos preceitos e à clássica cortesia dos franceses. A mania do jazz, do *flirt*, dos cabelos cortados e dos modos desenvoltos, diz ele, transformou a geração atual numa onda incivilizada. A personalidade francesa vive agora em comédia aberta, e falsos são os hábitos que, copiados dos americanos, pouco se adaptaram às fidalgas maneiras de outrora.

Identificados como incivilizados e incompatíveis com as "maneiras fidalgas" da "clássica cortesia" francesa, os hábitos americanos promoviam alterações no espírito parisiense e provocavam críticas. Na Inglaterra, por sua vez, escritores como Aldous Huxley publicavam artigos na revista *Vogue* repudiando a voga estadunidense que, a seu ver, ameaçava instituições tradicionais (Huxley, 1926).

Entre nós, como uma espécie de "cópia da cópia", houve uma ampliação de marcos culturais estadunidenses, visíveis nas formas de construção da individualidade, do posicionamento e do procedimento social – e o consequente questionamento deles. Por meio de produtos culturais de massa, como revistas e filmes, divulgava-se um modo de ser e de viver que era referência para uma nova geração desejosa de consumir e adotar novos padrões de comportamento sintonizados com uma noção de modernidade exterior. E, assim como na Europa houve movimentos críticos a essa influência dos Estados Unidos, no Brasil a americanização tampouco passou incólume à crítica intelectual que percebia no conjunto de procedimentos difundidos por aquele país – o "americanismo emancipador" do qual falava com ironia Benjamin Costallat[19] – uma decadência moral e uma degradação social.

Foi nesse período também que se cristalizou uma série de comportamentos associados ao *american way of life* tais como o pragmatismo, o materialismo e o oportunismo de seu proceder, fomentando preconceitos na forma de percepção da cultura norte-americana. Exceções importantes foram intelectuais brasileiros que tiveram a oportunidade de se aproximar da vivência da América do Norte e se posicionaram de forma positiva sobre aquela cultura – Monteiro Lobato, nomeado adido comercial em Nova York entre 1926 e 1930, pode ser considerado um verdadeiro "americanista" e, um pouco mais tarde, Anísio Teixeira e Alceu Amoroso Lima também deixaram impressões favoráveis sobre sua experiência americana.

Eles foram vozes dissonantes em meio a setores que permaneciam adeptos de parâmetros culturais europeus, mesmo após a desilusão pós-I Guerra e o crescimento de correntes nacionalistas naquele continente.

**19.** *Na página 135, há o trecho transcrito onde essa expressão é citada pelo autor.*

## "A erudição da ralé alta"

A abertura do espaço público às inovadoras experimentações da modernidade havia sido incrementada desde o início do século passado; as lojas de departamento, as confeitarias, os teatros, o *footing* haviam sido impulsionados desde os 1900. Os primeiros cinematógrafos pontificavam, movidos a luz elétrica, assim como os cinemas, que passavam de salas pequenas e abafadas para ambientes maiores e sofisticados, onde exibiam filmes das companhias francesas Le Film d'Art e Gaumont, além de produções italianas, inglesas e americanas.[20] Em 1908, a Exposição Nacional em comemoração ao centenário da abertura dos portos inaugurava a era dos grandes eventos destinados às multidões; em 1912, o bondinho do Caminho Aéreo Pão de Açúcar começava suas atividades.

Mas foi no período pós-I Guerra, sobretudo na década seguinte, que se efetivou uma série de hábitos e comportamentos que se aproximam, em diversos aspectos, do *modus vivendi* contemporâneo, sob forte influência da cultura de massa norte-americana. Pode-se afirmar, ainda, que foi na década de 1920 que ocorreu um verdadeiro "choque de gerações", num abismo crescente entre um antigo rol de crenças tradicionais e o pulsar da nova geração voltada ao admirável mundo novo. Aprofundou-se, também, a cisão entre o velho ambiente rural e um modelo urbano civilizatório progressista, urdido no compasso da industrialização (note-

**20.** *Informação constante de folheto da Companhia Cinematográfica Brasileira pertencente ao Centro de Documentação e Pesquisa da Cinemateca Brasileira. Disponível em: <www.cinemateca.gov.br/jornada/2008/salas/D1479-6.pdf>. Acesso em: out. 2017.*

se, porém, que a população brasileira era eminentemente rural, sendo suplantada pela população urbana somente em 1960, de acordo com os dados do censo).

A atmosfera de otimismo e *féerie* do pós-guerra que tomou conta dos Estados Unidos reverberou também na Europa e aportou entre nós de forma peculiar. A agenda doidivana de jovens rapazes e moças que podiam arcar com os custos de restaurantes, bailes, cinemas, roupas da última moda era bem diferente do cotidiano do século XIX e guardava diferenças em relação às décadas anteriores. Flertar em público passava a ser comum, frequentar as praias para banho de mar também, dançar ritmos extravagantes como o *shimmy* e frequentar teatros para ver atrizes semidesnudas eram alternativas que passavam a ser viáveis naqueles tempos, considerados loucos por alguns, modernos por outros, ou tudo ao mesmo tempo.

Nem só de compras ou *dolce far niente* viviam os "novos ricos" urbanos. Havia todo um rol de atividades culturais e de lazer que integravam uma maneira de viver que espelhava os *roaring twenties* norte-americanos, em referência à atmosfera de efervescência que tomou conta daquele país no pós-I Guerra.

No que diz respeito ao cinema, um dos veículos de larga penetração que atingiu novos patamares de público, houve um enfraquecimento da produção europeia após aquele conflito; os Estados Unidos passaram a dominar o mercado cinéfilo mundial, adensando sua participação entre as plateias mundo afora, cumprindo um papel incisivo nas determinações de gostos, valores, moda, estética e atitudes; o cinema daquele país se desenvolveu de forma notável, reinando no terreno dos estímulos audiovisuais como veículo de massa.

Os filmes americanos passaram a ser o carro-chefe das distribuidoras e salas exibidoras nacionais, trazendo à vida real uma série de possibilidades acionadas em sua representação ficcional. Em minucioso estudo que cobre 100 anos de cinemas do Rio de Janeiro, Alice Gonzaga (1996) afirma que, quando os Estados Unidos montaram uma sala de exibição na Exposição de 1922, os filmes americanos "já dominavam boa parte do mercado carioca, brasileiro e mundial". Por sua vez, Eugênio Garcia (2002) reitera que, em 1926, 95% de todos os filmes exibidos no Brasil eram norte-americanos.

Os primeiros cinematógrafos, que haviam iniciado suas atividades desde fins do século XIX, foram bem-sucedidos como alternativa de lazer a um público com opções restritas. Mas o acesso aos filmes americanos foi realmente facilitado nas décadas seguintes, à medida que eram inaugurados cinemas maiores, mais confortáveis e modernos, como o Cine Odeon (1926), o Império (1925), o Capitólio (1925), o Pathé Palace (1928), o Cinema Palácio (1928), além da reforma do Iris (1921) e de vários cinematógrafos que foram adaptados para ser cineteatro, entre eles o Rialto (1922), o Glória (1925) e o Ideal. Revistas especializadas como *ParaTodos*, *Scena Muda* e *Cinearte* – que começaram a circular, respectivamente, em 1918, 1921 e 1926 – anunciavam estreias e grandes produções, também constantes da seção "Cinema no Brasil", que foi incluída em 1924 na revista *Selecta*.

Alguns cronistas da época lamentavam a "triste moda" de imitação do cinema norte-americano (Gonzaga, 1996), por um lado ecoando a voz dos descontentes em relação às novidades e estrangeirismos, por outro reforçando a ideia de que absorver informações transmitidas nas telas

BELMONTE

# A ERUDIÇÃO DA RALÉ ALTA

Careta, n. 986, mai. 1927

— Queres vir ao cinema?
— Ver fitas de quem? Paramount, Metro Goldwin, Pathé, Sunshine, United Artist, Fox...
— Ufa ;...

era, sim, uma tendência. Outros, como Álvaro Moreyra, defendiam o cinema como o que havia "de mais interessante nesse mundo", criticando aqueles que apontavam a "imoralidade social" e a "semente corruptiva" como seus nefastos efeitos (Moreyra, 2016:82).

Para Benjamin Costallat,

o cinema é a escola do século – ensina-nos a vestir, a arranjar uma casa, a roubar sem barulho, a assassinar misteriosamente etc. Até beijos nos ensina a dar. E que beijos! Há criaturas que tudo devem ao cinema. Devem ao cinema conhecer os livros que nunca leram, as peças a que nunca assistiram e os hábitos que nunca tiveram [Costallat, 1923:34].

Belmonte demonstrou, a seu modo, como a atitude *up-to-date* em relação ao cinema *yankee* fazia parte dos requisitos da "ralé alta" que desejasse demonstrar cabedal cultural, ironizando o que seria uma nova forma de erudição:

– Queres vir ao cinema?
– Ver fitas de quem? Paramount, Metro Goldwin, Pathé, Sunshine, United Artist, Fox...
– Ufa...

A alusão à produção americana é explícita, assim como o estrangeirismo que encaixava no léxico diário palavras da língua inglesa; o tal "imperialismo inglês" de que falava Álvaro Moreyra ao se referir aos anglicismos adotados no cotidiano dos 1920 (Santucci, 2015:85) a "complicação inglesa ou americana dos vocábulos pernósticos" que "voam de boca em boca, como as músicas – do milionário ao moleque...", na observação de seu colega Costallat (1922:52).

O cinema brilhava nas telas, e o teatro de revista, nos palcos. A cidade capital era polo de produções voltadas para suas tramas como cenário e personagem, projetando imagens do carioca e do brasileiro. Mais voltado para o gosto do público do que para preocupações literárias, o teatro de revista foi durante muito tempo relegado pela crítica e pela historiografia; com forte apelo na comicidade, atingia amplos segmentos da população da cidade, abarcando tanto as classes populares como as mais favorecidas economicamente (Lopes, 2000).

A passagem da companhia francesa Ba-Ta-Clan pelo Rio de Janeiro provocou forte impacto em público e crítica, e influenciou a própria concepção das revistas nacionais, estimulando mudanças em sua estrutura. A introdução de pernas desnudas, o uso de cenários e figurinos luxuosos e a ênfase no *show* do espetáculo chacoalharam bases morais, alteraram percepções do corpo, influenciaram a moda e mudaram o panorama do teatro musicado no Brasil, com efeitos sentidos na sua conformação (Aguiar, 2013).

Meses antes da estreia da Ba-Ta-Clan no Teatro Lyrico, em 5 de agosto de 1922, com *Paris-Chic*,[21] a imprensa carioca incensava a expectativa do público noticiando o êxito de sua turnê na América do Sul; era frequente a reprodução da calorosa crítica estrangeira, com detalhes das apresentações em Buenos Aires e Montevideo que agradavam "às senhoras pela originalidade dos vestidos e profundamente aos homens pela beleza dos modelos".[22]

O efetivo sucesso fez com que a designação Ba-Ta-Clan passasse a denominar um tipo de espetáculo; havia anúncios na mídia impressa de trupes brasileiras que se apresentavam como "companhia nacional gênero Ba-Ta-Clan".[23] O abalo provocado pela montagem francesa, especialmente pela exibição das partes inferiores femininas, fez com que a Ba-Ta-Clan virasse um dos temas do carnaval do ano seguinte. O clube carnavalesco Tenentes do Diabo desfilou um carro intitulado "Crítica ao Ba-Ta-Clan ou a apologia da pouca roupa"[24] e seu concorrente, o Clube dos Fenianos, também ofereceu sua versão à "importação do naturalismo francês que invadiu nosso teatro, de fazer crescer água na boca".[25] Ironicamente, insinua-

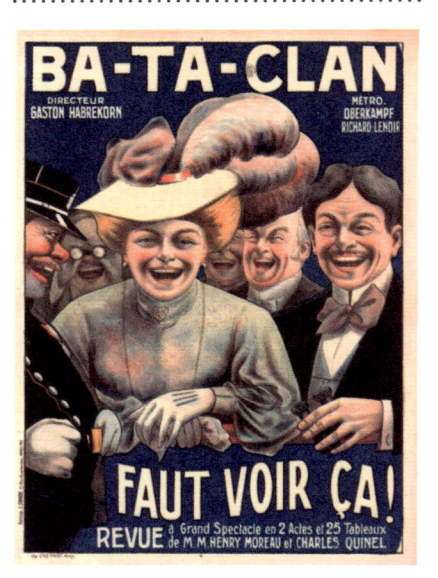

*Cartaz do Ba-Ta-Clan de Paris*

**21.** O Paiz, n. 13803, 5 ago. 1922.
**22.** O Paiz, n. 13767, 30 jun. 1922.
**23.** O Paiz, n. 13961, 10 jan. 1923.
**24.** O Paiz, n. 13994, 12 fev. 1923. / **25.** Ibid.

Careta, n. 787, jul. 1923

O PRETEXTO DO DIA...

O MARIDO. — Queridinha, não te preoccupes si hoje voltar um pouco mais tarde que meia noite. Tenho que assistir a uma reunião de negociantes que vão fundar uma sociedade anonyma para exploração da mandioca esterilisada...

vam que para fazer sucesso no teatro brasileiro, mais valia a exibição de pernas do que talento.

A companhia francesa original voltou ao Rio no ano seguinte e estreou nova revista em 5 de agosto de 1923.[26] Nos editoriais da mídia impressa, paralelamente aos elogios e à ânsia pelos novos números, registravam-se opiniões contrárias, vozes assustadas "adubadas no que resta, de moral e de pudor, à sociedade invadida pelos venenos ultramodernos do prazer".[27] Alguns moralistas tentavam impedir que a família assistisse aos espetáculos, temerosos da "influência deletéria" que as pernas internacionais poderiam exercer nos costumes públicos e privados.

– Queridinha, não te preocupes se hoje voltar um pouco mais tarde que meia-noite. Tenho que assistir a uma reunião de negociantes que vão fundar uma sociedade anônima para exploração da mandioca esterilizada...

Esse era o "pretexto do dia" que o marido usava para assistir ao Ba-Ta-Clan, excluindo a mulher do programa que provavelmente causaria censura e afrontaria os valores de famílias arraigadas à moral tradicional. Frequentava o Ba-Ta-

**26.** O Paiz, n. 14168, 5 ago. 1923.
**27.** O Paiz, n. 14163, 31 jul. 1923.

O «PÁU D'AGUA» (ao amigo do outro) — Manéco! Depressa! Córre, que aqui tem «ba-ta-clan» de graça!

*Careta*, n. 931, abr. 1926

Clan quem podia se permitir, moralmente e financeiramente. Afinal, conforme noticiavam os jornais da época, os ingressos eram tão caros que "para assistir a um espetáculo da Ba-Ta-Clan é preciso hoje ser milionário",[28] além do ágio abusivo cobrado por cambistas.[29]

Os que não podiam pagar, encontravam outras formas de fruição daquele tipo de espetáculo:

O PAU D'ÁGUA (ao amigo do outro) – Maneco! Depressa! Corre, que aqui tem "ba-ta-clan" de graça!

Diante de uma vitrine de moda feminina que exibia manequins de corpo inteiro com "roupas brancas" (roupas íntimas), o "pau d'água" (gíria para bêbado) maltrapilho tentava divulgar a oportunidade de ter acesso gratuito a uma forma de entretenimento originalmente disponível para os que podiam usufruir de *Paris em casa*, onde o "turbilhão multicor das *toilettes* lindamente despidas de Mme. Rasimi, sob a projeção mágica de mil lâmpadas coloridas", trazia Mistinguett, "a Sarah Bernhardt do *music hall*" (Costallat, 1924a:29-32).

**28.** *O Paiz*, n. 14168, 5 ago. 1923.
**29.** *O Paiz*, n. 14271, 16 nov. 1923.

## *O negro no palco*

Não são muitas as representações gráficas de Belmonte que incluem personagens afro-brasileiros; quase como se eles não estivessem presentes nas ruas da cidade, nos lares e sob os olhares das classes retratadas em suas caricaturas. Em caráter de exceção, aquela presença foi retratada por ele em caricaturas voltadas ao universo do *showbiz* nacional.

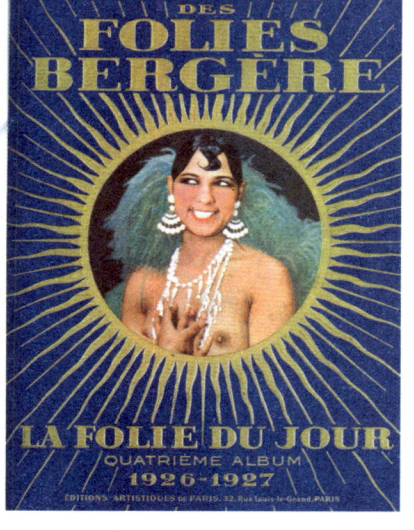

Com efeito, a cultura de massas exerceu um papel protagonista como espaço de negociação para a imagem e o lugar dos negros na nacionalidade; os anos 1920 testemunharam transformações significativas no modo como a subjetividade afro-brasileira se manifestava nos espetáculos do teatro de revista.

Até então, era rara a presença de atores negros nos teatros, geralmente considerados pelos brancos como um legado atrasado e anacrônico da era colonial (Shaw, 2018:12) A inserção do Brasil em um circuito transnacional de performances que envolvia países como França e Estados Unidos na década de 1920 promoveu novas formas de percepção e representação de identidade racial, incorporando tendências verificadas no exterior.

Paris foi palco de uma verdadeira *negrofilia*[30] naquela década, quando intelectuais formadores de opinião passaram a valorizar a cultura africana. A cidade vivia uma *féerie* da presença negra, incensada pelas performances de artistas como Josephine Baker e grupos de *jazz* americanos. Conforme uma noção de "negritude cosmopolita" se insurgia nas capitais de países centrais ao longo dos anos 1920, a figura do afrodescendente passava a ser percebida como elemento de vanguarda no âmbito dos espetáculos populares.

Na capa da francesa *La Vie Parisienne*, a moça trajada de forma moderna e sensualizada, com vestido leve e transparente, olha embevecida para dois homens negros, dispostos de forma simétrica, que usam indumentária formal comumente adotada por músicos de *jazz bands* dos Estados Unidos, com gravatas-borboleta – as *papillons noirs* de que fala o título metafórico. Um coração vermelho pulsante se destaca como moldura dos personagens, comunicando sentidos de paixão, arrebatamento e desejo sintonizados ao *tumulte noir*, a onda parisiense simpática à negritude.

*Capa do programa, com a atriz Josephine Baker*

Os escritores e diretores brasileiros puderam se beneficiar da mobilidade de ideias, pessoas e produtos culturais através do Atlântico, em diálogo com o cenário teatral de Paris e Nova York, onde buscavam inspiração para seus espetáculos. A presença de atores afrodescendentes nos teatros – recontextualizada no âmbito das tendências transnacionais – passou a ser índice de cosmopolitismo e modernidade, um capital de inovação.

**30.** *Termo contemporâneo para designar a paixão pela cultura negra.*

La Vie Parisienne,
*n. 931, abr. 1926*

# BELMONTE

*Meu Deus? Que almofadinha tão "bataclanico!..."*

Frou-Frou, *n. 3, ago. 1923*

A popularização de personagens e artistas negros como consequência de uma "moda" francesa poderia obedecer mais a estratégias comerciais do que a profundas mudanças de mentalidade (Gomes, 2003); decerto que a atuação afro-brasileira nos palcos não fez cessar uma tradição preconceituosa, entranhada no tecido social em função da percepção do "outro" calcada na distinção de etnias.

Mas naquele momento o teatro de revista foi uma porta de entrada para a elaboração de uma identidade nacional mais afeita às marcas culturais afrodescendentes, inserido num contexto ampliado de trocas transatlânticas. As companhias que incorporaram aqueles elementos tiveram papel pioneiro na abertura à discussão de temáticas negras junto a plateias multifacetadas, abrindo brechas para a rearticulação de ideias a respeito de "raça".

A moça finamente vestida, acompanhada de um senhor mais velho, troca olhares com um homem afrodescendente aprumado, e exclama:

"– Meu Deus? Que almofadinha tão 'bataclânico!...'".

Pensamos que o "almofadinha bataclânico" fosse referência aos músicos negros que tocavam na Companhia Ba-Ta-Clan francesa, que acabara de estrear novo espetáculo no Rio de Janeiro em agosto de 1923, mesmo mês em que a caricatura foi publicada.

No ano anterior, na primeira vez em que havia se apresentado no Brasil, a Ba-Ta-Clan havia contratado os músicos da orquestra Oito Batutas para integrar seus números;[31] na sua segunda turnê, em 1923, era o britânico Gordon Stretton que comandava a parte musical. Tanto os integrantes da Oito Batutas como Gordon Stretton e sua *jazz band* eram de origem afrodescendente e o destaque à música negra nos palcos de elites cariocas consubstanciava uma manifestação de novas formas de articulação de identidades e diferenças.

Integrado por artistas do quilate de Pixinguinha e Donga, o grupo Oito Batutas acabara de regressar de Paris em 1922, onde tinha se apresentado sob patrocínio do empresário milionário Arnaldo Guinle (Shaw, 2018:80). Em meio ao fluxo de trocas culturais transatlânticas, muitos artistas captavam a voga francesa e se apropriavam de sua etnicidade como ponto a favor, não contra.

Formado em 1919 pelo empresário judeu Isaac Frankel para animar a antessala do Cine Palais, o grupo Oito Batutas iniciou sua carreira em um reduto prestigioso da capital nacional (Vianna, 1999:115). Longe de passar incólume a reações negativas, ainda sob influência do "racismo científico" (Schwarcz, 1993) difundido na virada do século passado, a iniciativa de destacar o talento afrodescendente em circuitos mais amplos era uma ousadia – que deu certo.

Foram vários os grupos musicais integrados e/ou liderados por músicos negros que fizeram muito sucesso nos anos 1920. Além dos Oito Batutas, os Oito Cotubas e a Brazilian Jazz do baterista J. Tomás, entre outros, despertavam a admiração do público e da crítica, colhendo elogios de intelectuais estrangeiros, como Blaise Cendrars (Cabral, 1993).

O poeta francês, que possuía reconhecimento internacional, foi um grande entusiasta do Brasil, onde passou longas temporadas e man-

---

**31.** O Paiz, n. 13.821, 23 ago. 1922.

teve estreita ligação com os articuladores do movimento modernista de 1922. Sua influência sobre o grupo de intelectuais brasileiros começou em encontros ocorridos em Paris e perpassou o Atlântico, numa rede de trocas que se manteve até o fim de sua vida. Interessado na cultura africana, autor de *Anthologie nègre*, Cendrars foi uma figura importante no que diz respeito à valorização da cultura brasileira: com olhos de estrangeiro, pôde mostrar ao grupo nacional que a "chave" do moderno seria a busca de raízes nacionais, e não a mimese de seu país, a França (Eulálio, 1978) – o que não deixa de ser um paradoxo: é como se, para que pudesse valorizar sua própria cultura, a intelectualidade brasileira precisasse do "aval" ou da indicação de um francês, e faz pensar no influxo contínuo do universo cultural daquele país no mundo das letras paulista e brasileiro.

Se a aparição de artistas afrodescendentes em salas de cinema e teatros de elite poderia provocar incômodo para alguns, na caricatura de Belmonte o "almofadinha bataclânico" figura como um homem capaz de despertar a atenção da mulher branca, rica, que parece preferir um jovem galante ao invés do companheiro idoso e sisudo, independentemente de sua cor de pele.

Mas engana-se quem pensa não haver preconceitos nessa representação. O homem negro é concebido de forma caricatural com feições exageradas, como um personagem fortemente estereotipado, seguindo um padrão *cliché* muito comum à época. Os olhos saltados e os lábios grossos eram elementos visuais utilizados na elaboração dos personagens negros em desenhos humorísticos, com traços físicos "carregados" de forma homogênea e extrapolada.

Giby (criado em 1907 por J. Carlos), Benjamin e Azeitona (criados em 1931 por Luiz Sá), por exemplo, personagens afro-brasileiros dos quadrinhos nacionais publicados na revista *Tico-Tico*, não fugiram a essa regra de figuração cômica. Tal forma de representação remontava à imagem dos espetáculos de menestréis muito populares nos Estados Unidos durante o século XIX. A figura do *entertainer* negro na sociedade americana era caracterizada pelos olhos esbugalhados e lábios exageradamente grossos demarcados por maquiagem, acentuando diferenças étnicas. Os menestréis sintetizavam muitas das configurações e ideias sobre os negros presentes na sociedade, institucionalizando imagens pejorativas que influenciaram a forma visual como foram representados na cultura de massas (Chinen, 2013).

Traços que não impediram a personagem de Belmonte de se voltar, com interesse, ao homem negro que cruzou seu caminho na rua; note-se que ele era um almofadinha com vestimenta sofisticada e pertencente a um universo artístico de sucesso (bataclânico), como se a moda, o capital e a fama fossem elementos atenuantes de racismo.

O teatro musical ligeiro, fenômeno de popularidade no Rio de Janeiro na passagem do século XIX para o XX, constituía um espaço de comunicação interclasses e interétnico: polissêmico por excelência, frequentado por um público diversificado, abrangente de várias camadas sociais. Antonio Herculano Lopes, especialista no tema, destaca as contradições presentes nas representações culturais que misturavam expressões de racismo evidente com afirmações de democracia racial; a figuração de negros e mulatos de forma depreciativa e sua simultânea celebração; desqualificados por um lado, reconhecidos como integrantes da cultura nacional por outro (Lopes, 2005).

Ao passo que a incorporação de artistas afrodescendentes nos espetáculos teatrais provocava fissuras em antigos sistemas de rejeição e intolerância, também o tipo de ritmo musical que se popularizava naquele momento – música de origem afro-americana – provocava abalos em cânones culturais então vigentes.

Nos teatros e nos salões vicejava um tipo de formação musical – as *jazz bands* – que acionava discussões sobre raça e nacionalidade (Labres Filho, 2014). Entenda-se por *jazz band* a formação instrumental de grupos marcados por naipes de metais, pela espontaneidade e pelo repertório altamente dançante. Onipresentes nos palcos dos países ocidentais na chamada "era do *jazz*" (1917-1930), elas aportaram no cenário cultural nacional provocando trocas e misturas com ritmos também de origem africana, tidos como "tipicamente" brasileiros (Labres Filho e Santos, 2011:3).

Intelectuais, como Mario de Andrade, acusavam que o *jazz* estava "se infiltrando no maxixe", mas não acreditavam que processos polifônicos e ritmos estrangeiros fossem prejudicar a arte nacional; ao contrário, ressaltavam semelhanças raciais "primitivas" entre *jazz* e maxixe no que consideravam uma relação de continuidade (Andrade, 1928).

– *Positively, mistress Shimmie?*
– *Absolutely, mister Trot!*

Frou-Frou, *n. 22, dez. 1924*

Personificando os estilos musicais identificados como modernos, a corista e o *compère*[32] se embalavam ao som de uma *jazz band* integrada por músicos negros. Repare-se que os instrumentos são retratados com exotismo, incorporando sopro, percussão, cordas e até um sino na sua configuração; o *jazz* causava impressão não apenas pela formação do conjunto e pelos ritmos apresentados mas também pela inclusão de efeitos instrumentais e sons caseiros (Hobsbawm, 2009:83).

Os personagens de Belmonte afirmavam no diálogo em inglês, "positivamente" e "absolutamente", o som, o movimento e a cara dos espetáculos que causavam furor naquele período. Em setembro de 1923, havia estreado a revista *Jazz band* do autor Rubem Gil (amigo de Belmonte) no teatro Colyseu Moderno, que ficava na praça da Bandeira. Na-

**32.** *Compère ou compadre era aquele (ou aquela) que apresentava os quadros e conduzia o espetáculo.*

*Esquete* jazz band *de* Secos e molhados, *no Teatro São José em 1924. Acervo Funarte/Cedoc*

quele espetáculo, "Aracy Cortes se apresenta de preto e de cartola, [...], com as pernas à mostra, faz a Mistinguett".[33] A crítica do espetáculo publicada na revista *O Malho* comparava Aracy Cortes à vedete francesa Mistinguett, que era da companhia Ba-Ta-Clan. Pela descrição da indumentária, percebe-se que a representação de Belmonte mantinha estreita sintonia com o visual das coristas nas performances teatrais em voga.

Bem assim, em outubro de 1924, a companhia do empresário teatral Paschoal Segreto estreou, no Teatro São José, a revista musical *Secos e molhados*, de autoria da dupla Marques Porto e Luiz Peixoto.[34] Elogiada pela crítica e prestigiada pelo público, ficou em cartaz por mais de 100 apresentações. Composta por vários esquetes, apresentava no quadro *jazz band* a (onipresente) atriz Aracy Cortes e sete músicos uniformizados com fraques estilizados e rostos pintados de preto.

O fenômeno das *blackfaces* consistia em usar técnicas de maquiagem para pintar o rosto dos atores a fim de simular uma aparência negra conforme a tradição menestrel norte-americana, também presente em representações satírico-gráficas. Nos Estados Unidos, os *black-*

**33.** O Malho, n. 1096, 15 set. 1923.

**34.** Revista Dom Quixote, n. 393, 19 nov. 1924

*faces* representavam o estereótipo do afro-americano em espetáculos de entretenimento, muitas vezes de forma pejorativa e agressiva. No Brasil, aquela prática ocorreu com frequência bem menor do que na América do Norte. Embora não haja um estudo sistemático de *blackfaces* em terras nacionais, os trabalhos contemporâneos de Paulo Roberto de Almeida (2018), César Braga-Pinto (2017) e Lisa Shaw (2018:61) trazem à tona sua utilização em espetáculos teatrais nos anos 1920.

Não podemos certificar que a caricatura de Belmonte retratasse efetivamente o espetáculo *Secos e molhados*, nem a pintura *blackface*; pode ser que sua representação tenha sido inspirada por outras *jazz bands* formadas por músicos afro-brasileiros que não utilizavam maquiagem. Com ou sem *blackface*, naquelas orquestras a utilização de fraques e a adoção de poses com os instrumentos era tônica comum. O que fica patente é a ampla repercussão de espetáculos em que a estética visual e musical incorporava o elemento negro, colocando em foco questões a respeito de identidade racial no Brasil.

## *Da civilização à selvageria*

Disseminados pelas *jazz bands* que se tornaram cada vez mais populares em clubes e agremiações, com penetração em vários estratos sociais, o *shimmy* e o foxtrote eram a "grande novidade" musical daquele momento. Os ritmos variantes do *charleston* – uma forma de dançar extremamente popular nos Estados Unidos nos anos 1920, oriunda de bailes de afro-americanos sulistas do século XIX – provocaram impacto nos salões pela indução à desarticulação dos corpos que se movimentavam sensualmente embalados por síncopes frenéticas.

Os grupos em voga como os Oito Batutas intercalavam ritmos como o *jazz* "cem por cento norte-americano", o *black-bottom*, com o balanço de sambas e maxixes" (Cabral, 1993). Lundus conviviam com *blues*, *two-steps* e *cake-walks*, contribuindo para a riquíssima formação musical brasileira, mas a aceitação de todos os ritmos não obedecia a um consenso. No universo musical, a oposição estrangeirismo *versus* nacionalismo, tão presente nos anos 1920, parecia ganhar seus próprios contornos, delimitando qual gênero deveria ser aceito – ou não – no repertório da modernidade sonora, embora, frise-se, nem sempre a rejeição de determinada variante fosse justificada pelo fato de sua origem importada, mas sim por seu suposto mau gosto estético e sua inadequação indecorosa. Isso induz à reflexão sobre outras dicotomias também atuantes naquele período, como a denúncia de imoralidade e indecência na interseção com alguns eixos do moderno.

Para alguns autores, o *shimmy* era um verdadeiro "terror"; rejeitavam ritmos e formas de dançar americanas consideradas degeneradas e ameaçadoras, tal qual parte da intelectualidade europeia que tentava impedir a assimilação daquelas influências (Cresswell, 2006). Benjamin Costallat, por exemplo, parecia não se conformar com os passos ousados daquela dança, satirizada de todas as formas.

Não demorou muito para o *shimmy* aqui chegar e aqui vencer. Mal Paris, Nova York e

BELMONTE

Da Civilisação á Selvageria...

Frou-Frou, n. 25, jun. 1925

Londres nos anunciaram, em seus *dancings*, o advento shimmiesco e aqui já tínhamos, pelo primeiro vapor, essa dança histérica e tremida [...] Não houve cinema que na tela não tornasse seus passos conhecidos [Costallat, 1923:201].

O desagrado em relação ao ritmo americano era justificado por se tratar de uma dança "diabólica", tentadora, pagã, perigosa, um "poder infernal", uma "coreografia desavergonhada de cabaret" (Costallat, 1923:36), uma dança estúpida inspirada nos movimentos dos animais (Costallat, 1924a:36). A descrição de Gastão Penalva não era mais elogiosa. Ao avistar pessoas que se sacudiam "ao grande ar do salão, debaixo do calor dos lustres, como aves enormes que sacodem na grama de um jardim", o autor registrou suas impressões daquele "bailado exótico" (Penalva, 1924:191).

A crítica ao *shimmy*, à adoção de movimentos que mimetizavam práticas norte-americanas embutia uma crítica ao próprio modelo de civilização e modernidade. Tanto pela postura de "imitação", que incorporava "sem filtros" expressões de música e dança estrangeira, como pela execução de gestos e passos vistos como ousados, bruscos e primitivos. Por um lado, essa atitude pode evocar, numa primeira leitura, um viés preconceituoso em relação aos "selvagens" africanos que haviam inspirado o *charleston*; por outro, cronistas e caricaturistas pareciam valorizar as manifestações de povos tidos como "incivilizados" em seu próprio contexto original, paralelamente à desaprovação da mimetização desta ou daquela expressão cultural externa às suas raízes pregressas por aqueles que se autoproclamavam os arautos da civilização.

No díptico intitulado "O Charleston: Selvagens... O Charleston: Civilizados!", Belmonte ilustra uma cena tribal, onde uma africana dança à frente de um músico em seu habitat, *vis-à-vis* uma cena de baile em salão urbano, adornado por elementos *déco*, onde uma mulher dança sozinha, observada por um grupo masculino ao fundo. A ironia evidente provém das semelhanças traçadas na disposição dos personagens (elemento que se move sozinho na frente/elemento no fundo), nos gestos e na postura dos que dançam; pernas dobradas com joelhos juntos, mãos que se movem para baixo, num equilíbrio que desafia o eixo. Em sua crítica ao *charleston*, Belmonte desafia a noção de civilização que incorporava aquele tipo de dança que, para ele, seria uma verdadeira expressão de selvageria. E conclui a série com a caricatura "Civilização é isto", onde casais dançam colados, o homem segurando a mulher com firmeza pelas costas, de mãos dadas, pernas que se entrelaçam, quadris que se movem juntos, com passos que remetem ao ritmo do maxixe ou do samba. O modelo de civilização defendido pelo artista pressupunha uma forma de dança em que os homens e mulheres bailam juntos, evoluem em harmonia sincopada, desfrutando do contato corporal com sensualidade. No que diz respeito à música e à dança, o caricaturista dava a impressão de defender expressões brasileiras e rejeitar o recente modismo americano, enquanto valorizava a proximidade e a cumplicidade dos casais.

O balanço entre primitivismo e progressismo reaparece em outra caricatura com título semelhante, "Da civilização à selvageria". Duas personagens figuram como representantes de grupos que seriam distintos – uma branca, outra parda; uma rica, outra pobre; uma urbana, outra rural; uma moderna, outra primitiva; uma civilizada, outra selvagem. O escárnio de Belmonte emerge da troca de papéis que ele propõe, a partir de um jogo dos sete erros às avessas, em que introduz uma série de elementos que se reproduzem numa e noutra: os cabelos curtos, com franja; os brincos de argola, os dois colares (um rente ao pescoço, outro abaixo), a pulseira no braço esquerdo, as linhas diagonais na indumentária sobre o torso.

Ao inserir nas páginas elitistas da *Frou-Frou* uma personagem adâmica, Belmonte tocava no tabu das nossas origens miscigenadas, uma questão que permanecia velada numa sociedade que não encarava a questão do racismo e da discriminação racial.

Muitos anos adiante, as palavras de uma liderança cultural do movimento negro, Abdias Nascimento, sublinham a continuidade da negação do reconhecimento da discriminação:

> Mesmo os movimentos culturais aparentemente mais abertos e progressistas, como a Semana de Arte Moderna, de São Paulo, em 1922, sempre evitaram até mesmo mencionar o tabu das nossas relações raciais entre negros e brancos, e o fenômeno de uma cultura afro-brasileira à margem da cultura convencional do país [Nascimento, 2004].

Concomitantemente, note-se que entre a vanguarda europeia ocorria uma valorização da cultura primitiva, com a assimilação de alteridades artísticas oriundas da arte africana ou da Oceania que contribuíram para a renovação das possibilidades técnicas e estéticas de sua produção. Como pode ser notado na pintura de Picasso, por exemplo, valorizar a cultura negra era mesmo uma marca ou uma moda nos movimentos artísticos em França.

Belmonte dá a impressão de perguntar: quem é civilizado e quem é selvagem, afinal? E inverte, no título, a ordem do processo progressista, como se da civilização caminhássemos para a selvageria... E ecoa as palavras de Costallat, para quem "a civilização é mais selvagem do que a própria selvageria" (Costallat, 1936:143).

Na caricatura, a personagem "primitiva", que figura atrás, possui uma expressão contida, olhos fechados, cabeça inclinada para baixo, mãos para trás, enquanto a personagem "civilizada" olha com firmeza para o observador, mãos na cintura, numa pose confiante, desinibida e desafiadora – a postura civilizadora tinha um tanto de arrogância e narcisismo, enquanto as culturas distintas do modelo ocidental progressista eram inferiorizadas e desconsideradas.

A crítica de Belmonte poderia ter um fundo machista, que não aprovava a nova persona da mulher moderna nos anos 1920: mais desnuda, com vestidos estreitos e decotados, cabelos curtos, maquiagem demarcada e personalidade forte. Mas uma interpretação que se esforça para compreender e articular conjunturas à luz do presente, percebe na indagação dos modelos de selvageria e civilização um aprofundamento que adensa a questão sobre o modelo cultural civilizatório do qual somos tributários.

# BELMONTE

Careta, n. 787, jul. 1923

**O CHARLESTON SELVAGENS...**

**O CHARLESTON ...CIVILISADOS!**

# BELMONTE

Frou-Frou, *n. 36, mai. 1926*

**CIVILISAÇÃO É "ISTO"**

## *Ver e ser visto*
## *(à saída da missa)*

Muitas eram as novas formas de experimentar os espaços urbanos, os rituais de sociabilidade que ganhavam espaço nas calçadas e nos salões, ou, pelo menos, muitas eram as novas formas de vivenciá-los. Retratada com regularidade na revista *Careta*, "A saída da missa" era a legenda que acompanhava fotografias dos fiéis que tomavam as calçadas no fim do expediente, na maioria das vezes flagrados na praça Duque de Caxias. Olegário Mariano (1927:11-12) dedicou o poema "Missa das onze" a esse ritual:

> Missa das onze. Domingo.
> Do Rio a população
> Cai na rua, pingo a pingo...
> E entre a multidão, distingo
> A nata da multidão
> [...]
> Tafetás, cassas e sedas,
> Tacões de botas esguias,
> Dão sonhos e fantasias
> À calma das alamedas
> E ao seu Duque de Caxias.

A estratificação social é evidenciada pelo autor que estabelece separações entre grupos que compõem a multidão. Ir à Igreja do Largo do Machado se revelava uma oportunidade para o "desfile de modas" dos que ali circulavam com suas possíveis melhores roupas. Que poderia ocorrer também após os cultos da Matriz do Senhor do Bonfim, em Copacabana, ou da Igreja Nossa Senhora da Paz, em Ipanema (O'Donnell, 2013:136).

Belmonte externou sua versão do fenômeno, insinuando que comparecer àquele compromisso religioso poderia extrapolar os votos de fé divinal, recaindo em necessidade carnal. A representação do público presente à "Missa do Galo" – expressão própria de países latinos para a celebração na véspera do Natal – evidencia o lugar de encontro entre diversas esferas, desvelando camadas de intenções e vivências distintas.

O espaço gráfico aparece demarcado em três faixas divisórias, uma para cada grupo social: "os que vão para rezar", "os que vão para ver", "as que vão para serem vistas". No primeiro grupo, figuram senhores e senhoras de idade avançada, algumas "carolas" que portam a bíblia e o terço, mulheres negras e uma criança; todos têm um semblante ora lúgubre, ora circunspecto, alguns com os ombros caídos, encurvados. Eles olham para baixo ou para a frente, como se caminhassem em direção a seu propósito primordial, que seria a fruição do rito religioso, sem distrações à parte. A construção da visualidade dos personagens reforça a ideia de velhice, religiosidade, austeridade e pobreza: o véu de uma senhora, a roupa preta e enlutada de outra, as vestes simples das negras, o vestido de colarinho alto, fechado até o pescoço da que vai à frente, o corpo gordo da que vai ao seu lado, ambas com saias compridas e cabelos presos em coque.

No segundo grupo, aparecem homens jovens, que olham entre si, sorriem e parecem conversar enquanto caminham; alguns com a mão no bolso, outros com cigarro, bengala de volta, parecem à vontade, relaxados; corpos em movimento com postura ereta, peito erguido, "vão para ver" as moças jovens que lá

# A MISSA DO GALLO

*Os que vão... para rezar...*

*Os que vão... para ver...*

*As que vão... para serem vistas...*

Frou-Frou, n. 42, nov. 1926

BELMONTE

## NA PRAÇA DUQUE DE CAXIAS

Á sahida da m'ssa

A' SAHIDA DO CINEMA

Frou-Frou, *n. 22, dez. 1924*

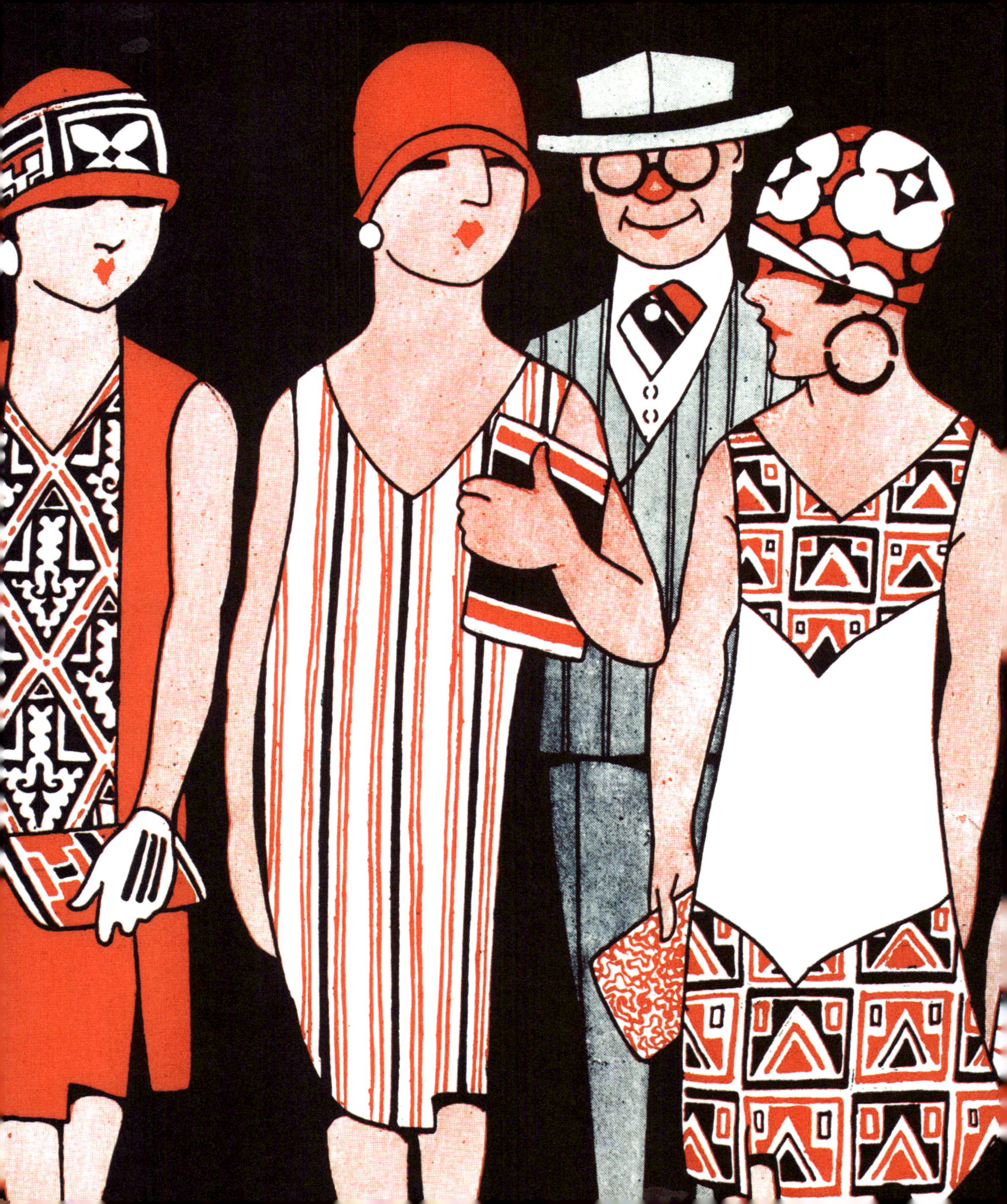

encontrarão. A indumentária composta de chapéus-panamá, paletós, calças, camisas, lenços e gravatas apresenta variações de tecidos, cortes, padronagens e acessórios, mas todos parecem bem aprumados e preocupados com a aparência.

Por fim, o terceiro grupo é composto de mulheres jovens (a penúltima, nem tanto), com cabelos curtos, vestidos tubulares, chapéus *cloche* enterrados até os olhos, bocas demarcadas com maquiagem. "Vão para serem vistas" por seus galanteadores e capricham no visual, que inclui uma série de acessórios como brincos, luvas, bolsa, carteira. A maioria não usa decotes, mas as pernas estão de fora, num contraste entre frio e calor; as roupas de mangas compridas, usadas com chapéus, *écharpes*, golas e arremates de pele seriam provavelmente mais adequadas a um frio europeu ou mesmo paulistano, mas eram usadas na capital carioca por influência do "clima" de países temperados.

Chama atenção a personagem negra que caminha à frente; também jovem, corpo torneado: porta um vestido mais leve, justo e curto que acentua suas formas, com brinco de argola e lenço na cabeça. As roupas delineiam indicadores de riqueza e pobreza – o contraste entre as mulheres brancas, com vestimentas mais sofisticadas, pesadas e detalhadas, e a negra, com vestido liso e simplório, sem muitos adornos. O cabelo é outro ponto que condensa significados: enquanto as mulheres brancas usam corte *à la garçonne*, conforme a moda da época, a negra "esconde" seu cabelo, talvez por não ter condições de cuidar dele, talvez por sentir necessidade de esconder um traço característico de seu biótipo, que por imposição social deveria ficar oculto e "domado" sob o lenço, para não "afrontar" padrões de beleza europeus valorizados pela elite branca.

Nas evidências relacionadas com as categorias de faixa etária, gênero, cor da pele e compleição física, o caricaturista tece várias associações para cada um dos grupos: "os que vão para rezar" seriam aqueles que não teriam mais idade apta para flertar, como se tal prerrogativa pertencesse apenas aos jovens; ainda, seriam também mulheres que não teriam o *physique du rôle* necessário para tal, *vide* o padrão de beleza que valorizava a magreza e a silhueta esbelta, estigmatizando corpos com peso divergente. A marca da pobreza é outra que aparece nas vestes, simples e sóbrias, que escondiam a maior parte dos seus corpos.

Os outros dois grupos seriam compostos por jovens aptos à paquera, ao desfile social, membros de uma elite urbana branca com recursos monetários para vestir-se na moda, com idades e corpos adequados aos arquétipos sociais de entes atraentes. Exceção é a senhora com tecido estampado que parece um pouco mais velha e um pouco acima do peso em relação ao restante do grupo de mulheres com as quais caminha; vestida com esmero, participa da exibição pública na rota da igreja. Um mesmo ritual de sociabilidade poderia promover a ocupação do espaço público por círculos distintos, que se inseriam entre a tradição e a modernidade na capitalidade urbana, onde a novidade e os ares do progresso impregnavam os anseios gerais, mas a realidade nacional, estratificada, hierarquizada e excludente ainda tecia limites de pertencimento para cada um dos grupos descritos.

## À espera de um fotógrafo

O desejo de ver e ser visto, tão espraiado na contemporaneidade, em que o campo visual prepondera na quantidade de representações produzida e consumida pelos indivíduos, remonta a um processo secular, referenciado às tecnologias disponíveis. A variedade de artefatos eletrônicos e digitais do presente catapultou a disseminação de imagens; mas a introdução da fotografia no cotidiano das pessoas há quase um século desde então fomenta a ânsia do registro visual, cuja função pode ser desde a perpetuação de um momento importante para fruição própria até a exibição pública capaz de saciar a vaidade e cumprir uma afirmação de *status*, entre outras possibilidades.

Em estudo sobre a iconografia e a representação da vida urbana na Primeira República, Claudia Oliveira salienta a preponderância da esfera pública como uma das experiências mais poderosas da vida moderna:

> De acordo com sociólogos como Simmel e Benjamin, Sennet e Berman, a modernidade é sinônimo de vida pública. [...] O cotidiano urbano e o corpo moderno, como sujeito e objeto de representação, constituem-se em um de seus principais temas fotográficos das revistas ilustradas, as quais se convertem em espaços destinados ao desfile de corpos modernos [Oliveira, 2010:175-176].

Nesse terreno propício para o crescimento do exibicionismo e do voyeurismo, o registro do cotidiano, vinculado à exposição pública da figura e do corpo, era capaz de exacerbar os prazeres mundanos e expandir experiências subjetivas, com certa quebra de barreiras morais.

Nesse contexto, não é de se estranhar que a procura por um fotógrafo passasse a integrar os anseios dos retratados, em busca de representações cuja divulgação poderia cumprir funções de inclusão e distinção, prazer escópico, fruição e fetiche; uma verdadeira "camerofilia" (Oliveira, 2010:215).

Álvaro Moreyra ofereceu sua versão da mania por fotografia:

> Uma das mais teimosas preocupações da Humanidade moderna é a fotografia em jornais e revistas: o retrato, espalhado, visto por muita

A' espera de um... photographo!

Frou-Frou, *n. 26, jul. 1925*

gente, no bonde, nos cafés, dentro de casa... Mulheres, homens, velhos e crianças, todos querem aparecer... Há quem se mate para realizar, assim, o desejo da vida inteira... Inúmeras pessoas só casam para isso... [Moreyra, 2016: 150].

Belmonte também tratou do fenômeno em seus primórdios nas representações "À espera de um... fotógrafo!", "– Lá vem o fotógrafo! – Faça pose de instantâneo!" e "– Que desastre, Clementino! Estamos andando há mais de três horas e... nenhum fotógrafo!".

As composições dessas caricaturas – a indumentária dos atores, a arquitetura – não deixam dúvidas sobre o ambiente de elite. A ironia do autor repousa sobre a contradição entre a espera intencional do registro fotográfico e o simulacro do ar *blasé*, da pose forçada para parecer natural, do caminhar com a finalidade do *click*. O fato de Belmonte registrar, em mais de uma caricatura, a reação de membros da elite à fotografia "inesperada" no espaço urbano reforça a ideia de que seria um acontecimento novo, até então incomum, que inaugurava formas de reconhecimento e de pertencimento. A nosso ver, o autor pretendia dar visibilidade, nas representações caricaturais, ao lado ridículo do comportamento das camadas mais altas, cuja autoafirmação estaria vinculada à foto-exibição.

— Lá vem o photographo !
— Faça a «pose» de instantaneo !...

ACIMA:
*Careta, n. 830, mai. 1924*

AO LADO:
*Frou-Frou, n. 37, jun. 1926*

# BELMONTE

—Que desastre, Clementino! Estamos andando ha mais de tres horas e... nenhum photographo!

## *Arquitetura de elite*

No conjunto de caricaturas levantado pela pesquisa, aparecem comumente construções ao fundo, moradias residenciais muitas vezes rodeadas por jardins e árvores dispostas em harmonia paisagística; são casas em estilo bangalô (tradução do termo inglês *bungalow*), muito valorizadas pelas camadas sociais mais altas na época.

Caracterizado por telhados com telhas aparentes, que harmonizavam com o terreno arborizado no entorno, esquadrias com vidros quadriculados, paredes com pedras, varanda de acesso com pilares laterais e telhado em duas águas, o estilo arquitetônico influenciado pelo movimento *arts and crafts* foi propagado junto à elite e às camadas médias brasileiras por intermédio das revistas de decoração e se enquadrou na mudança de mercados e gostos, estilos e padrões de vida burgueses.[35]

A propagação dos bangalôs no Rio de Janeiro estava associada a uma nova cultura de moradia, que valorizava um estilo americano de morar, prático, moderno, em residências menores e menos suntuosas do que as antigas chácaras e palacetes neocoloniais ou ecléticos. Conforme a narrativa de Costallat:

> O Rio sofria, então, a sua formidável transformação. De cidade provinciana transformava-se, em poucos anos, em grande centro cosmopolita. De cidade bem brasileira, com as suas chácaras como as da Tijuca e suas casas como as de Botafogo [...], o Rio começou a ser a grande cidade internacional com Copacabana e com Leblon, construídos à americana, feitos de *bungalows* e de jardins simétricos e asfaltados [Costallat, 1924b:157].

Habitá-los (os bangalôs) significava ter acesso a todos os benefícios que as inovações tecnológicas e os novos materiais poderiam assegurar, num imóvel que concretizaria as pretensões de um lar idílico, a salvo das intempéries urbanas, em meio a paisagismos planejados e ambientes arejados. Conciliando a influência estrangeira com o clima tropical, corporificavam um estilo de vida que privilegiava a fruição ao ar livre nos jardins e novas formas de vivência no espaço privado; o lar seria um espaço de ordem e paz que preservaria a individualidade de seus habitantes e refletiria sua personalidade.

Os bangalôs, construídos para as classes médias emergentes e para a sociedade burguesa – integrada por negociantes, políticos, militares, engenheiros, entre outros – consubstanciavam um estilo arquitetônico relacionado a certas comunidades sociais. As "residências modernas" eram habitadas pelo novo modelo de homem metropolitano, o carioca que gosta de esportes e valoriza o ar puro (Oliveira, 2010: 156-157).

De acordo com a imprensa especializada, notadamente a revista mensal *A Casa*, publicada no Rio de Janeiro entre 1923 e 1945, a casa própria deveria "ser tão adequada aos hábitos do morador como o vestuário que lhe assenta no corpo. Mais do que um lugar para viver, a

---

**35.** O arts and crafts *foi um movimento que revolucionou a arquitetura doméstica britânica no final do século XIX e se difundiu com grande popularidade nos Estados Unidos, alcançando repercussão internacional. A dissertação de mestrado* Arquitetura residencial paulistana dos anos 1920: ressonâncias do arts and crafts, *apresentada por Maristela da Silva Janjulio à Escola de Engenharia de São Carlos (USP) em 2009, analisa o tema em profundidade (Janjulio, 2009).*

casa é além de tudo o continente de sua personalidade e de sua família".³⁶ Essa comparação entre a casa e o vestuário como sinais externos de adequação às vogas e exteriorização de personalidade pode ser percebida no pedido da mulher ao marido:

– Por que não me compras um BANGALÔ igual a este?
– Caíram de moda. Se quiseres te darei bengala... das!

A frivolidade nas formas de pensar e sentir fica patente no diálogo. Ela pede uma casa de presente, como se se tratasse de um bem de fácil aquisição e descarte; ele responde no mesmo tom, oferecendo a negativa, justificando-se em função de uma questão de modismo, e esboça uma ameaça punitiva, utilizando um recurso agressivo-defensivo tradicional – a bengalada (que paulatinamente era substituída por tiros de revólveres).³⁷ A "última palavra", nesse caso, cabia ao marido, detentor do capital e da força, re-

*Careta*, n. 932, mai. 1926

ELLA — Porque não me compras um BANGALÔ egual a este?
ELLE — Cahiram da moda. Se quizeres te darei bengalá... das!

cursos com os quais se sobrepunha aos anseios de sua mulher.

O trocadilho de Belmonte promovido entre as palavras bangalô/bengaladas, a partir do acessório que compunha o rol da indumentária masculina, pode até não atingir o paroxismo da originalidade, mas sua caricatura assume um potencial documental dos valores e comportamentos da elite em relação às suas escolhas, ao tratamento da questão de moradia, ao deslumbramento por tudo o que fosse novo e inequivocamente mais moderno. Ainda, ilumina uma tendência à sobreposição de estilos arquitetônicos e projetos urbanísticos mobilizados por critérios estéticos, progressistas, políticos e econômicos, desde que traduzissem um ideal de novidade valorizado em determinado momento, sem demonstrar concernimento em relação a fatores de preservação histórica, inclusão social ou mesmo a viabilidade de tais propostas em longo prazo.

Para as elites e camadas médias que protagonizavam o sonho progressista na grande metrópole, suas inquietações habitacionais diziam respeito à busca por signos distintivos que corroborassem uma afirmação de *status*, contribuíssem para a sensação de inclusão e triunfo conforme determinado estilo de vida urbano. Para elas, moradia era também uma questão de moda e, na busca por adequação conforme os padrões vigentes disseminados no meio social, suas residências deveriam adotar esse ou aquele estilo visando à legitimação de sua posição e sua inscrição no cosmopolitismo.

Belmonte abarca esse aspecto ao demonstrar que as casas em estilo bangalô, tão valorizadas no início dos anos 1920, começavam a perder seu patamar de encarnação concreta da vida moderna na segunda metade daquela mesma década, para dar lugar a outro tipo de construção: os arranha-céus.

**36.** A Casa, n. 69, p. 5, 1930.
**37.** *Nas revistas ilustradas, cronistas e colunistas abordavam a introdução das armas de fogo na sociedade civil (revólveres eram anunciados nas próprias páginas dos periódicos) e lamentavam a substituição das bengaladas por tiros. Vide revista* Fon-Fon, *n. 2, jan. 1910 a respeito da "morte da bengala" e do "triunfo do revólver".*

## *Os novos ricos*

Enquanto nas ruas eram experimentadas novas fruições, a caricatura de Belmonte nos leva a pensar como, nos recônditos elitistas, eram construídas as tradições. Na situação retratada, um dos senhores exprime um desejo de afirmar uma suposta ancestralidade, que provavelmente serviria à afirmação de *status* de classe diferenciado. Belmonte faz pensar, a partir dessa representação, num desejo da burguesia urbana de forjar laços que emulariam uma hereditariedade quase nobiliárquica.

O indivíduo no retrato, por sua vez, veste uma farda cheia de condecorações militares e traz à tona a proposta de identidade nacional republicana, elitista e autoritária, que tinha nas Forças Armadas as guardiãs maiores dos interesses da nação. Fortemente apoiada em narrativas patrióticas sobre a Guerra do Paraguai, tal proposta promoveu a elevação de oficiais monárquicos ao patamar de figuras luminares da nação republicana. E assim o duque de Caxias, o marquês do Herval, o marquês de Tamandaré passaram a patronos do Exército, da Cavalaria e da Marinha, respectivamente.

A decoração do ambiente evoca uma sobreposição de temporalidades no balanço entre tradição e modernidade, entre provincianismo e cosmopolitismo. O estilo *art déco*, surgido nos anos 1920, que se sobrepunha ao *art nouveau* e ao ecletismo da *belle époque*, buscava a utilização de materiais e volumes que representassem modernidade, com a simplificação das linhas, influenciadas pelo *design* industrial e pela redução dos elementos de ornamentação – ele pode ser percebido nos grafismos do tapete e das faixas decorativas nas paredes, nas linhas simplificadas da poltrona e da mesinha, com poucas guarnições, no uso da cor preta nos jarros decorativos. O teto, trabalhado geometricamente, poderia ser de concreto armado (que passava a ser largamente utilizado) ou de madeira (influência do movimento *arts & crafts*), mas de qualquer modo expunha o vigamento aparente, um projeto ético-estético em que a forma passava a ser valorizada ao invés de escondida. De outro lado, eram um estilo e um gosto que as elites estavam aprendendo a usar; marcas do neoclássico ainda estão

– Este, naturalmente, é algum antepassado seu...
– Ainda não sei.
Eu creio que vai ser avô de minha mulher.
*Careta*, n. 916, jan. 1926

presentes na maneira totalmente simétrica de dispor os candelabros, e resquícios coloniais podem ser percebidos nos pés da mesa e no forro do teto da sala ao lado. Por fim, a lareira, que pode provocar espanto em função da condição climática carioca, estava presente numa série de construções, haja vista a chaminé comumente observada em casas do estilo bangalô.

No que diz respeito à roupa, os senhores ainda têm "um pé" no formalismo das décadas anteriores, com fraque escuro, colete abotoado, gravata, polaina, colarinho alto. Nos anos 1920, a moda masculina passava a ser mais influenciada pelo estilo esportivo e pelo estilo militar, e paletós substituíam os fraques.

Os dois jovens na caricatura seguinte demonstram um ar mais descontraído no vestir, embora não menos apurado; vestidos no rigor da última moda, portam calças Oxford de cor clara, paletós mais curtos, sapatos bicolores, bengala meia-volta, chapéus Fedora e coco (a moda masculina será objeto de capítulo específico adiante). E debatem uma opção de vida que parecia também "estar na moda".

Com humor, Belmonte traz à tona o descompromisso relaxado de rapazes que não dependiam de tarefas laborais para sobreviver, ou, ainda que dependessem, deliberadamente assumiriam um comportamento *bon vivant*. Muitos são os eixos interpretativos que se entrecruzam a partir dessa representação; numa sociedade de-

– O que é que nós vamos fazer agora?
– Ora essa! Uma coisa muito importante: nada!
*Careta*, n. 929, abr. 1926

marcada por prerrogativas de classe, o bacharelismo e o clientelismo falariam mais alto do que o esforço e o mérito individuais. Poderia ser uma crítica em relação aos jovens almofadinhas, mais preocupados em usufruir uma vida doidivanas do que em construir um patrimônio como seus pais; um olhar nada complacente com o deslumbramento e o narcisismo de grande parte dos cariocas, ou ainda uma crítica ao estereótipo recém-erigido, associado ao bel-prazer, em contraposição ao paulista, associado à seriedade e à preocupação com a produtividade.

Álvaro Moreyra, no livro *A cidade mulher*, dedica uma crônica aos "Endomingados", em que faz um contraponto entre os trabalhadores simples que saem às ruas no único dia de folga e certos senhores que são "endomingadíssimos" a vida inteira: "Nas atitudes, nos gestos deles, é sempre domingo – um domingo sem fim, que não teve sábado e não terá segunda-feira...". Numa metáfora alusiva à hereditariedade das famílias influentes que compunham uma elite empoderada, Moreyra (2016:103) observa a manutenção de prerrogativas aos tais senhores, que "não se apartam de fraques memoráveis, fraques de uma família única, históricos, teimosos...". Note-se que o fraque não compunha a "indumentária padrão" do tipo almofadinha, que poderia ser ou não endinheirado, embora também parecesse viver num eterno domingo.

*Frou-Frou, n. 30, nov. 1925*

Costallat, por sua vez, ataca com humor nossos "homenzinhos que não se mexem":

Há em todos um [...] êxtase visível de si próprios. Um gozo iniludível do que são. Porque são todos importantes! Muito importantes! Esperam, no silêncio de suas celebridades, alguma glória indefinida [...]. Aqui no Rio, [...] tudo é célebre. A Avenida é uma exibição enorme de personagens extraordinárias. Uma imensa feira de celebridades. [...] Fazem muito bem os imbecis de explorar esse estado de coisas ainda mais imbecil do que eles. Nisso consiste justamente o seu maior talento [Costallat, 1922:42-43].

Na década de 1920, na esteira de uma tendência ocidental pós-guerra de celebração, otimismo e volúpia pela vida, as novas gerações estavam muito devotadas a se divertir (ao menos, os que podiam se dar a esse luxo). Entre as jovens senhoritas, uma "pesada" rotina de compromissos emerge no diálogo caricatural:

– Eu vim te buscar para irmos fazer compras.
– Ah! Não posso! Eu hoje tenho que fazer compras de verdade!

O consumo figura como forma de lazer, por um lado, e tarefa feminina, por outro; num ou noutro caso, cada vez mais consumir se afirmava como uma motivação para sair à rua e uma atribuição da qual deveriam dar conta.

## *O encanto de nossas praias*

Muito já se sabe sobre o core de uma cidade balneária, que tem nas praias seu cartão (postal) de visitas; o lazer de uma gente, o ganha-pão de outra; o locus de práticas esportivas, arenas competitivas, ações de marketing; ponto de encontro, lançamento de modismos, cujos efeitos se propagam asfalto adentro. Cantada em prosa, verso, música e pixels, a orla carioca mantém um poder de atração teimoso em sobreviver às turbas nada ecológicas que ocupam sua natureza superdotada (e superlotada). Seus usos e funções sofreram profundas alterações espaçotemporais que determinaram, num processo secular, a forma como se deu a ocupação das faixas de areia, de água e de pedra portuguesa.

Em relatos historiográficos voltados aos usos das praias no Rio de Janeiro, uma série de informações tem sido apregoada ao longo do tempo. Sabemos, por exemplo, que nos primórdios a frequência às praias ocorria por recomendações médicas, visadas por d. João VI nos tempos do Império; que na segunda metade do século XIX pontificou uma série de estações balneárias na Europa, propagando o hábito de ir à praia como lazer, influenciando mentalidades além-mar; que as mais "famosas" do Rio de Janeiro em fins do século XIX eram Santa Luzia e a Ponta do Calabouço, que ficavam no Centro, além de Ramos e do Caju, na Zona Norte; que desde os anos 1900 e 1910, a amurada da avenida Beira-Mar era ponto de encontro para banhos de mar e a enseada de Botafogo, local de competições de remo e natação, em frente ao Pavilhão de Regatas (Corbin, 1989; Gaspar, 2004).

Nos anos 1920 ocorreu uma alteração significativa no modo como a orla carioca era vivenciada, com a transição do banho de mar para a prática de "ir à praia". Enquanto aquele implicava, em sentido literal, entrar e mergulhar no mar, a segunda transferia para a areia as possibilidades de atividade e de sociabilidade, sem necessariamente se banhar como objetivo principal.

Copacabana despontava como "um bairro novo" com uma série de melhoramentos urbanos, tais como postes de iluminação elétrica e cabines para trocas de roupa na praia; bangalôs substituíam paulatinamente antigas chácaras, e novas construções majestosas, como o Hotel Copacabana Palace, imprimiam uma ideia de requinte à beira-mar análoga aos balneários europeus em voga – Deauville, na França e Brighton, na Inglaterra, por exemplo.

Alvo de discursos que identificavam o local como centro de um novo estilo de viver, voltado à vida ao ar livre e aos benefícios do contato com o mar – não só para efeitos terapêuticos, mas também sociais –, Copacabana foi protagonista da construção física e identitária da cidade articulada em torno de padrões definidos de sociabilidade.

Muitos são os fatores que se podem apontar na mudança de curso da frequência às praias cariocas. A eleição de Copacabana como lugar associado ao estilo de vida distintivo e civilizatório cumpria um papel importante ao alocar a presença na praia à liturgia da "gente moderna". Impulsionado pelos interesses de investidores imobiliários, o discurso que alçava a praia a um cenário de práticas sensoriais e simbólicas representativas de modernidade era disseminado na literatura popular da época, na revista *Beira-Mar* (lançada em 1922) e em outros veículos, por um sem-número de cronistas.

BELMONTE

**NA PRAIA**

Frou-Frou, n. 32, jan. 1926

Na investigação da construção simbólica em torno do bairro de Copa e sua praia, Júlia O'Donnell esmiuçou a equiparação daquele espaço à ideia de "bairro civilizado", sob cujos evidentes signos de distinção se abrigaria uma "aristocracia moderna" (O'Donnell, 2013:74). O termo cunhado é feliz ao traduzir anseios de uma burguesia carioca que se pretendia, a um só tempo, moderna em relação a novas tecnologias e novos comportamentos (sobretudo na elaboração de gêneros), mas afeita a referenciais aristocráticos em relação a distinções de classe, hierarquia social e manutenção de privilégios exclusivos.

Como resultado, novas formas de exibição e apropriação corporal, novos padrões de beleza, novos modelos indumentários e novas atitudes que pulsavam na capital efervescente dos *anos loucos* passavam a ser experimentadas, principalmente pelas classes alta e média, também no terreno praiano, numa relação de influência mútua.

A partir das representações de Belmonte situadas nessa esfera solar, percebemos como o hábito de ir à praia, longe de sua naturalização, originava situações que acirravam as tensões entre anseios libertários e controles moralizantes, desnudando – em sentido literal e figurado –

— Não foi a senhorita que eu beijei hontem á tarde alli na praia?...
— Hontem? A que horas?...

Frou-Frou, n. 22, mar. 1925

camadas reprimidas de comportamento.

"Na praia" é cenário de moça e rapaz em contato. Ela aparece sentada na areia, apoiada sobre a lateral do quadril com as pernas unidas, usando os braços para não perder o equilíbrio – na maioria de fotografias que captavam mulheres nas praias, a pose lateral e o fechamento concluso das pernas eram uma constante. A revista ilustrada que a personagem folheia, as garrafas de vidro e o copo com canudo corroboram a ideia da praia como lugar de permanência e convívio; o rapaz que apoia o braço sobre seus ombros olha para ela como se esperasse retorno, mas a moça faz cara de irritada e revira os olhos, provavelmente uma reação à interrupção da leitura e ao contato próximo do ser que requer sua atenção. Havia um desconforto social, entre camadas mais tradicionais, com o desempenho mais ousado dos banhistas que socializavam com corpos à mostra, e com o atrevimento feminino de se expor mais livremente, provocando o interesse masculino sem necessariamente ter de corresponder a esse desejo. Se a situação fosse corriqueira e passasse despercebida, talvez não tivesse sido objeto do lápis de Belmonte, que decalcava em caricaturas uma série de representações sobre os sinais dos novos tempos.

Lugar de encontro, de exibição, de atrevimento, paquera e namoro, a praia se afirmava como ambiente propício para novos ensaios:

– Não foi a senhorita que eu beijei ontem à tarde ali na praia?
– Ontem? A que horas?

A graça da caricatura advém do cinismo insolente da mulher, que parece não lembrar do episódio, como se fosse algo desimportante, ou mesmo como se tivesse beijado vários homens na praia em horários diferentes.

O escritor Olegário Mariano retratou a liberdade feminina e a frequência à praia de Copacabana como elementos constituintes de uma persona de mulher em voga nos anos 1920, cujo caráter seria superficial, mas suas atitudes atenderiam às expectativas de classe afeitas a distinções de *status* e afirmações de modernidade: "*Mademoiselle Futilidade*/ Que tem quarenta *flirts* por mês/ Seguindo as normas da sociedade/ Toma o seu banho no Posto 6" (Mariano, 1927: 147).

O procedimento inovador nas praias não passou imune a campanhas moralizadoras – com poder de polícia – que tentavam controlar prazeres inauditos à beira-mar.

– Você está tomando conta da praia?
– Não, senhor. Estou tomando conta de vocês.

— Você está tomando conta da praia?
— Não, sr. Estou tomando conta de vocês.

*Careta, n. 792, ago. 1923*

As figuras à vontade dos jovens divergem da ordem formal encenada pelo policial fardado, com ar de desaprovação; a extroversão dos corpos à mostra em roupas decotadas, pés e mãos relaxados, contrastam com a rigidez do corpo escondido sob uniforme engomado, evidenciando a tensão entre comportamentos tidos como modernos por alguns, inadequados e inaceitáveis por outros. Conforme novos hábitos e práticas praianas se disseminavam a partir da década de 1920, os embates entre as noções de moralidade e civilidade se intensificavam, acirrando ânimos entre grupos opostos, mas não necessariamente pertencentes a classes distintas.

Em 1917, em resposta às queixas publicadas na imprensa sobre o banho na praia do Flamengo, a polícia tentou impor restrições às roupas de banho e à presença dos banhistas nas ruas mediante ordens emitidas por delegados responsáveis pelas praias. Em começos da década seguinte, a grande imprensa continuava a pedir que a polícia pusesse fim aos "abusos" cometidos na orla, com críticas aos trajes "levíssimos" e "imorais" e à circulação pelas ruas com roupas de banho; durante as preparações para a Exposição Internacional do Centenário da Independência em 1922, a polícia impôs medidas rigorosas para disciplinar o banho de mar, numa campanha que começou no governo de Epitácio Pessoa e adentrou o mandato de Arthur Bernardes (Barickman, 2016).

A cartilha repressora incluía detalhes específicos sobre a vestimenta permitida, estipulando qual seria o comprimento, quais partes do corpo poderiam ser deixadas à mostra e qual seria a forma de usar. Mas pelo que notamos nos vestígios da representação de Belmonte, o incômodo não era apenas uma questão de indumentária e incluía o comportamento dos banhistas, que ensaiavam uma emancipação nas praias contrastante com o tradicionalismo de antigas condutas.

A coibição gerou uma reação contrária contundente, dividindo opiniões. A *Gazeta de Notícias*, por exemplo, apoiava a renovação das disposições policiais dos anos anteriores e tirava a razão dos "rapazes guapos e dinheirosos" e das "galantes e distintas senhorinhas", frequentadores das praias, que se ressentiam das proibições; no mesmo jornal, em contrapartida, colunistas faziam ressalvas ao exagero das medidas.

A seção "Quinzena policial", assinada por Oscar Mario no jornal *Beira-Mar*, sintetizava a questão:

A nota policial destes últimos dias vem sendo fornecida pelos banhos de mar. Contra os trajes usados por certos banhistas de ambos os sexos, levantou-se enorme grita. Não era para menos, porque alguns postos foram transformados em verdadeiro "Ba-ta-clan", apresentando-se os banhistas, entre eles "respeitáveis" marmanjos, quase que em trajes de nossos pais Eva e Adão. A polícia, atendendo à grita, tomou enérgicas providências, acabando com o "Ba-ta-clan". Essas medidas, porém, têm provocado comentários pró e contra (é tão difícil agradar "*tout le monde et son père*"!). É um bem, dizem uns, os velhos e casados, por exemplo, porque deixam de sofrer os suplícios de Tântalo. É um mal, dizem os moços, principalmente os da classe dos "almofadinhas", porque assim lhes poderá acontecer o que aconteceu – quem sabe? – aos nossos avós, comprar "nabos em sacos"…[38]

**38.** Beira-Mar, n. 5, 7 jan. 1923.

As medidas policiais impediam o que hoje é apelidado de "teste da praia" ou "teste da areia", *i.e.*, a possibilidade de ver os corpos sem trajes que escondam seus verdadeiros contornos. Note-se que, na observação do colunista, esse seria apenas um interesse – ou uma prerrogativa – dos homens, ignorando o desejo feminino de também poder ver corpos masculinos despidos do "disfarce" porventura provocado por indumentária.

Em meio a uma disputa entre ventos de liberdade trazidos pela modernidade – traduzida, na prática, no modo de frequentar as praias – e as forças contrárias que buscavam fixar parâmetros de moralidade, as representações divulgadas nas revistas ajudavam a conformar o lugar da praia como legítima integrante do moderno proceder. Nesse sentido, é interessante observarmos uma série de fotografias praianas publicadas na *Careta* com intervenções explícitas de Belmonte sobre seu conteúdo, um tipo de recurso gráfico que não é utilizado atualmente.

Como uma espécie de vinheta, posicionando personagens diretamente sobre as imagens, Belmonte acrescentava camadas de sentido à representação imagética, enunciando significados e sugerindo possibilidades de entendimento.

Com as legendas "Um Posto, duas Posições", "Banho de mar sem fantasia", "Sereias e Tubarões" e "Alvorada", a revista *Careta* apresentava, de forma lúdica, vários ângulos e possibilidades de proveito praiano. Em pé, sentadas ou deitadas, na murada da avenida Beira-Mar, em Copacabana ou na Urca, mulheres são retratadas com trajes de banho, na mira dos "tubarões", homens banhistas que dedicavam a elas suas atenções. As personagens de Belmonte interagem com a cena fotográfica, com maiôs arrojados, curtos, acenam

*Careta*, n. 921, fev. 1926

*Careta*, n. 922, fev. 1926

para os homens do ambiente ou olham de "rabo de olho", como à procura, escancarando as chances de flertes e aproximações. Note-se ao fundo o jogo da peteca, um vestígio de atividade esportiva agregadora incluída naquele ritual social.

Elemento que ressurge na próxima fotografia, sob a legenda poética: "O mar, de ciúme impreca;/ ruge, impreca, com certeza,/ por ver servir de peteca/ essa beleza...". A fotografia retrata um grupo masculino de banhistas que olha para um elemento à frente, em pose ousada, que parece segurar a ilustração, introduzida por Belmonte, do seu arquétipo feminino de banhista. A mulher é "erguida" na composição gráfica, aproveitando o gestual corporal do rapaz – que provavelmente jogava uma peteca – para alçá-la em destaque à frente de todos. Mulher que é retratada como um ser belo, admirável, capaz de despertar a atenção e o ciúme, mas que também serve "de peteca" para ser jogada pelo homem.

Finalmente, na última fotografia aqui analisada, localizada na praia do Flamengo, também voltada a um grupo masculino, aparecem banhistas deitados na areia lado a lado, de barriga para cima, num círculo simétrico. Seria uma disposição para o registro fotográfico? Seja como for, Belmonte aproveitou a formação solar dos corpos e inseriu, no centro da imagem e dos homens, uma mulher, que não encara o leitor e olha para os lados, como se disfarçasse o objeto de suas intenções.

O título não deixa dúvidas: "A força centrípeta" é a legenda sob a foto, evidenciando o lugar da mulher no cerne das atenções dos banhistas.

Sob o pano de fundo das controvérsias que circulavam sobre o modo de utilização das praias e a elaboração de um ritual social praiano identificado à modernidade e à fruição de classes elitistas, podemos perceber o papel da revista *Careta* e de Belmonte na construção daquele hábito. O veículo e seu artista promoviam, com destaque, uma imagem bem-humorada das praias e seus frequentadores, leve, explícita ao descortinar a paquera à beira-mar e muito moderna em sua apresentação gráfica para os padrões da época.

Em 1927, o colunista Figueiredo Pimentel, que assinava a coluna "Binóculo" na *Gazeta de Notícias*, celebrou a "vitória do maiô" em nossas praias sobre as forças contrárias a seu uso, que ele considerava preconceituosas e hipócritas. Na edição de 13 de janeiro daquele ano, Pimentel comemorava, enfim, a equiparação do Rio às "cidades civilizadas do mundo", onde mulheres "das mais castas e puras" se banhavam com aquela peça de roupa sem que isso significasse descer "mais algum degrau na moralidade pública ou particular". A coluna "Binóculo" atestava o uso do maiô como "símbolo da sinceridade e da naturalidade que caracterizam a mocidade de hoje" e denunciava os repressores como invejosos que lamentavam *si jeunesse savait, si vieillesse peuvait*...[39]

As controvérsias provocadas pelas campanhas policiais que buscavam controlar a frequência às praias esbarravam em discussões sobre corpo e saúde, sobre moralidade e civilização, sobre questões de classe social e privilégios. Estava em jogo a identidade sociocultural que segmentos da burguesia e de uma ascendente classe média construíam para si, pautada na fruição das praias, da sexualidade, da presença da mulher no espaço público e do uso de indumentária específica como marcas de modernidade e de aferição de *status*.

**39.** *Em tradução livre: Se a juventude soubesse; se a velhice pudesse...*

BELMONTE

PRAIA DO FLAMENGO

*A força centripeta.*

Careta, n. 922, fev. 1926

**Balneario da Urca**

*Alvorada.*

Careta, n. 923, 1926

O mar, de ciume, impreca:
Ruge, impreca, con certeza,
Por ver servir de peteca
Essa belleza...

Careta, n. 925, mar. 1926

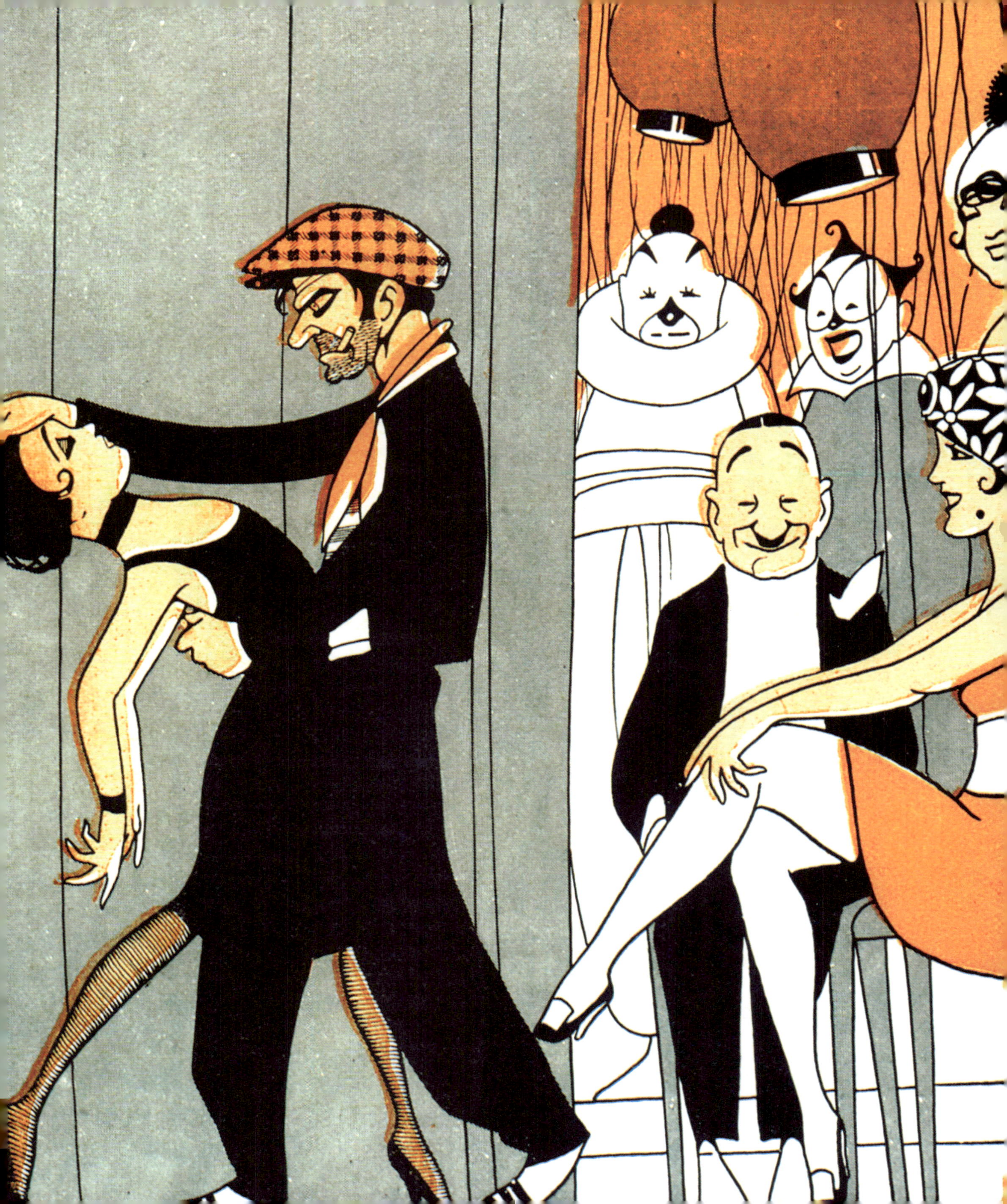

BELMONT E

· CAPÍTULO DOIS ·

# ESPAÇO METROPOLITANO:
## *Multiplicidade de domínios*

*Encravada no Rio de Janeiro, a Favela
é uma cidade dentro da cidade.
Perfeitamente diversa e absolutamente autônoma.*
— **BENJAMIN COSTALLAT** (1924b:47)

Rio de Janeiro foi a primeira cidade brasileira a se desenvolver como centro metropolitano, impulsionada pela pujança da economia cafeeira na província do Rio de Janeiro a partir da década de 1840. De fato, desde a chegada da família real em 1808, a cidade havia iniciado um processo de crescimento urbano, incrementado pela condição de capital do Império, em 1822, e da República, em 1889. Se o cultivo do café, voltado para o mercado externo, catapultou seu desenvolvimento, o papel de relevância da cidade não estava restrito à produção do grão. Com o declínio posteriormente ocorrido no Vale do Paraíba, ela manteve sua posição privilegiada, em função de outros fatores, como a movimentação portuária e a concentração administrativa, política, cultural, comercial e financeira, com vultosas instituições bancárias sediadas na capital.

Embora o crescimento econômico atraísse um grande contingente de população, a malha urbana não acompanhava o aumento demográfico; a cidade padecia de uma série de problemas, tais como epidemias decorrentes da insalubridade, falta de saneamento e de moradia, desemprego e carestia.

As reformulações urbanas levadas a cabo por Pereira Passos entre 1902 e 1906 dotaram certas regiões de embelezamento, guiadas por cânones europeus, possibilitando o aumento da mobilidade urbana no centro da cidade e a facilitação do escoamento de mercadorias. Mas as políticas públicas de transformações arquitetônicas não estenderam democraticamente as melhorias materiais de modo a oferecer infraestrutura básica para todos, acentuando a cisão social vigente e que se apresentava como constitutiva da nova ordenação republicana.

Enquanto alguns se beneficiavam da reforma urbanística, para outros restava a migração para os subúrbios ou para os morros, segregadores e identificados como foco de epidemias, criminalidade, sujeira e "cultura primitiva", um entrave e uma ameaça à cidade moderna. O Rio se consagrava como maior centro cosmopolita do país, mas sua estrutura urbana não correspondia às necessidades dos números pujantes de sua expansão populacional.

## *A desigualdade no espaço público*

As reações à presença nas ruas da heterogeneidade social não era passível de consenso. A imprensa exerceu papel considerável na construção de uma forma de intolerância social que estigmatizava os pobres que ousassem habitar ou circular nas áreas centrais, estimulando uma "caça aos mendigos" que expurgasse a cidade da miséria, dos indigentes, dos ébrios ou de qualquer outro grupo marginal. Os "vagabundos" eram retirados de circulação, caso fossem capturados no centro da cidade: "A civilização abomina justamente o mendigo. Ele macula com seus farrapos e suas chagas o asseio impecável das ruas, a imponência das praças, a majestade dos monumentos" (Sevcenko, 1983: 61).

Costallat, por seu turno, chama atenção para o tratamento diferenciado de bêbados ricos e bêbados pobres: "Entre um bêbado de casaca e um bêbado maltrapilho, a diferença é enorme. O primeiro é tido em alta consideração, o segundo vai parar, aos trancos e aos cascudos, na delegacia mais próxima..." (Costallat, 1924a:144).

A mendicância, a miséria e o crime expunham a vulnerabilidade do universo das elites face às outras identidades que se reproduziam no espaço urbano. Se a rua era o lugar das construções monumentais e de projetos embelezantes, era também onde ocorriam comportamentos vistos como imorais e onde se reproduziam formas de sobrevivência consideradas marginais. Para as autoridades, a mendicância era a porta de entrada para o mundo da delinquência, daí a justificativa por que deveria ser combatida; denúncias sobre exploração de menores pedintes eram comuns nos jornais.

Há um número significativo de caricaturas de Belmonte que têm mendigos como personagens, em representações que ilustram o contato entre os pedintes e membros das elites nas ruas. Nelas, o autor chama atenção para vários aspectos: a desigualdade entre as condições de vida dos personagens, sua visualidade, postura corporal, o tipo de abordagem e a construção da fala, os motivos que são levados em conta na "negociação" e as reações em jogo, desafiando o leitor a rever – ou reforçar – estereótipos e posicionamentos.

Sob o título "Dentro da Constituição", o autor dá relevo ao princípio da igualdade estabelecido pela Constituição de 1891 e aos novos sentimentos e condutas que se insurgiam a partir do postulado legal. Em seu art. 72, § 2º, declarava que "todos são iguais perante a lei", o que implicava a eliminação de toda a espécie de discriminações de ordem social, religiosa ou de qualquer outra natureza.

No âmbito da realidade vivida, a aplicação do texto legal pela sociedade não foi inteiramente efetivada, haja vista as práticas que se mantiveram de encontro a diversos direitos garantidos por lei, desconsiderados sob o véu de preconceitos e hábitos excludentes ainda presentes no corpo social. Mas não se pode desconsiderar que aquela Constituição exerceu influência notável sobre diversas instituições republicanas e contribuiu para moldar subjetividades e comportamentos a partir de seus pressupostos.

Frou-Frou, *n. 24, mai. 1925*

Dentro da Constituição

— Não se impressione, pequena.
Pois não somos "todos eguaes perante a lei?"

A mulher com vestuário e acessórios elegantes conforme os padrões de moda vigentes na época parece ter saído de uma casa do tipo "bangalô", estilo ao qual já nos referimos. Caminhando pela rua junto ao menino, ela olha desconfiada para o lado, parece tensa, enquanto segura junto a si provavelmente uma bolsa, na medida em que é interpelada por um homem malvestido, olhar ébrio, que diz: "– Não se impressione, pequena. Pois não somos 'todos iguais perante a lei?'".

Invocando o princípio constitucional da isonomia, o homem alerta, no preâmbulo de sua fala, que não haveria motivos para a senhorita se impressionar com sua aproximação, ao mesmo tempo que reafirma a estranheza da situação considerando a práxis da realidade, em que um "Zé Povo" seria considerado pertencente a um universo distinto daquela interlocutora e não teria direitos ou sequer razões para interagir com uma representante da "elite distinta" da capital. Belmonte usa o recurso da ironia e da inversão, justamente questionando, por meio do humor, a efetivação de uma norma legal e seus princípios nos usos cotidianos, bem como a possibilidade da aplicação de seus ideais na mediação entre a subjetividade dos atores. A Constituição republicana e as aspirações nela contidas esbarravam na heterogeneidade do corpo social, nos mecanismos de diferenciação, suscitando combinações particulares no espaço urbano.

A aparência e a indumentária do homem sublinham sua condição de pobreza: o cabelo está despenteado, o chapéu amassado, com fiapos, a roupa remendada, e tanto o tamanho como o corte das roupas são inadequados ao conjunto corporal, grandes demais ou pequenos demais para que pudessem disfarçar a protuberância abdominal de alguém que não parece cuidar da saúde e da higiene, "mascando" um cigarro no canto da boca. Chama atenção, ainda, como a rua – que parece ter calçadas laterais pavimentadas, num bairro onde pontificavam construções modernas, do tipo bangalô – é composta também de pedrinhas, num caminho sem calçamento onde transitavam placidamente um pato e alguns filhotes, evocando metáforas entre urbanismo e ruralismo, ou até mesmo reproduzindo o ritual da passante, que caminha junto à sua cria. Note-se que nessa caricatura Belmonte ainda assinou como Bastos Barreto, seu sobrenome de batismo, embora já tivesse adotado seu apelido em 1920.

Na próxima caricatura, dessa vez com o pseudônimo que o tornou famoso, o autor esboça uma cena em que uma família com ar austero, composta de um senhor, uma senhora e uma criança, se defronta com outro senhor, pedinte, com quem dialoga com o patriarca, conforme transcrição a seguir:

– Mas você não tem vergonha de pedir esmola?
– Perdão. Eu não peço esmolas. Apenas lanço um empréstimo às pessoas que queiram auxiliar-me!

Ao fundo, uma paisagem construída que evoca um centro urbano; nas ruas, um tipo de abordagem "de igual para igual", ambos os senhores empertigados, um asseado e bem-vestido, assim como sua mulher e criança, e o outro com calças inapropriadas para sua altura, remendos nos bolsos e cotovelos, embora portando acessórios imbuídos de atributos simbólicos de distinção, tais como bengala, chapéus e sapatos. Para o senhor da elite, o "Zé Povo" deveria se envergonhar de

BELMONTE

*Careta, n. 862, dez. 1924*

— Mas você não tem vergonha de pedir esmola?
— Perdão. Eu não peço esmolas. Apenas lanço um emprestimo ás pessôas que queiram auxiliar-me.

sua condição mendicante; no entanto, com audácia, colocando-se num papel de equiparação em relação ao outro, o pedinte deixa claro que não se trata de esmolas e sim apenas de um empréstimo, constrangendo inclusive seu interlocutor à demonstração de solidariedade. O atrevimento da aproximação e da proposta provoca um riso incômodo, que ora pode ser disparado pela reflexão acerca das desigualdades, da exclusão social, da distância entre o amparo oficial do princípio da isonomia e sua aplicação democrática, ora pode incomodar aqueles que se julgam inatingíveis, posto que pertencentes a determinado grupo, e percebem a fragilidade de sua blindagem social.

Ao tratar do tema da desigualdade em obras como *Cocktail* (1923), *Mystérios do Rio* (1924b) e, na década seguinte, em *Paysagem sentimental* (1936), Benjamin Costallat chamava atenção para algumas de suas implicações. Em suas narrativas, a fome que acometia moradores de rua, ignorados pelo poder público, fazia com que alguns deles cometessem crimes com o objetivo de serem presos para que, na cadeia, tivessem o que comer. Outro aspecto destacado pelo autor era a brutalidade da indiferença social face à agonia humilde, em contraste com o apetite pelo sensacionalismo de crimes e acidentes que cresciam na cidade; em sua notação, homens atropelados

# BELMONTE

*Careta*, n. 934, mai. 1926

ou feridos recebiam mais atenção do que farrapos humanos acompanhados pela desgraça.

A incorporação, por Belmonte, do personagem "do povo" em suas caricaturas reforça a ideia de que se tratava de um tipo genérico que deveria aparecer com frequência no ambiente urbano ao longo do recorte espaçotemporal por ele esquadrinhado. À questão da desigualdade e da miséria foi somada a abordagem da crise de moradia e dos conflitos conjugais. Na caricatura a seguir, vê-se um homem "bem-vestido" sentado, com ar desolado, na escada que dá acesso à porta de entrada de uma casa. Outro homem, maltrapilho, lhe pergunta:

– Quê! O senhor também não tem casa?!
– Tenho. Mas com uma mulher lá dentro...

O diálogo demonstra a audácia do "Zé Povo" ao se comparar com um senhor de classe mais alta, como se ambos compartilhassem do mesmo tipo de problema – a falta de moradia. Por outro lado, a interjeição no início do diálogo denota espanto diante dessa possibilidade improvável. A resposta é capaz de acionar uma chave humorística, ainda que de cunho sexista, na medida em que denuncia a presença da mulher em sua casa como o problema a ser enfrentado pelo senhor distinto.

## *A favela: ambiente selvagem?*

As caricaturas de Belmonte, conquanto partissem de sua observação primordial acerca do universo das elites, destacavam a negociação inevitável que a convivência entre vários universos socioculturais impunha no espaço citadino. Entre as inúmeras tramas que compunham a urbe experimentada, ele contemplou um interesse pela favela, externando estereótipos e o imaginário a ela associado pela ótica das classes abastadas.

Vemos um baile de carnaval em ambiente interno, provavelmente num dos salões de clubes ou hotéis do Rio de Janeiro, recintos privados acessíveis à elite carioca. À direita da caricatura, um grupo de foliões fantasiados observa atentamente um casal que dança de forma ousada passos de tango, no canto esquerdo da imagem, como se estivessem "escondidos" por uma cortina ou painel. O homem segura firmemente a mulher pela cintura e pelos cabelos, com expressão embrutecida, barba por fazer e cigarro no canto da boca, vestido com boina xadrez e lenço no pescoço, os pés em movimento e uma "cara de mau"; parece dominar com facilidade sua parceira. Ela se deixa levar, com as costas arqueadas, os braços entregues, os olhos cerrados, conduzida pela determinação de seu companheiro de *folie à deux*. O tango, assim como o samba, era um dos ritmos que causava sensação nos salões, para escândalo da Liga da Moralidade, que o considerava indecoroso, identificado com a permissividade e a sensualidade, chegando a ser proibido em lugares mais tradicionais (Santucci, 2015).

Entre os observadores mobilizados pela cena, um senhor mais velho e uma jovem senhora, sentados e comportados, ela com as mãos sobre os joelhos e as pernas cruzadas, travam o seguinte diálogo:

> Ela – Ah! O meu ideal era ir a Paris e conviver nesse meio de vício, entre os apaches,[40] e ser amada por um desses brutos...
> – Mas não é preciso ir tão longe... Nós aqui temos o Morro da Favela.

A representação de Belmonte comunica muitos sentidos sobre as vinculações relativas à favela, num registro que confirma sua importância crescente no imaginário social da época e na prática urbana. A fruição comedida do carnaval – e, por que não, da vida –, limitada pelos contornos físicos do salão decorado e pelo autocontrole dos foliões elitizados, contidos em suas fantasias bem-comportadas, inseridos num arcabouço de bons costumes, é contraposta à ideia de desregramento e ousadia, à parte do controle social efetivado nos espaços remodelados da cidade.

Na caricatura, o desejo da dama sentada em postura impecavelmente ereta e correta assume uma conotação sexual, pois enquanto olha embevecida para o casal que dança de forma arrebatada, revela verbalmente que gostaria de ser "amada por um desses brutos". Para ela, a capital francesa corresponderia à idealização de um local livre e exótico, onde poderia vivenciar suas arrojadas pretensões e protagonizar experiências fora de seu cotidiano rotineiro na capital carioca.

O senhor mais velho que está ao seu lado, talvez um suposto pretendente, parece sorrir com

---

**40.** *A palavra "apaches", aqui, remete a um termo pejorativo usado em França para designar marginais que se envolviam em atividades ilegais.*

sarcasmo e desdém de suas aspirações, quando lhe responde que o Morro da Favela atenderia a suas necessidades, posto que identificado como o lugar selvagem, aberto ao vício e aos indivíduos "brutos" que despertavam a curiosidade e os anseios da senhorita – ela não precisaria ir até Paris para encontrar o que queria. Chama atenção a identificação da favela como espaço do perigo, área de vadios e malandros, um desvio ameaçador às ordens moral e social.

A indumentária das duas jovens que aparecem em primeiro plano – uma que dança, outra que assiste – também corrobora uma oposição entre civilidade e barbárie, bom e mau comportamento, contenção e liberdade, virtude e devassidão. A senhorita sentada usa cores claras e alegres num vestido engomado arrematado por um enorme laço, que dá a impressão de permitir pouca mobilidade, sapatos de salto alto, meias brancas, turbante florido, brincos pendentes e um "pega-rapaz" (a mecha de cabelo no formato de uma vírgula, cuidadosamente ajeitada sobre a face); já a moça que evolui na pista usa roupas e acessórios negros e sensuais, um vestido bem decotado, meias pretas, colar tipo gargantilha (talvez de veludo preto), pulseira no mesmo estilo, cabelos soltos e desalinhados – em comum, o "pega-rapaz", uma metáfora para o desejo de ambas?

Conforme um conjunto de concepções disseminadas na época, a "semente da favela" seriam os cortiços, lugar da pobreza, considerado foco de criminalidade e doenças, condenado pelas pretensões médico-higienistas corroboradas pelas medidas administrativas que visavam à sua destruição nas reformas urbanas de Pereira Passos. O "bota-abaixo" do notório "cabeça de porco" é apontado como uma das razões da ocupação ilegal dos morros no início do século XX, antes mesmo da chegada dos soldados egressos da Guerra de Canudos (Valladares, 2000).

Não obstante, foi a partir da instalação daqueles ex-combatentes no morro da Providência para pressionar o Ministério da Guerra a lhes pagar os soldos devidos que o local passou a ser conhecido pela denominação morro da Favela, em referência à localização original de Canudos, que ficava numa região encoberta pela planta da caatinga popularmente conhecida como "favela".

Embora outros morros também tenham sido ocupados de forma semelhante desde o final do século XIX, entre eles o de Santo Antônio, a Quinta do Caju, a Mangueira, o morro da Favela foi o que ganhou destaque como alvo de preocupação das autoridades. Em 1900, o *Jornal do Brasil* denunciava que aquele local estava "infestado de vagabundos e criminosos que são o sobressalto das famílias", motivando uma carta-resposta de um delegado de polícia que dizia:

> É ali impossível ser feito o policiamento porquanto nesse local, foco de desertores, ladrões e praças do Exército, não há ruas, os casebres são feitos de madeira e cobertos de zinco e não existe, em todo o morro, um só bico de gás [Zaluar e Alvito, 2006:8].

A organização desses espaços era percebida como um perigo, uma ameaça à ordem formal onde, de alguma forma, se encontravam inseridos; o universo exótico da pobreza, originalmente concentrada nos cortiços do centro da cidade, projetava-se morro acima. Orestes Barbosa, em seu livro *Ban-ban-ban!*, oferece um retrato do local na época:

ELLA — Ah! o meu ideal era ir a Paris e conviver nesse meio de vicio, entre os apaches, e ser amada por um desses brutos...

— Mas não é preciso ir tão longe... Nós aqui temos o morro da Favella...

*Careta, n. 764, fev. 1923*

O morro da Favela ficou como uma lenda na cidade, entretanto, nada mais real que seus mistérios. Pouca gente já subiu aquela montanha – raríssimas pessoas chegaram a ver e a compreender o labirinto das baiucas, esconderijos, sepulturas vazias e casinholas de portas falsas que formam toda a originalidade do bairro terrorista onde a polícia do 8º Distrito não vai. Os *chauffeurs*, depois de 10 horas da noite, não aceitam passageiros para a Rua da América. Os bondes depois dessa hora passam a nove pontos, e o motorneiro e o condutor levam nas mãos as suas pistolas engatilhadas [...] Como Madureira e D. Clara, a Favela reúne o que há de eminente no nosso mundo criminal [Barbosa, 1923:265].

Ao ressaltar o aspecto do crime e da violência, não necessariamente Orestes Barbosa fazia uma crítica negativa, pois ele apontava a coragem como uma das qualidades dos habitantes da favela, que eram regidos por uma ordem marginal à parte – o "chefe de polícia" da favela era o José da Barra, "com quem o chefe de polícia da capital não quer conversa".

O autor denunciava a pobreza, a falta de infra-estrutura básica, e reconhecia a cisão de uma cidade partida em duas; uma, "misteriosa", em luta contra a outra, "em que todos têm prazer em conhecer". E confessava seu apreço à favela por abrigar uma cultura original própria:

> Na Favela o observador vê uma sociedade de espíritos excepcionais. Talvez a miséria apure os sentidos. [...] Sem ter sido colega de turma do Dr. Pontes de Miranda a Favela tem talento e humor de fazer inveja. [...] Sem imunidades parlamentares, sem dinheiro para comprar juízes, a Favela mata sempre que é preciso matar. [...] Cada vagabundo da rua é uma inteligência espontânea, criadora de frases que logo a cidade toda aceita e não sabe criar. Da Favela saem a modinha e o samba que as melindrosas mandam comprar, cantam e dançam, com vontade de meter a perna de uma vez e quebrar no maxixe autêntico, que é muito mais gostoso que o Fox Trot [Barbosa, 1923:276-277].

Imagem análoga emerge da narrativa de Costallat na série de reportagens para o *Jornal do Brasil* intitulada "Mistérios do Rio", que pretendia oferecer aos leitores um retrato verídico do submundo carioca. O autor descrevia a favela no morro como um lugar de geografia perigosa, de crime, facada, violência, vingança, valentia, mas que considerava também um lugar "alegre na sua miséria", "feliz sob um céu salpicado e lindo de estrelas", celeiro de onde partiam "vozes dolentes de um violão ou os arrepios saltitantes de um cavaquinho" e onde "à noite, tudo samba" (Costallat, 1924b:41-43).

O ano da publicação da caricatura de Belmonte coincide com o ano de lançamento da primeira edição do livro de Orestes Barbosa. A observação do personagem masculino de Belmonte, ao tecer suas considerações sobre o morro da Favela como ambiente "selvagem", ilustra aquele estereótipo de forma paradigmática. Para o senhor elitizado, a favela é um microcosmo sem ordem, um lugar que obedece a códigos próprios, bem distintos de seu universo particular. Decerto que para a senhorita, ao invés de medo e aversão, o cosmo distinto provocava sentimentos de curiosidade e desejo (embora sua fantasia, antes da interjeição de seu interlocutor, visasse Paris, e não o morro da Favela). Fato é que a representação contida na caricatura reforça a coexistência da multiplicidade de domínios que disputavam espaços na capital moderna do Rio de Janeiro, a percepção do "outro" como distante e adverso, na projeção das intersubjetividades em jogo naquele cenário.

Na matriz dessa identidade da favela, considerada um mundo à parte, foram germinados os ingredientes que contribuiriam para sua transformação em "problema", segundo uma ótica do discurso médico-higienista endossado por engenheiros que debateriam a necessidade de intervenção do poder público para sua "solução", tendência reforçada pelo reformismo progressista e pelo pensamento urbanístico em ascensão.

## A desigualdade no espaço privado: o trabalho doméstico

Ao passo em que o espaço público era cenário de distanciamentos e enfrentamentos, no espaço privado também ocorriam embates decorrentes da coexistência de domínios distintos. Belmonte deu vazão a um conjunto de caricaturas que versavam sobre a presença e as relações de empregados domésticos e seus patrões nas residências, que eram verdadeiro local de sustento, descortinando alguns de seus pontos particulares.

Situado entre o público e o privado, o trabalho doméstico remunerado tem ocupado um lugar *sui generis* no universo das relações trabalhistas. Permeado por intimidades e dimensões afetivas, restrito ao ambiente do lar e regido em parte por normas de ordem privada, sujeito às "regras da casa", guarda marcas que o diferenciam dos demais empregos assalariados. A legislação brasileira que regulamenta direitos e deveres das partes envolvidas sofreu mudanças significativas nos últimos anos com a aprovação da Proposta de Emenda à Constituição (conhecida como "PEC das Domésticas") em 2013 e o advento da Lei Complementar nº 150, de 1º de junho de 2015, estipulando direitos trabalhistas dos empregados domésticos, como jornada de trabalho, férias, horas extras, que antes ficavam sujeitos à negociação.[41]

Lembre-se de que no balanço entre a antiga tradição rural e o cosmopolitismo baseado em ideais progressistas, a fragmentação e a heterogeneidade permaneceram como características da sociedade urbana, num ambiente citadino que apresentava, a um só tempo, feições liberais e oligárquicas. Com o predomínio de uma experiência de urbanidade marcada pela exclusão, uma herança tradicional se insinuava em relações assimétricas que estabeleciam laços de submissão pessoal, em práticas cotidianas que evidenciavam o clientelismo presente no corpo social.

No contingente proveniente de estados economicamente mais pobres, que migrava para os grandes centros urbanos no início do século XX em busca de melhores condições de vida, havia uma larga proporção de mulheres que, ao fazerem esse deslocamento, esbarravam em crises de moradia, desemprego e carestia. Os serviços domésticos eram assumidos por necessidade e falta de opção em meio à competitividade e ao excesso de mão de obra disponível nos grandes centros urbanos; as mulheres mais pobres encontravam no trabalho doméstico uma das poucas oportunidades de emprego disponíveis.[42]

Por outro lado, a demanda pela terceirização das tarefas do lar aumentava à medida que a mulher com melhor situação financeira começava a usufruir de uma ampla gama de possibilidades de lazer e entretenimento, ficando cada vez mais tempo fora de casa. Se a transferência das incumbências caseiras não era exatamente novidade num país com herança escravocrata, tampouco se pode desconsiderar que o novo estilo de vida que se implementava nos anos 1920 incrementava a necessidade de "*nurses*", "*frauleins*", gover-

---

**41.** *A Lei nº 5.859, de 11 de novembro de 1972, estabelecia direitos e obrigações do empregado e do empregador doméstico de forma genérica. Em 19 de julho de 2006, houve algumas mudanças por meio da Lei nº 11.324, e em 8 de abril de 2014, foi sancionada a Lei nº 12.964, que estabeleceu multas para o empregador doméstico que descumprisse a lei. A partir de 1º de junho de 2015, a Lei Complementar nº 150 passou a regulamentar o emprego doméstico de forma mais específica, revogando as disposições da Lei nº 5.859/1972.*

**42.** *Ver Nunes (1993) e Kofes (2001).*

nantas que dormiam no emprego junto com as criadas, enquanto as mães e donas de casa "Passeiam. Passeiam e dançam. Dançam e passeiam. Dançam e dançam. Passeiam e passeiam. Nada mais" (Costallat, 1936:75).

Para as famílias de classe alta e média, tomando-se em conta o referencial institucional do início do século XX, seria esperado que o cumprimento de tarefas como a limpeza e o zelo pela casa, o cuidado com as crianças, os idosos e os animais, o cozimento dos alimentos presentes em todas as refeições, o levantamento das necessidades de compras fossem realizadas por uma empregada. Do mesmo modo, o controle da "agenda" de compromissos de cada membro da família, os encargos relativos ao vestuário (lavar, pendurar, passar, engomar), os cuidados com a higiene e a aparência das pessoas e o auxílio para a execução de um sem-número de outras tarefas domésticas diárias. Ter um serviçal que realizasse atividades consideradas exaustivas e tediosas seria um símbolo de afirmação de uma condição financeira favorável e um *status* superior, enquanto a transferência desses encargos domésticos recairia sobre sujeitos para quem haveria uma restrição de opções empregatícias.

Em que pese a existência de um sistema de dominação perverso por meio de relações clientelistas, denunciado em inúmeras teses especializadas, novas leituras têm se somado a esse ponto de vista, destacando a existência de algumas possibilidades e vantagens nesse âmbito, distintas daquelas encontradas no mercado de trabalho formal (Brites, 2003).

Se, por um lado, o serviço doméstico não ocupa o posto de atividade predileta entre os trabalhadores, não se pode negar que a natureza peculiar desse campo específico engendra situações que apresentam formas de negociação mediadas pela convivência e pela proximidade entre as partes. O aspecto clientelista, considerado negativo num modelo interpretativo que tem como base o conceito de cidadania, muitas vezes enseja táticas que permitem aos empregados tentar se proteger, se defender ou se beneficiar com certa margem de manobra dentro de uma situação que lhes é desvantajosa (Brites, 2003).

Por detrás de comportamentos amistosos e cordiais dos empregados, é possível entrever atitudes críticas e hostis, nada reverentes para com seus superiores. Ao passo que as práticas de enfrentamento direto da dominação se mostram estratégias inócuas ou suicidas, os mais fracos buscam minimizar seus prejuízos com as "armas" que têm: "a lentidão proposital, a dissimulação, a deserção, a falsa deferência, o roubo de pequenos objetos, o 'fazer-se de besta', a calúnia, a sabotagem etc." (Scott, 1985:16 apud Brites, 2000:23).

Esses "subterfúgios" não significam uma concordância passiva com o sistema hierárquico que delimita a contratação, o valor do salário e a exigência dos serviços, mas sim uma reação ao referencial ideológico dos patrões: tirar o melhor proveito da situação. Essas resistências, se não são capazes de derrubar estruturas estratificadas, não deixam de ser uma forma de participação política dos empregados, que se valem da astúcia para burlar o sistema e minimizar seus prejuízos.

Belmonte chama atenção para vários aspectos imbricados no contato entre os serviçais e membros da burguesia cosmopolita: o disparate entre as condições de vida dos personagens, sua visualidade, postura corporal, o tipo de abordagem, os motivos que são levados em conta nas disputas de forças e papéis, bem como as reações em jogo, desafiando o leitor a rever estereótipos e posicionamentos.

Na primeira das caricaturas sobre o tema, observamos uma cena ambientada numa sala de estar decorada com pufes, *récamier*, aparador, ornada com quadro emoldurado, luminária de piso, vasos com motivo *art déco*, papel de parede estampado. Na mesa lateral, uma boneca com vestido armado; ao fundo, uma porta com painel envidraçado. Todos esses elementos inseridos na composição visual remetem a um lar de elite. Nele, a dona da casa, vestindo um robe de chambre, dialoga com a empregada, que porta um uniforme preto e branco com golas, punhos, avental e touca:

– Oh! Minervina! Que demora! É a décima vez que te chamo!
– Desculpe, minha senhora, mas eu só ouvi da sexta vez em diante...

Ao acionar a chave do humor, o autor ilumina vários eixos passíveis de interpretação: quando demonstra que a empregada ouvira o chamado da patroa e deliberadamente não atendera à ordem, respondendo com cinismo envolto em aura de ingenuidade, forças em disputa são evidenciadas; a irritação e a impaciência da patroa, que deseja ser prontamente atendida por sua criada, esbarram na resistência dessa última em submeter-se imediatamente ao chamado daquela que não pode esperar.

Para os padrões da época, é possível que Belmonte estivesse fazendo troça com o que seria um comportamento indolente da criada, que, sonsa, se faz de desentendida, mas deixa claro que ouvira sua convocação, marcando seu desejo de não comparecer, sua autonomia e determinação, contrários aos mandos e desmandos da patroa. Esta, por sua vez, pode ser lida como membro de uma classe "mimada", não acostumada a ser desafiada, tampouco dotada de paciência, tolerância ou disposta a esperar pelo tempo do "outro". Numa analogia metafórica em relação à boneca que compõe o cenário, a patroa seria alguém estático, imóvel, que não iria se mover para realizar qualquer tarefa laboral, sequer ir até a criada chamá-la, preferindo que aquela viesse à sua presença.

A empregada doméstica, nesse caso, aparece como alvo do disciplinamento burguês: os patrões, para confirmar sua identidade, precisariam provar que pertencem à classe dos que mandam, e não à classe dos que obedecem. A ne-

Frou-Frou, *n. 27, ago. 1925*

cessidade de proferir ordens esmagadoras aos empregados estaria ligada a um desejo dos patrões de reafirmar sua autoridade, sobretudo quando sua origem não guardasse marcadores de classe definidos por laços de nobreza; humilhar a empregada é uma forma de legitimação do poder pequeno-burguês (Martin-Fugier, 1979). Em sua análise detalhada da condição das empregadas domésticas no início do século XX, Anne Martin-Fugier, autora de *La place des bonnes*, desenvolve um ensaio que desconstrói o modelo idealizado da "criada perfeita", a um só tempo onipresente e invisível, devotada e modesta, como um fantasma nascido do imaginário burguês, ansioso para justificar, na sua percepção de mundo, a vida quase sempre miserável de seus serviçais.

A indumentária de ambas é capaz de evocar o papel que uma e outra ocupavam na sociedade. A patroa, à vontade em sua sala de estar, deixa entrever o colo num longo decote, cabelos desalinhados, com jeito de quem havia recém-acordado, com uma publicação nas mãos – a "elite letrada". A criada, por sua vez, provavelmente a postos há mais tempo, usa um uniforme engomado, de mangas compridas e gola alta, que cobre quase todo o corpo, e seu cabelo está preso sob uma touca. O uniforme, primeiro tipo de vestuário produzido em massa, fazia parte de uma crescente classificação, marcação e estandardização da vida, sobretudo a partir da Revolução Francesa; dotado da finalidade de submergir a personalidade ao invés de lhe conferir importância, buscava igualar seus usuários enquanto deveria submetê-los às suas funções servis. Em 1890, tinha-se tornado habitual para as criadas, em países centrais europeus, se vestir de preto e, tal como as enfermeiras da mesma época, usarem toucas de uma época anterior (Wilson, 1985). Entre a patroa e a empregada, se afiguravam distintas as prerrogativas de liberdade e contrição, lazer e dever.

Chama atenção também a proporção das figuras na imagem; para além de uma questão de perspectiva, a dona da casa é retratada em tamanho maior do que a criada, que aparece diminuta, reiterando a ascendência e o poder de uma sobre a outra.

A rispidez com que a patroa trata a empregada, por sua vez, remete à desvalorização social das tarefas domésticas que se traduz nos salários e, não raro, na exploração e no desrespeito a quem se ocupa desses serviços; um estigma negativo que pode ser atribuído à posição que os serviços domésticos ocupam na economia de mercado e aos resquícios da herança do trabalho escravo. Com efeito, a escravidão imprimiu uma conotação preconceituosa em relação a todo trabalho que era realizado por escravos, incluindo as tarefas domésticas (Kofes, 2001). Mesmo após a abolição, o significado degradante e aviltante atribuído a certo tipo de tarefas permaneceu no corpo social, contribuindo para o descaso e a desqualificação das atividades e, muitas vezes, daqueles que as executam.

Outro motivo de desvalorização do trabalho doméstico é a noção de que o exercício de tais atividades exigiria tão somente habilidades que fazem parte do "ser mulher, mãe e dona de casa", mesmo quando são remuneradas (Melo, 1998). Por tradição, os serviços do lar são considerados desqualificados e sem necessidade de preparação prévia, e sua aprendizagem seria um corolário decorrente do processo de socialização da mulher, herança da divisão social do trabalho que reservou a elas tarefas ligadas à reprodução (e não à produção), gerando uma "naturalização" da qualificação feminina para o desempenho das atividades da casa.

Outrossim, se a responsabilidade primordial dos serviços domésticos recai sobre as mulheres por atribuição social, esse apanágio é vivenciado de maneira distinta, dependendo da classe social. A conexão entre pobreza e trabalho doméstico faz com que os critérios de valorização da mulher sejam variáveis em função de sua condição financeira; a diferença consiste em ser socializada para o mando ou para a obediência – para a mulher rica, a eficiência nos cuidados com a casa consiste em saber mandar; para a mulher pobre, a eficiência nos cuidados com a casa consiste em saber fazer.

O relacionamento interpessoal, uma das diferenças marcantes desse tipo de trabalho, merece um enfoque atento. Nesse universo empregatício – um dos poucos onde ocorrem intimidades, em meio à distância social que separa seus atores –, muitas vezes as aproximações que perpassam as interações entre as partes podem influenciar a qualidade do relacionamento e as condições de trabalho, determinando uma possibilidade de maior dignidade e envolvimento em função do tratamento recebido.

A mescla entre os domínios público e privado se torna evidente a partir da proposta do patrão e das motivações alegadas:

– O senhor então quer casar-se comigo... uma criada?!
– Que é que tem? Você sendo minha esposa, eu gastarei muito menos do que gasto!

*Careta*, n. 853, out. 1924

## BELMONTE

*Careta*, n. 845, ago. 1924

— Porque você não esteve mais de tres semanas na casa de sua ultima patrôa?
— E porque a sua ultima creada não esteve comsigo mais de uma semana?

A representação de Belmonte comunica muitos sentidos sobre as vinculações relativas a senhores e criadas, às relações trabalhistas e afetivas, às intenções matrimoniais e materiais. O espanto da empregada diante do patrão denota, novamente, o preconceito em relação às domésticas, que seriam consideradas inadequadas para um enlace matrimonial com alguém que tivesse condições financeiras e arcabouço cultural distinto do seu. Relacionamentos interclasses eram vistos como impensáveis e intoleráveis numa sociedade em que as diferenças externas marcariam impedimentos afetivos. A "elegância" do patrão, alto, esguio, bem-vestido, com bigode à Rodolfo Valentino, relaxado em suas convicções, com o joelho apoiado no sofá da sala refinada, contrasta com o sobrepeso da criada, sua aparência descuidada, não muito atraente fisicamente, própria de quem não tem tempo ou dinheiro para dedicar-se ao cultivo estético.

O senhor, por sua vez, demonstra uma preocupação essencialmente pecuniária, uma vez que, casado com a empregada, seria poupado dos gastos que teria com a esposa. A insatisfação em relação aos gastos com sua mulher, que viveria a expensas do marido, sublinha as benesses materiais das quais aquela poderia usufruir, enquanto uma empregada poderia fazer o papel de esposa sem que, nesse caso, tivesse direito aos mesmos benefícios materiais, como se, devido à sua condição subalterna, não merecesse o mesmo tratamento, ainda que alçada à condição de companheira oficial.

A materialidade e a superficialidade das relações, temas constantes de ensaístas que se debruçam sobre o *zeitgeist* contemporâneo, se insurgem nessa representação de quase um século atrás, em que a preocupação primordial masculina é com o gasto que terá com a esposa, e não com a esposa em si.

O princípio da igualdade foi outro tópico abordado pelo caricaturista ao observar as interações entre patrões e empregados domésticos:

– Por que você não esteve mais de três semanas na casa de sua última patroa?
– E por que a sua última criada não esteve consigo mais de uma semana?

Na entrevista de emprego, o casal contratador usa lentes para esmiuçar a candidata. Com pose aristocrática, portando um documento em mãos – quiçá uma carta de referência –, a senhora faz um escrutínio da postulante ao emprego doméstico. Novamente, o contraste entre a visualidade das partes é evidenciado: a senhora, esbelta e elegante num vestido com faixa abaixo da cintura, meias e sapatos de salto, sentada confortavelmente em sua poltrona, olha com desdém para a outra senhora que, de pé, usa chinelos rasteiros, um vestido comprido e disforme, os cabelos presos num meio coque, as mãos protuberantes que seguram um guarda-chuva, e o corpo obeso, fora dos padrões estéticos então vigentes.

A figura masculina olha a cena por detrás da mulher, com os braços também para trás, e arqueia as sobrancelhas diante da situação. A postura observadora do senhor da casa suscita uma reflexão sobre as iniciativas e a decisão final no que diz respeito às relações de trabalho domésticas que, ao menos nesse caso específico, estariam a cargo da dona da casa, da qual o marido seria espectador.

No que diz respeito às duas senhoras, há uma inversão recíproca de papéis: a entrevistada passa a ser entrevistadora, e, da mesma forma que a eventual patroa a questiona sobre o período de duração em seu último emprego – o que poderia denegrir sua qualificação para o posto, haja vista o curto prazo de três semanas –, a candidata "devolve" a pergunta, e também a questiona sobre o motivo da permanência, ainda mais curta (uma semana), da última criada que esteve empregada naquele local.

O teor cômico da situação advém do fato de que essa postura espelhada entre patroa e empregada não seria esperada de uma candidata a emprego, para quem a subserviência e a humildade seriam desejáveis, pelos patrões, naquele contexto. A representação de Belmonte é capaz de rebater uma ideia preconceituosa de que as empregadas domésticas não seriam capazes de realizar uma conscientização política em sua práxis de servir a outrem; rebeldia e submissão interagem nas relações encarnadas nas casas dos patrões, e abrem possibilidades para reações de

*Careta*, n. 937, jun. 1926

— Maria, você sempre disse que gosta de trabalhar em casa de famílias aristocraticas, embora ganhando menos...
— E é verdade, minha senhora.
— Pois bem. De hoje em deante você passará a ganhar 50$000 menos porque meu marido comprou um titulo de conde.

sujeitos capazes de se contrapor e realizar reinvindicações.

É de se notar o retrato étnico que Belmonte traçou de empregadas em suas caricaturas, todas elas brancas. A questão racial sempre esteve presente nos contextos de dominação laboral num país tributário de quatro séculos de escravidão. Associações negativas entre a cor da pele e a servidão, a pobreza e o trabalho "sujo" permeavam os discursos de estratos elitistas da sociedade, influenciando inclusive a própria percepção das empregadas de cor branca, por vezes impregnadas dessas tramas classificatórias.

Podemos pensar que Belmonte estivesse alinhado ao ideário de modernidade ancorado nas revistas ilustradas nas quais colaborava, num momento em que o período colonial, considerado arcaico, e a escravidão, atrelada ao atraso, deveriam ser suplantados pela ordem e pelo progresso dos novos tempos. De certa forma, parte da negritude era "banida" ou "escondida" dos grandes centros remodelados por meio da proibição de celebrações oriundas de matrizes africanas, além da destruição de moradias populares, como cortiços no início do século XX, e do morro do Castelo, na década de 1920. Nas revistas ilustradas, a presença negra era incomum nos retratos e nos recôncavos da "boa sociedade", como se fosse possível expurgar os grilhões de um passado marcado pela servidão cativa humana.

Pelo fato de o ambiente privado não constituir uma empresa, tampouco gerar lucro nos moldes de uma percepção estritamente monetária, os custos destinados à manutenção de empregados domésticos são, em grande medida, percebidos pelos patrões como um gasto e não como um investimento, gerando disputas de valor do salário pago pelo trabalho com a intenção de realizar economia ou destinar os gastos a outras formas de consumo.

A patroa decide diminuir o salário da empregada argumentando oferecer um *status* superior que seria valorizado em detrimento do ordenado:

– Maria, você sempre disse que gosta de trabalhar em casa de famílias aristocráticas, embora ganhando menos...
– E é verdade, minha senhora.
– Pois bem. De hoje em diante você passará a ganhar 50$000 menos porque meu marido comprou um título de conde.

Por mais que a proposta pareça inusitada, impensável e inaceitável, a ponto de se tornar motivo de riso, Belmonte toca em pontos nevrálgicos das relações entre patrões e empregados: os sentidos atribuídos por aquelas mulheres ao contexto das desigualdades sociais. No espaço privado e doméstico, as relações entre mulheres, que poderiam ser pressupostas de igualdade, tornam-se embates acirrados por questões de classe socioeconômica.

Note-se, ainda, que o caricaturista externa a avidez da burguesia em relação ao enobrecimento, as forças de permanência que impregnavam as altas esferas da sociedade, a ambição por classe, *status* ou poder derivados de moldes pré-capitalistas. A patroa metropolitana, com suas joias – colares, pulseira, brincos e anéis –, aparece imbuída de atitudes nobiliárquicas, com uma concepção de mundo consoante uma sociedade autoritária e hierárquica, ao invés de liberal e democrática (Mayer, 1990).

A valorização do título de conde se estenderia à criada, para quem a nova condição social dos patrões justificaria até mesmo a diminuição de seus proventos, conforme reiterado em seu desejo expresso de trabalhar para famílias aristocráticas, como se o "*status* superior" de seus senhores lhe conferisse também prerrogativas e vantagens.

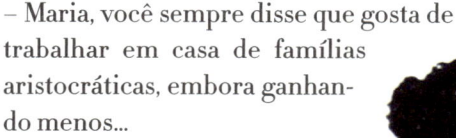

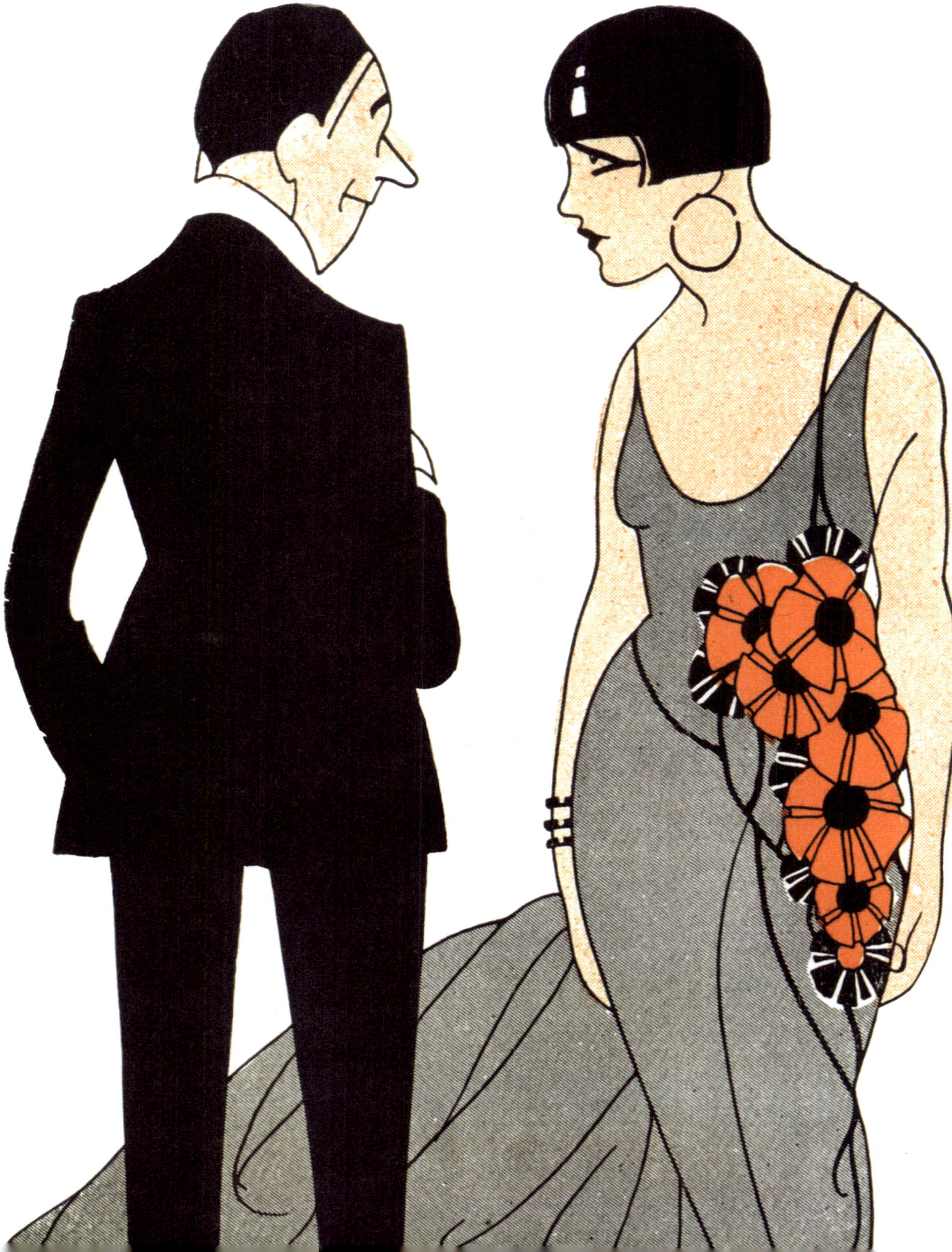

BELMONT

· CAPÍTULO TRÊS ·
# RELAÇÕES DE GÊNERO

*Ora, eu penso que o feminismo, como vai,
acabará tomando conta do mundo.*
— **ÁLVARO MOREYRA** (2016:57)

Entre as inúmeras mutações verificadas no sistema de atitudes, crenças, costumes e gostos nos anos 1920, pode-se dizer que foi no campo das constituições identitárias e das relações de gênero que elas se manifestaram de forma mais intensa e, às vezes, dramática. Durante aquela década, ocorreu, na maior parte do mundo ocidental, uma verdadeira reorganização das dinâmicas sexuais e sociais que alteraram a vida diária de mulheres e homens.

A preocupação com a identidade da mulher e os papéis "adequados" que ela deveria desempenhar passaram a ocupar o centro das atenções de políticos, legisladores, médicos, sociólogos, professores, que tentavam delimitar quais seriam seus deveres e responsabilidades, seus novos padrões de saúde, comportamento e educação, numa tentativa de proteção da família como instituição social. Na Europa ocidental, onde a conformação vitoriana de papéis sociais vivia seu ocaso, líderes partidários debatiam como regulamentar o emprego feminino e restaurar a divisão sexual do trabalho. Embora houvesse um consenso de que a antiga ordem não poderia mais ser restaurada, havia dúvidas sobre os novos modelos que substituiriam antigos arranjos: as mulheres passariam a mandar nos maridos? Teria sido produzida uma nova "civilização sem sexos"? Os anos 1920 marcariam "o começo de uma nova era", em que talentos e conquistas seriam mais importantes do que definições sexuais? (Soland, 2000).

Na mídia impressa e na literatura, pululavam representações permeadas por questões de gênero, não raro projetando imagens escandalosas e perturbadoras das mulheres, como consequência da temida diminuição de fronteiras entre gêneros que supostamente se estabelecia; a sensação de que a realidade havia entrado em colapso e de que nada era mais como antes gerava uma enorme ansiedade, agravada diante da percepção do desmantelamento de antigas formas de feminilidade.

Embora comumente a I Guerra Mundial tenha sido apontada, em narrativas historiográficas até meados de 1980, como um evento divisor de águas na destruição de padrões de gênero de longa duração e na conformação da cidadania feminina, nos anos 1990 novas perspectivas de análise trouxeram à luz o paradoxo entre inovações ocorridas na práxis diária durante os embates e a perpetuação de discursos tradicionais após seu término, enfatizando a permanência do esquema pré-conflito determinante do casamento e da maternidade como uma obrigação nacional e fonte da satisfação feminina (Grayzel, 2010:270).

A investigação dos deslizamentos de identidades que se verificaram também em países menos desenvolvidos economicamente e mais distantes do conflito podem ampliar o entendimento das causas e das dinâmicas envolvidas nas mudanças ocorridas nos anos 1920. Na verdade, a produção em massa, o racionalismo, a psicanálise, o consumo e um incremento das atividades que "tiravam a mulher de casa" já estavam em curso mesmo antes de 1914; a guerra sem dúvida acelerou uma série de tendências capazes de desestabilizar a vida econômica e social, mas não foi a única deflagradora das alterações que se seguiram. Os traços de comportamento que se tornaram mais salientes naquele momento não "brotaram" subitamente nos "anos loucos" do pós-guerra; eram frutos de transformações fomentadas por um decurso modernizador ao longo de décadas anteriores.

Ademais, para além da ideia da guerra como pivô *sine qua non*, é preciso examinar os discursos, as representações, as práticas e as crenças de atores sociais que conquistaram novos espaços no período pós-*belle époque* e concorreram para a alteração das relações de poder entre mulheres, homens, pais e filhos. Naquele momento, ficou patente o que talvez tenha sido o primeiro *generation gap* decorrente de tamanha disparidade entre a forma de vida de uma faixa etária e a seguinte – embora, sob camadas mais profundas, muitos princípios permanecessem os mesmos.

Num ambiente propício ao fomento da cultura de massas, a influência do *american way of life* ao qual já nos referimos foi capaz de alterar padrões *urbi et orbi*. Filmes, anúncios, revistas e jornais de ampla circulação ofereciam às novas gerações modelos de identificação distantes dos referenciais de seus parentes mais velhos, com personas masculina e feminina envolvidas em *glamour* e noções de autoindulgência; muitos filhos passaram a adotar comportamentos que perturbavam seus pais – bebendo, fumando, dançando, exibindo alegria esfuziante muitas vezes sob camadas de frivolidade –, ao menos para os que podiam arcar com certo hedonismo. Não à toa, conforme passavam a escolher qual estilo de vida seria para eles desejável, em dissonância com desejos parentais, os jovens se tornaram o foco de uma indústria comercial de entretenimento que propalava o próprio conceito de juventude em si, acentuando um embate geracional que se perpetuou dali em diante (Dumenil, 1995).

Pela primeira vez, os jovens puderam experimentar um curto período entre a adolescência e a vida adulta, livres do controle dos pais, mas sem o peso das responsabilidades do trabalho e da vida familiar – uma consequência do aumento do ingresso de alunos americanos em universidades longe de casa –, contribuindo para formar uma cultura jovem que abalou os alicerces de seus antecessores (Fass, 1977:122). Impulsionados por um otimismo pós-guerra e por arroubos libertários e autônomos, tendo à disposição novas tecnologias que fomentavam a ampliação de sua vida social, era legítimo para aquela nova geração dedicar-se ao entretenimento. Diversão passava a ser coisa séria.

A representação que as agências de propaganda faziam das mulheres era outra força poderosa na engrenagem que impulsionava as diligências entre gêneros e entre gerações, redefinindo limites sociais e morais. Usando roupas mais reveladoras, palavras mais sedutoras e atitudes mais assertivas – com indicadores de androginia na aparência e de feminismo no comportamento –, elas ocupavam o centro das representações; imagens de mulheres reverberavam por toda parte, decalcadas da imaginação de autores que as estampavam em diversos meios de comunicação.

Ainda que a maioria não adotasse, na vida diária, todos os comportamentos "rebeldes" divulgados pela cultura de massa, são inegáveis o alcance e o peso dos veículos que perpetuavam moda, dança, música, gírias e procedimentos que podiam parecer escandalosos para alguns, mas altamente estimados para outros, fãs de Rodolfo Valentino, Clara Bow, Gloria Swanson, Buster Keaton e demais celebridades da época.

A realidade nacional, é preciso ressaltar, obedecia a sua própria marcha, amplamente distinta dos rumos verificados no continental país norte-americano, de onde emanava todo um novo repertório cultural. Por exemplo, naquela década os Estados Unidos se tornaram uma nação eminentemente urbana, com mais da metade da população vivendo em cidades (Drowne e Huber, 2004), enquanto no Brasil a população rural suplantou a urbana até a década de 1960. O direito ao voto feminino, outro marco importante no auxílio à compreensão de certas singularidades nacionais no trato da igualdade de gêneros, foi decretado nos Estados Unidos em 1920; antes da Inglaterra (1928), do Brasil (1933) e da França, um dos últimos países europeus onde as mulheres puderam participar da escolha de representantes políticos, o que ocorreu apenas em 1945.

Se as mudanças socioeconômicas e culturais mundo afora eram fomentadas por ebulições distintas conforme o lugar onde ocorriam, não se pode negar que a efervescência vivenciada pelos *yankees* contagiou o imaginário no Ocidente, reverberando perifericamente em ressonâncias e modulações únicas.

Há inúmeras referências, na produção literária brasileira daquele período, à presença da cultura americana entre nós e seus efeitos nas construções e nas relações de gênero. João do Rio, na crônica "O cinema e os novos costumes", publicada n'*O Paiz* em 24 de fevereiro de 1920, abordava com verve irônica a onipotente influência americana "moralmente e intelectualmente" que se dava sobremaneira por meio do cinema; Medeiros e Albuquerque (1922:165) constatava a diária "injeção de americanismo"; Benjamin Costallat (1922:51-52) denunciava a absorção imediata das novidades encaminhadas por "cada vapor que vem de Nova York", os filmes que traziam "uma ideia de Charles Chaplin, uma nova marca de automóvel [...], um *one step* que pode ser um *fox-trot*", e alertava para os perigos da "entrada brusca" daquela forte tendência (Costallat, 1936:161).

Entre vários formadores de opinião, essa presença era sentida como fatalmente inelutável, mas não necessariamente desejável; havia, paralelo ao "americanismo emancipador", mencionado no capítulo 4, o "americanismo ameaçador" descrito como um risco à conjuntura vigente, criticado por perturbar arranjos sociais já assentados. Percebe-se como o influxo americano, diferentemente da fantasia de identificação com o mundo europeu que atingira seu ápice na *belle époque*, era visto como uma interferência estrangeira que não encontrava respaldo em todos os setores da elite, demarcando diferenças entre os interesses de gerações mais jovens e mais velhas, mais liberadas ou repressoras, muitas vezes ressaltando desacordos entre os anseios de mulheres e homens.

Na década subsequente ao pós-guerra, as influências da experiência americana impelida pela cultura de massas e pela cultura jovem provocaram fissuras em edifícios patriarcais, acenando com um novo referencial. A noção de "elegância", que na *belle époque* estava tão intimamente atrelada ao referencial francês, demonstrava agora vocação para outros padrões, observados no poema de Paulo Silveira publicado no jornal *O Paiz* em 30 de dezembro de 1928:

> *Elegância*
> Aquela moça que usa cabelo gosmado atrás da orelha
> Que faz regime para emagrecer
> Tem um grande ideal na vida
> É de parecer
> Com uma capa da revista americana *Vanity Fair* [...].

A abertura ao novo repertório de experiências que circulavam no tecido social promovia uma complexificação da vida, engendrava desafios e disputas entre gerações e gêneros. No difícil equilíbrio entre o pendor do abraço à novidade e da defendida rejeição a ela, a tensão tradição/modernidade só aumentava e atingia pontos de culminância, com fortes reações conservadoras daqueles que viam no consumo, no secularismo e nas novas formas de se divertir, de se vestir e de interagir uma verdadeira corrupção da moral e dos princípios.

O posicionamento em relação à dinâmica social que alterava os papéis de gêneros não era menos complicado. Os que criticavam, por exemplo, a ampliação da liberdade feminina também se beneficiavam da possibilidade de usar roupas mais leves e confortáveis, dirigir automóveis, utilizar a luz elétrica, e faziam uso de outros sinais representativos da materialidade moderna. Por outro lado, mulheres que usavam vestidos curtos, costas nuas, cabelo *à la garçonne*, fumando e dançando de forma extravagante em público sonhavam muitas vezes com um sólido casamento tradicional. Raramente tradição e modernidade ocupavam, na prática, polos incomunicáveis e indissolúveis.

Fato é que, de um modo ou de outro, era impossível passar incólume à acelerada mutação que penetrava na vida familiar promovendo deslizamentos em antigas configurações. O próprio autor Benjamin Costallat, que concebeu a personagem *mademoiselle* Cinema, tentou defender-se dos ataques da censura à sua obra argumentando que, assim como os setores religiosos e conservadores que se voltaram contra o livro, ele também desejava denunciar a decadência da educação e da família brasileira. Na crônica "Natal de hoje, Natal de antigamente...", afirmava que

> A família anda aos trambolhões. Cada um para seu lado. E as crianças ficam em casa, não mais com a boa e paciente "bá" pertencente à família, nem com a velha portuguesa, fiel e enrugada, mas com uma insuportável governanta inglesa, toda fardada e dura como os colarinhos e os punhos do seu uniforme [Costallat, 1924a:147].

A afirmação do autor louvava uma tradicional presença do elemento negro e do imigrante português, em posições subordinadas, como parte da desejável constituição familiar nacional, associada à afetividade e à lealdade (boa e paciente, fiel e enrugada), numa evocação saudosista em contraposição a um modelo europeu – dessa vez, anglo-saxônico – remetente a regras indesejáveis, rígidas e impessoais.

Cabe aqui mencionar o romance de Mário de Andrade, *Amar, verbo intransitivo*, publicado em 1927, que abordava a presença de uma preceptora alemã no lar católico brasileiro, contratada pelo pai com o objetivo de realizar a iniciação sexual do primogênito. Na visão de Costallat, o novo modelo de cuidadoras europeias não traria bons resultados aos filhos de casais independentes que passariam boa parte do tempo fora de casa (muitas vezes, longe um do outro). Como se fosse preferível um passado mais terno, relaxado e flexível do que um presente engessado na frieza controlada das emoções, sob formatações civilizatórias.

Mas, embora mantivesse um discurso em tom saudosista, foi o próprio Costallat quem perpetuou uma imagem de mulher atrevida e liberada que ameaçava o poderio dominador masculino numa rígida sociedade tradicionalista. O autor profissionalmente se beneficiou das modernas possibilidades de edição, impressão e distribuição para alavancar as vendas de suas produções; tudo isso aproveitando um mercado leitor curioso e muito interessado em tramas e personagens que escapavam aos limites do previsível, longe de modelos certinhos e bem-comportados.

Cada um parecia ter sua própria noção do que seria bom e mau, velho e novo, primitivo ou civilizado, condenável ou louvável. Como Belmonte, que produziu uma quantidade bastante significativa de representações sobre identidades de gênero e sobre as relações entre eles; dependendo do olhar, as caricaturas parecem criticar, assim como autores do seu tempo, as mudanças no *status quo*. Não obstante, tanto ele, Belmonte, como Costallat, Moreyra e outros davam a impressão de estarem obcecados com aqueles novos comportamentos que os rodeavam, e eram os maiores arautos da divulgação, nas revistas e nos livros populares, do que estava acontecendo *partout*, levando às mãos de seus leitores um amplo espectro de possibilidades identitárias descortinadas pelo traço, pela letra e pelo riso.

## Mulheres de hoje

No imaginário popular, quando se pensa em anos 1920, vem à mente o estereótipo da melindrosa como perfeita tradução do espírito da década; a personagem pulula no carnaval como uma das fantasias mais tradicionais e mais comuns utilizadas na folia, constituída pelo indefectível vestido curto franjado, muitos colares de pérolas, luvas, brilhos, tiara de pluma na cabeça e piteira na mão; uma mulher símbolo da sedução e da esfuziante inconsequência identificada com aqueles anos. Juntamente com seu "par" masculino, o almofadinha, eles seriam a tradução da diluição de parâmetros outrora vigentes nas atribuições de gêneros, perceptíveis na elaboração estética de seu visual e nos valores perpetrados em sua forma de viver.

A mídia impressa identificava esses tipos e contribuía para sua divulgação e conformação num sem-número de notações, como essa encontrada no artigo "As modernas Salomés":[43]

> Desde então, ele ficou sendo o espelho onde se mirou uma geração inteira, ela, um modelo. O espelho foi fiel nas reproduções; o modelo, imitado com perfeição. Os dois tipos generalizaram-se, reproduziram-se, multiplicaram-se assustadoramente. Dominaram o mundanismo elegante das meninas e dos rapazes – ele, almofadinha, ela, melindrosa.[44]

Almofadinha e melindrosa, que já tinham "aura", ganharam corpo nas representações dos artistas gráficos que deixavam no papel sua interpretação dos personagens. Para Álvaro Moreyra, foi J. Carlos "que inventou e constituiu o lindo modelo das nossas lindas contemporâneas", conforme sua crônica "O inventor da melindrosa" (Moreyra, 2016:57-58). Certamente, o grande caricaturista deixou um legado de maravilhosas melindrosas, mas talvez não tenha sido "o inventor" das representações. Na capa da revista *Fon-Fon*, n. 41, de 8 de outubro de 1921, os dois tipos aparecem em retrato particular.

Podemos atribuir a provável autoria da imagem ao caricaturista Cícero Valladares, conhecido apenas como "Cícero". É de se observar que a melindrosa, aqui, ainda não porta o vestido tubular acima do joelho que ficou consagrado co-

*Fon-Fon, n. 41, 8 out. 1921*

---

[43]. Fon-Fon, n. 5, 31 jan. 1920.
[44]. *Ibid.*

mo sua indumentária; no início da década, as bainhas dos vestidos pairavam na altura dos tornozelos e possuíam um corte na cintura, com saias às vezes enfeitadas com babados em camadas. Naquele momento, raros eram os modelos sem mangas, como esse ousado que figura na imagem, embora braços e colo já ficassem de fora com mangas curtas e decotes em V. Tampouco a personagem aparece com o chapéu *cloche*, outro item-chave na sua configuração póstuma; ela usa uma tiara nos cabelos à maneira das atrizes de cinema.

Não seria possível omitir esses *clichés* num trabalho que recai sobre o período.

A melindrosa seria uma mulher desinibida sexualmente, desafiadora de códigos morais, com acesso ao trabalho; lançadora de modismos, interessada em festas, filmes, flertes, roupas, *drinks*, automóveis, cigarros e uma série de diversões e possibilidades que iam de encontro à provável austeridade de seus pais.

A forma como o arquétipo era retratado acentuava, muitas vezes, aspectos frívolos em detrimento de predicados nobres; outras vezes, eram salientados aspectos de elegância, modernidade e ruptura com padrões vigentes. No pêndulo entre sua admiração ou sua condenação, as menções à melindrosa na literatura e no periodismo da época sublinhavam a dúbia recepção que esse personagem encontrava na sociedade.

Na visão de Beatriz Resende (2006:17-18), "a melindrosa é bem a imagem dos anos loucos que se iniciam. Mais ainda, a melindrosa evoca o espaço por onde se move, livremente, a vertiginosa e cosmopolita metrópole dos anos 1920, o Rio de Janeiro". E "até o final da década simbolizará um desejo de liberdade, de novidades, de sintonia com o resto do mundo". Uma versão brasileira da *flapper* americana – termo inglês disseminado em 1915 nos Estados Unidos pelo jornalista H. L. Mencken na revista *The Smart Set* para designar "*a young and somewhat foolish girl, full of wild surmises and inclined to revolt against the precepts and admonitions of her elders*"[45] (Mencken, 1989:314-315) – ou da *garçonne* francesa, imortalizada por Victor Margueritte no romance de mesmo nome.

Não obstante, ainda que aquela figura esteja gravada no ideário do período, acreditamos que, por mais modernas que fossem, dificilmente as mulheres corresponderiam à totalidade do estereótipo na vida diária. Embora os mais tradicionalistas, que "torciam o nariz" para os novos comportamentos, temessem pelo desmantelamento social e pela decadência das novas gerações, a família continuou a ser uma das mais eminentes bases estruturais da organização nacional, e as mulheres ainda teriam um longo percurso pela frente a ser desbravado na luta pela igualdade de direitos.

Importa, aqui, investigar vestígios de um longo processo de desestabilização de velhas convenções morais que encontravam espaço em formas de expressão populares, visando flagrar retratos de mulheres que ora desagradavam setores mais conservadores, ora inebriavam camadas mais permeáveis, sob enfoques que desautorizavam ou afirmavam experiências alternativas de subjetividade. É nessa direção que apontamos nossos esforços; pretendemos somar às análises já existentes novos matizes que se depreendem das representações de Belmonte – um cartunista talvez

**45.** *Em tradução livre*: "uma moça jovem e um tanto inconsequente, levada por idealizações arrebatadoras e inclinada a se revoltar contra princípios e recriminações dos mais velhos".

não tão consagrado à figura da melindrosa quanto seu contemporâneo J. Carlos, mas nem por isso menos importante como observador da mulher e do homem do seu tempo.

Agora é assim. A mulher de Belmonte, centro solar da imagem, emerge sorridente em desmesurada proporção e leva o homem, diminuto, como um boneco pela mão. Ela exibe boa parte do corpo, usa farta maquiagem, abusa do corte no cabelo, adornada por brincos e um vestido estampado com uvas e folhas de parreira – uma Eva moderna –, realçada pela luz de arandelas laterais com ornamentação *art déco* (note-se que a reprodução simétrica do elemento decorativo, que hoje seria provavelmente duplicado em computador, foi desenhada à mão de forma a caber no espaço da impressão; a luminária da esquerda é um pouco mais estreita).

A representação é explícita ao conferir à mulher a ideia de dominação sobre a figura masculina, tanto pelo gigantismo do tamanho como pela firmeza com que segura o personagem retratado quase como um elemento de decoração.

Configuração análoga de desequilíbrio entre os sexos foi publicada na capa da revista francesa *La Vie Parisienne* em 21 de março de 1925, sob o título "*La femme et ses pantins*" (a mulher e seus fantoches). A figura feminina, em proporção aumentada em relação às figuras masculinas, dá a impressão de manipular, com facilidade, os homens que leva nas mãos.

Se "agora é assim", antes não era. Virginia Woolf, em arguta observação, constatou:

*La Vie Parisienne, n. 12, mar. 1925*

Durante todos estes séculos, as mulheres serviram de espelhos possuidores do delicioso e mágico poder de refletir a imagem do homem duas vezes seu tamanho natural. [...] Por isso Napoleão e Mussolini insistiam tão enfaticamente na inferioridade das mulheres, pois se elas não fossem inferiores, eles cessariam de crescer. Como é que os homens vão continuar julgando, civilizando, legislando, escrevendo, [...] se não puderem ver, no café da manhã e no jantar, pelo menos duas vezes seu tamanho natural? [Woolf, 1985:44].

Belmonte inverteu a equação e representou a mulher ampliada no espelho de aumento do imaginário masculino. As "Mulheres de hoje" ensaiavam um emparelhamento com os homens através da composição da aparência, do comportamento diário e da interface no trato: "– Insolente! Não sei como você se atreve a falar tão asperamente com uma mulher!"

As figuras feminina e masculina apresentam sinais de similaridade nas formas – os cabelos curtos, o *robe de chambre* de gola generosa aberto no torso, fechado na cintura – e discrepância na hie-

AGORA... E' ASSIM...

Frou-Frou, n. 20, jan. 1925

Careta, *n. 854, nov. 1924*

## "Mulheres" de hoje...

**ELLA** — Insolente! Não sei como você se atreve a fallar tão asperamente com uma mulher!

rarquia, pois a mulher ralha com o marido e "o coloca em seu devido lugar". Com expressão de cólera, agride o homem que, resignado, com mãos e cabeça baixas, dá a impressão de ouvir, calado, a bronca que recebe; como se, numa estratificação de gêneros, o homem devesse obediência subordinada à companheira, sem chance para arroubos que saíssem do controle.

Belmonte coloca a palavra "mulheres" do título entre aspas, relativizando a persona feminina que, para os padrões da época, deveria mais parecer um homem; o cigarro, um elemento fálico que a mulher ostenta na mão, reforça a noção de "masculinização" da mulher, já que era um hábito recém-admitido socialmente para elas. O ambiente composto de uma estante repleta de livros, mesa e adornos decorativos transmite a ideia de um lar abastado financeira e intelectualmente.

Se as "mulheres de hoje" eram assim, antes não eram. Onipresentes nas ruas, nos salões, nas lojas, nos teatros, nos cinemas, nas praias, nas revistas, nos filmes, as mulheres passaram a ocupar como nunca um espaço real e representacional, figura em evidência no espaço da cidade e na subjetividade de seus habitantes. A avalanche de novas atitudes que se inscreviam no cotidiano, inspiradas por informações circulantes em meios de comunicação globais, deflagrava toda sorte de reações; fosse para aprovação ou objeção, a perplexidade diante do novo arquétipo feminino era uma tônica comum.

Os relatos literários de autores contemporâneos a Belmonte, num sem-número de representações, teciam um retrato de mulher modernamente fatal inscrita no coração da urbe:

> Cabelos curtos, nuca raspada, bengalão, oh! Eva, como estás diferente! Não te reconheço mais. Nem sei mais quem és. Não sei mais se és tu a antiga e linda inspiradora dos poetas! [...] A Melisanda de hoje cortou os cabelos. Não está mais presa em nenhuma torre medieval. Está de bengalão fazendo compras. À tarde no *footing*, à noite no *dancing*. Quer conquistá-la? Dance bem o "tango"! [Costallat, 1923:219].

> A cada passo encontramo-las. Pela Avenida, nas casas de chá, nos *dancings*, em toda parte. Elas são simples e encantadoras. [...] Andam a passos curtos, rapidamente. Fazem compras, tomam chá e vão ao cinema, como todo mundo. E quando passam, pisando nervosamente a calçada, só deixam atrás de si a vontade de as ver passar de novo... Nem camelos, nem escravos, nem palácios, nem grandes mantos reais. Nada. Mas nem por isso [...] são menos perigosas. [...] Mulheres fatais são todas as mulheres. Sim, porque a fatalidade não está em vocês, mulheres! Não está em vocês serem belas e desejadas. Está em nós, pobres e fracos homens. Em sermos feios e em sermos tolos [Costallat, 1924a:63].

Vários aspectos descortinados por Costallat vão ao encontro das representações de Belmonte. O homem, diminuto, se sente ameaçado por uma mulher diária, comum, mais próxima, despojada de atributos exagerados de nobreza, mas que oferece perigo; essa figura feminina, que cumpre rituais sociais de elite, não trabalha, é associada à beleza, objeto do desejo masculino; o homem, retratado como um ser fraco, feio e tolo, se ressente de sua impotência ante o poderio feminino.

Em uma leitura contemporânea, esses papéis soam ingênuos e maniqueístas, até porque, provavelmente, embora nas revistas e nos livros as mulheres se insurgissem sob nova roupagem, na prática estavam longe de conquistar uma irrestrita liberdade afetiva e financeira. De todo modo, o ponto que ressaltamos é a desestabilização de antigas certezas masculinas e posicionamentos confortáveis para aqueles que, até então, eram senhores da situação nas relações de gênero.

"Aquelas e estas", de Álvaro Moreyra, oferece outro retrato; assim como Belmonte, traçava uma distinção entre as mulheres de "antes", que "têm o encanto das coisas arquivadas", "sombras esquisitas do país dos mortos", e as mulheres de "depois":

> As mulheres de antes da guerra e as mulheres de depois da guerra, como são diferentes! [...] Hoje, a beleza é alegre, goza saúde, ri. As criaturas novas, acostumadas ao sol, aos movimentos livres, desprezam as alcovas cismarentas, querem rumor, luz, exaltação. Talvez as outras fossem mais decorativas. Estas, entretanto, trazem uma surpresa maior, agradam, divertem. Vivem para fora. Vivem em voz alta... [Moreyra, 2016:52].

Moreyra parece não oferecer resistência à "surpresa" inerente à dilatação da agência feminina e faz um contraponto entre o silêncio da mulher "antiga" e a voz ruidosa da "nova" mulher, a passividade da figura decorativa *versus* a mobilidade e a assertividade em extroversão.

"A mulher moderna", poema de Olegário Mariano, se afigura assaz desconcertante:

> Boa tarde! Como está Vossa Excelência?
> Há quanto tempo não a vejo assim
> Com esse ar irônico de irreverência
> Mostrando os dentes claros para mim
> Posso mesmo dizer que é a primeira vez
> Que a vejo rir com tal desfaçatez
> E de pernas cruzadas na cadeira
> E metendo na frase asneiras em francês
> Que mudança tão rápida foi essa?
> E fuma? Deus do Céu, chego a perder a voz.
> Quando na sua idade o delírio começa
> É que vai ser irremediável e feroz.
> – E danço otimamente o *shimmy*.
> – Dança o *shimmy*?
> – E o *fox-trot* também. Todas as noites vou a um certo canto e então... como a farra é sublime! Meu corpo é um vaso grego que se quebrou... [Mariano, 1927:51].

A "rápida mudança" da moça com ar irônico e irreverente que sorri com desfaçatez, cruza as pernas, traga cigarro, dança *shimmy*, *foxtrote* e salpica francês faz o interlocutor perder a voz; a farra sublime desfrutada nos salões de dança dava margem à "quebra do vaso grego", uma metáfora para o corpo que evocava a destruição do engessamento a que estava confinado, agora exposto e em movimento; o estilhaçamento de antigos "monumentos" sagrados, antes intocáveis; em última análise, a perda da virgindade.

Belmonte dá pistas de que a atuação feminina era capaz de suscitar uma série de temores à desestabilização de padrões tradicionais. Na caricatura díptica "Natal de ontem/Natal de hoje", ele novamente utiliza o recurso comparativo para estabelecer um marco distintivo entre "passado" e "presente" da celebração católica, interpelada por uma nova representação de mulher.

No "Natal de ontem", a família completa, crianças e parentes, aguardaria pelas surpresas que Papai Noel, o "bom velhinho", traria em seu saco de presentes. Já no "Natal de hoje" dos anos 1920, a data religiosa aparece comemorada em local público onde crianças não têm vez (provavelmente um clube exclusivo); ao invés de Noel, a figura que surge aos participantes é uma mulher exuberante e sensualíssima, que descortina surpresas à mostra sob suas saias.

O texto que acompanhava as imagens "explicava" as diferenças:

> Nos nossos tempos de crianças – lembram-se, minhas boas amigas? –, o Natal era uma festa puramente de família. No meio da sala, carregada de luzes, de bolas multicores e de brinquedos, a árvore de natal erguia-se altaneira, fascinando, deslumbrando a garotada. E, ah! Que festa em torno dela...Que alegria ingênua! Que prazer! [...] Agora os costumes são outros. Os nossos bebês não acreditam nessa história de Papai Noel, e nós mesmas não fazemos muita questão de que acreditem...Também, se nesse dia nem paramos em casa!
> Depois do chá das cinco, o cinema; depois do cinema, o restaurante, depois o teatro, depois a ceia, e eis a nossa véspera de Natal, outrora tão inocente, tão simples, tão encantadora, de súbito transformada numa corrida à toda velocidade através dos cinematógrafos, dos *dancings*, dos *tea-rooms*, dos *cabarets*, dos teatros...

Ora, minhas amigas, vocês não acham que tudo isso é deplorável, que isso é profundamente, infinitamente triste? Essa, pelo menos, é a minha opinião. E só não lhes provo por A mais B que isso é verdade, [...] porque tenho de vestir-me às pressas, para ir tomar meu aperitivo no *Gloria*. Sempre de vocês, Luciana.

Em forma de carta assinada por uma mulher, dirigida a outras mulheres, os sentimentos miscigenados em relação à transmutação feminina vêm à tona sob forte ironia. A "autora" do texto, Luciana, por um lado lamenta e condena a perda de prazeres inocentes e do estrito convívio familiar; mas suplanta qualquer nostalgia saudosa por sua nova realidade plena de eventos sociais e culturais fora de casa, propícia a satisfações incessantes para seu corpo e seu espírito.

O hábito de fumar, que passava a ser usufruído pelas mulheres "elegantes", era considerado até então inadequado às mulheres, um "hábito de apaches", haja vista o relato de Costallat (1924a:34): "Não era elegante nem a mulher fumar, nem cruzar as pernas, nem cortar os cabelos, nem colocar as mãos nas ancas... Eram hábitos muito pouco recomendáveis. Hoje tudo isso se faz na alta sociedade."

Mulheres que fumavam até então eram consideradas prostitutas, boêmias ou intelectuais de vanguarda:

*Prior do 1920, women who smoked publicly were usually believed to be prostitutes, bohemian, or avant-garde intellectuals. But after World War I, even respectable middle-class women began puffing on cigarettes as a public display of both their equality with men and their emancipation from Victorian codes of behavior* [Drowne e Huber, 2004:41].[46]

Havia uma conexão entre moralidade e fumo, ou seja, "boas meninas" não fumavam, até que o cigarro começou a ser usado por elas independentemente das possíveis associações àquele gesto, ou talvez precisamente por causa delas – ou seja, fumar poderia ser um artifício de sedução, um símbolo de rebelião juvenil, emancipação feminina e equiparação dos sexos.

A aceitação do uso cigarro pelas mulheres, ao menos nas grandes cidades, é apontada por autores americanos como um forte indicador de uma verdadeira revolução motivada pela busca de liberdade; as mulheres passavam a "invadir" um território masculino com uma quebra de barreira entre os sexos, que era o costume da separação de gêneros após o jantar para que os homens fumassem charutos separadamente na sala. Com a adoção da prática por elas, os homens e as mulheres passavam a fumar os mesmos cigarros, e elas portavam seus cinzeiros sala adentro (Allen, 2000:95).

Belmonte destacou o tabagismo feminino diversas vezes em página inteira na *Frou-Frou*, em séries que tratavam de hábitos audazes para velhos parâmetros de comportamento. O cigarro figura como um acessório integrante do novo estatuto da mulher moderna, antes acessível somente aos homens. Embora Freud afirmasse que "às vezes um charuto é apenas um charuto", não podemos deixar de pensar no cigarro como um elemento fálico, um objeto relacionado ao

---

**46.** *Em tradução livre: "Antes da década de 1920, mulheres que fumassem em público eram consideradas prostitutas, boêmias ou intelectuais de vanguarda. Mas após a I Guerra Mundial, até mesmo mulheres respeitáveis de classe média começaram a fumar cigarros em público, como um símbolo de sua equiparação aos homens e sua emancipação de códigos de conduta vitorianos."*

BELMONte

## NATAL DE HONTEM

"Nos nossos tempos de creanças — lembram-se, minhas bôas amigas? — o Natal era uma festa puramente de família. No meio da sala, carregada de luzes, de bolas multicôres e de brinquedos, a Arvore de Natal erguia-se altaneira, fascinando, deslumbrando a garotada. E ah! que festa em torno della... Que alegria ingenua! Que prazer!

A' meia-noite, nós todas iamos esconder, debaixo das camas pequenas, os sapatinhos de Cendrillon. E era uma nova festa quando, na manhã seguinte, os iamos encontrar com uma lembrança qualquer dos papás satisfeitos, tão satisfeitos quanto nós — uma bonéca, um apparelho de louça para... jantar, um vestidinho branco, uma pulseira.

Agora, os costumes são outros. Os nossos bébés não acreditam nessa historia de

Frou-Frou, n. 19, dez. 1924

## BELMONTE

## NATAL DE HOJE

*Papá Noel, e nós mesmas não fazemos muita questão de que elles acreditem... Tambem si nesse dia nem paramos em casa!*

*Depois do chá das cinco, o cinema, depois do cinema o "restaurant", depois o theatro, depois a ceia — e eis a nossa vespera de Natal, outr'ora tão innocente, tão simples, tão desatariada e encantadora, de subito transformada numa corrida á toda velocidade atravez dos cinematographos, dos "dancings", dos "tea-rooms", dos "cabarets", dos theatros...*

*Ora, minhas amigas, vocês não acham que isso tudo é deploravel, que isso é profundamente, infinitamente triste? Essa, pelo menos, é a minha opinião. E só não lhes provo por A mais B que isso é uma verdade, primeiro porque não quero roubar espaço á minha querida FROU-FROU, segundo porque tenho de vestir-me ás pressas, para ir tomar o meu apperitivo no "Gloria". Sempre de vocês.—LUCIANA".*

Frou-Frou, *n. 19, dez. 1924*

# BELMONTE

**ATTITUDES FEMININAS**

Frou-Frou, *n. 41, out. 1926*

prazer, que passava a ser publicamente manuseado pelas mulheres, um insinuador de sua sexualidade.

Nas representações do caricaturista, a erotização é evidente na postura corporal, no olhar, na roupa reveladora das mulheres e no próprio cigarro, que pontifica em meio a outros componentes sugestivos – a vela, por exemplo. Não podemos deixar de nos reportar ao uso gráfico de cenários que explicitam uma ambiência muito moderna a seu tempo (sobretudo na caricatura à direita), casando o cigarro com o novo arquétipo de feminilidade.

O começo de uma revolução nas maneiras e nos códigos morais também podia ser percebido na quebra de tabus que impediam a mulher de vivenciar experiências amorosas antes do casamento com o "marido ideal", com quem viveriam "felizes para sempre"; até que chegasse esse grande momento romântico da vida da mulher, ela deveria se resguardar e não deixar que homem qualquer a beijasse (Allen, 2000:78). Até que o escritor F. Scott Fitzgerald, membro da "nata" estudantil que frequentava a Universidade de Princeton, lançou em 1920 o romance *Este lado do paraíso*, onde afirmava: "Nenhuma das mães vitorianas – e quase todas as mães eram vitorianas – tinha a menor ideia da forma leviana com que suas filhas estavam acostumadas a serem beijadas" (Fitzgerald, 1996:42).

A observação de Fitzgerald reverbera na caricatura de Belmonte (sob a assinatura Bastos Barreto):

– Então você nunca foi beijada por nenhum homem?!
– Juro que não! Todos os que me beijaram tinham menos de 21 anos!

Entre a expectativa masculina do comportamento recatado e pudico e o desejo e a predisposição feminina de escapar às interdições morais havia um entrelugar para subterfúgios e escapes, com alegações capazes de provocar o riso e fazer refletir sobre o "falso moralismo" que encobria pulsões verdadeiras.

Outra novidade que atarantava os homens era a devoção das mulheres a bichos de estimação, um hábito até então inédito nos lares burgueses:

Frou-Frou, n. 35, abr. 1926

O CIGARRO

*Extravagâncias*
Têm as mulheres de agora
Manias originais
Uma, a que mais me apavora,
É o amor pelos animais.
Muitas damas eu conheço
Que educam gatos e cães
Com um tal gosto, um tal apreço
Como se fossem as mães
Quem não tem filhos, procura
Ter bichos. É natural...
Mas viver uma criatura
Beijando cães? É imoral [Mariano, 1927:29].

Talvez por ciúme, talvez por sentir que o controle da afetividade feminina escapava às mãos masculinas e admitia no-

**ATTITUDES FEMININAS**

O cigarro

Frou-Frou, *n. 41, out. 1926*

— Então você nunca foi beijada por nenhum homem?!
— Juro que não! Todos os que me beijaram tinham menos de 21 annos!

Frou-Frou, n. 18, nov. 1924

vos objetos, fato é que a devoção aos animais de estimação, que cada vez mais se tornava parte da vida das mulheres, era motivo de espanto: "– Premiaram-te todos os teus cães. E eu?".

Uma expressão do crescimento da devoção das mulheres aos animais de estimação é a fundação, em 10 de novembro de 1922, do Brasil Kennel Club do Rio de Janeiro, uma sociedade civil privada que promovia concursos e exposições de cães de raça frequentados pela alta sociedade e que eram registradas pela revista *Frou-Frou*.

A indignação do homem por ser deixado em último lugar pela mulher foi registrada na representação de Belmonte, onde o mordomo, ricamente vestido, assim como os patrões, cuida de um dos cães como um verdadeiro troféu, como uma espécie de "babá de animais".

– Ó José! Ponha a vitrola aqui no quarto. O "Lulu" está tão triste hoje...

*Careta*, n. 850, out. 1924

— Premiaram-te todos os teus cães. E eu?

A riqueza visual que compõe a cena em cores, de página inteira, ilustra um lar de classe alta, a "nova mulher" com vestido transparente e audaciosas "mãos nas ancas", e a figura masculina do mordomo com expressão assustada e mãos contritas. O teor cômico da cena provavelmente advinha do ineditismo do pedido, da importância que a mulher dava a seu animal, da ordem feminina que deveria ser obedecida pelo homem subordinado e da crítica subjacente a todo esse arranjo. Crítica resumida na exclamação de Costallat: "Cuidemos, pois, primeiro dos homens. É o primeiro animal que devemos proteger. [...] Há cachorros tão felizes e criaturas tão desgraçadas!" (Costallat, 1923:144).

A "nova mulher" era vista como uma tempestade não só pelos homens, mas também pelos pais, em choque com velhos padrões patriarcais; pais "ligados ainda pela educação aos preconceitos do passado" e que presenciavam "essa alteração profunda nos hábitos e na moral", que viam em suas filhas "um modo absolutamente diferente de pensar e de agir daqueles que se habituaram a conhecer em casa, em outros tempos, com suas irmãs". Benjamin Costallat resumiu o sentimento que tomava conta da maioria das famílias: "A situação é realmente crí-

Frou-Frou, *n. 6, nov. 1923*

tica para esta geração de pais. Esta geração que eu chamaria – a geração dos pais melancólicos" (Costallat, 1922:162). O autor repreendia meninas "intoxicadas de atitudes cinematográficas" que achavam que ser moderna "é ser fria e não ter coração. Tratam os pais como trambolhos que as atrapalham na vida" (Costallat, 1923:163). Vale a pena insistirmos na reprodução do texto do autor, pois nos auxilia na leitura das caricaturas de Belmonte e na compreensão de posicionamentos presentes naquela sociedade a respeito da mulher:

> É uma mistura horrível de independência com futilidade, pois ao mesmo tempo que se masculinizam, continuam tolas e frívolas, usando modas exageradas, pintando-se ridiculamente, enchendo a cabeça de pinturas e cachos. Mantêm com rapazes conversas indiscretas desculpando-se com o serem instruídas. Enfim, são verdadeiras imitações de atrizes de cinema [...]. Estamos mal aparelhados para essa entrada brusca de americanismo emancipador. As moças atuais assemelham-se a turbilhões de levianas mariposas ofuscadas pela luz fulgurante da época [Costallat, 1936:161].

A repressão do autor não era total: ele se declarava apoiador de conquistas femininas no mercado de trabalho, mas exigia responsabilidade afetiva em relação aos progenitores. Além da "obrigação" de ser bela e graciosa: "A moça que não se trata nem se cuida, não tem direito nem à sua idade nem ao seu sexo. Ser elegante é função da mulher. Obedecer a moda é o seu dever. Enfeitar-se é sua obrigação" (Costallat, 1922:31).

Naturalmente as opiniões de Costallat não devem ser levadas ao pé da letra – embora constassem em suas crônicas e não nas obras de ficção –, muito menos como consenso generalizado. Ainda assim, fazem pensar numa série de padrões de posicionamentos existentes a respeito da mulher, sobretudo em função da mobilização feminista que se articulava naquele momento. Afinal, citando novamente Virginia Woolf (1985:54), "tudo pode acontecer quando a condição feminina tiver deixado de ser uma ocupação protegida".

## Os sexos são iguais: demandas feministas

As lutas femininas pelo direito à educação, à vida política, ao divórcio e ao acesso ao mercado de trabalho remontam ao século XIX. Alvo do controle social e religioso, a mulher deveria conter sua sexualidade dentro do matrimônio e permanecer sob a "guarda" do sexo masculino – inicialmente do pai, em seguida do esposo –, em função "do interesse de fazer da família o eixo irradiador da moral cristã" (Del Priore, 1988:16).

No século XX, as reinvindicações de mulheres que haviam adentrado no mercado de trabalho no processo de industrialização se somaram às reinvindicações proletárias de inspiração anarco-sindicalistas e culminaram em uma série de mobilizações, como a greve de 1917. Mas

*Frou-Frou, n. 12, mai. 1924*

a noção de que a mulher era responsável pela manutenção do lar continuava a manter sua força hegemônica.

Por exemplo, no conto "Os lençóis", de Gastão Penalva (1924), autor editado pela Costallat & Miccolis, uma moça solteira que gozava de sua liberdade para encontros com amigos e que prezava a autonomia da própria companhia precisava tomar uma dificílima decisão entre o celibato e o casamento. Para ela, aceitar a proposta de matrimônio significava o ingresso numa vida monótona e restrita, tendo de "prestar contas sobre a conduta conjugal", o "martírio" e o "suplício" dos desgostos com criados e de aborrecimentos corriqueiros como "o assado que a cozinheira deixou queimar até o botão que está faltando na ceroula do meu marido". Por outro lado, não casar significava ingressar no "deserto social do celibato" e ser "indesejável na sociedade, como sempre acontece à mulher sem homem" (Penalva, 1924).

Tendo como objetivos principais o voto feminino, a instrução da mulher, a proteção às mães e à infância e uma legislação reguladora do trabalho feminino, em 1922 foi fundada a Federação Brasileira pelo Progresso Feminino, bastante ativa no encaminhamento do movimento sufragista sob o comando de Bertha Lutz, que representou o Brasil na Conferência Internacional da Mulher em 1923, em Roma, e na Conferência Pan-Americana da Mulher, em Washington, em 1925.[47] Mulheres instruídas de classes mais altas – e também da pequena burguesia, de classes médias e baixas, como demonstrou Cláudia Oliveira em recente palestra proferida em seminário na Casa de Rui Barbosa[48] –, que haviam encontrado espaço em profissões liberais, no magistério, no comércio e no trabalho burocrático participavam ativamente de reinvindicações no mundo público masculino.

As disputas eram travadas nos campos objetivos e subjetivos: mesmo mulheres que não buscassem independência financeira por meio do trabalho, e não tivessem entre suas principais preocupações o acesso à educação e ao voto, arriscavam-se no universo masculino por meio da moda, utilizando peças do guarda-roupa dos homens, dispostas a ultrapassar fronteiras antes muito restritas.

O tema estava longe de passar despercebido, e repercutia sob diversos prismas. A recepção machista e irônica das reinvindicações feministas tematizou caricaturas de Belmonte, que esboçavam a dificuldade masculina em aceitar e encampar lutas igualitárias:

– Que querem, senhoritas! Não acham que isso é uma das "vitórias" do feminismo?
– Mas "seu" Ignacio! Que falta de civilidade! Então o senhor senta-se e nos deixa em pé?

Entre perdas e ganhos, o feminismo é confundido com falta de civilidade, a igualdade oposta à gentileza, enquanto prevalece o desdém masculino do senhor mais velho pelos ideais das senhoritas mais jovens.

O comportamento e a estética adotados pelas mulheres por vezes causavam fissuras no *status quo* machista e deflagravam situações de provocação, objeção e, para Belmonte, de comicidade. Em outro momento de interação social, reações negativas às tramas libertárias femininas reaparecem no diálogo entre dois homens e uma mulher, que protesta:

Ela. – Os senhores estão enganados; faltam com a decência.
Eles. – Ora! as mulheres já usam roupas "só para homens".

Debochando cinicamente da compostura exigida pela moça, os homens desdenham de seu protesto, partindo do uso de peças da indumentá-

---

**47.** Dicionário da elite política republicana (1889-1930). Cpdoc, Fundação Getulio Vargas. Disponível em: <http://cpdoc.fgv.br/sites/default/files/verbetes/primeira-republica/FEDERA%C3%87%C3%83O%20BRASILEIRA%20PELO%20PROGRESSO%20FEMININO.pdf>. Acesso em: out. 2017.
**48.** Palestra "Abaixo o Frou-Frou: a querela em torno do feminismo na imprensa da Belle-Époque carioca – 1900-1920", proferida por Claudia Oliveira no Seminário A Imprensa da Belle Époque, na Casa de Rui Barbosa em 17 de agosto de 2017.

# BELMONTE

**OS SEXOS SÃO EGUAES!**

Frou-Frou, *n. 31, dez. 1925*

ria masculina, pelas mulheres, como motivação para uma mudança de comportamento não só delas, mas também deles, que, numa visão machista, poderiam tratá-las "de igual para igual", sem que fosse preciso censurar qualquer assunto considerado grosseiro ou moralmente impróprio.

Na representação em questão, acreditamos numa postura sexista e punitiva, que castiga a mulher que ousa na vestimenta com a "falta de decência" na sua abordagem. Àquelas que buscassem reciprocidade na vestimenta, nas prerrogativas sociais, no acesso ao voto e ao mercado de trabalho restaria a humilhação diária na abordagem agressiva de alguns homens; eles usariam como pretexto o desejo de equiparação dos direitos e a adoção de novas práticas para tratar a mulher sem determinados limites de respeito e educação.

Um comportamento que ainda hoje reverbera entre homens que acreditam poder justificar assédio sexual ou até o crime de estupro pelo fato de a mulher usar roupas provocantes.

ELLA. — Os srs. estão enganados; faltam com a decencia.
ELLES. — Ora! as mulheres já usam roupas «só para homens».

Careta, *n. 991, jan. 1927*

## *A confusão dos sexos*

A época é da mais lastimável confusão dos sexos. Já ninguém se entende. Não se sabe bem o que é homem e o que é mulher. O almofadinha já é de um sexo neutro. Um sexo indefinido. Um sexo a que eu chamarei, por conveniência, de terceiro sexo. Ora só nos faltava, agora, a mulher de cabelos cortados [...] Onde vamos parar?

Já estou daqui vendo a Sra. Alda Garrido, com o seu corpo de magro adolescente, vestida de homem, o passo firme, e o Senador Lopes Gonçalves, de cabelos compridos e de saias arrastando, hesitante, o ar tímido, a voz de falsete com o ar doce e ingênuo de uma Ofélia...

Não estamos longe disso. E nada seria de admirar.

Hoje um alfaiate é uma verdadeira modista. Os homens se viram e se reviram diante dos espelhos. Retoque daqui, retoque de acolá, mais uma cintinha aqui, mais uma covinha ali, e os mancebos – os delgados mancebos de olhos fundos e de lábios vermelhos – andam e se analisam sob o olhar meloso do alfaiate como mulheres diante de uma costureira.

Os barbeiros de hoje são verdadeiros institutos de beleza. Os homens saem sem barba, sem espinhas, e brancos, caiados por uma massagem de creme, cheios de pó de arroz, com cara de *Pierrot*... As cabeças impecavelmente penteadas. A fisionomia lânguida, pálida, feminina... Humorística época! [Costallat, 1924a:215-216].

Como não reproduzir esse recorte irresistível de Costallat a respeito de um tema tão associado aos anos 1920 – a androginia? Na moda e na cons-

Careta, n. 760, jan. 1923

— Eu sou muito feminista. E o senhor?
— Eu ? eu sou feminino.

trução da aparência, o intercâmbio de papéis masculino e feminino tem sido reconhecido como um dos fenômenos marcantes do período. Enquanto a mulher buscava novos padrões de comportamento e de vestimenta, *pari passu* à afirmação de alguns de seus direitos básicos, muitos homens experimentavam também configurações identitárias inusitadas, para além de um arquétipo sisudo e vetusto.

Os "respeitáveis barbados" podiam se insurgir contra o feminismo, o homossexualismo e a crescente troca de lugares – ao menos na superfície externa das personalidades –, mas alguns rapazes apostavam no jeito feminino de ser.

– Eu sou muito feminista. E o senhor?
– Eu? eu sou feminino.

A caricatura "autoexplicativa" coloca sobre o tapete da sala as possibilidades em voga para os dois jovens personagens, que têm um semblante satisfeito com o leque de opções. Ele usa óculos "Harold Lloyd", nos moldes do ator de cinema americano que fazia muito sucesso na época, e uma indumentária típica da persona que se convencionou chamar de "almofadinha".

Nos relatos propagados pelo senso comum, geralmente o almofadinha é descrito como um homem excessivamente preocupado com a aparência, vaidoso e elegante, que investe na indumentária e passa a maior parte do tempo flertando com mulheres, nas ruas, à procura delas. Essa descrição não é desprovida de sentido sob a luz de representações do período; mas há relatos de autores populares que acrescentam camadas de sentido, formatam detalhes e aprofundam a elaboração daquele arquétipo, como este de Olegário Marianno, que destaca a presunção como uma de suas características marcantes:

> Este outro é o nosso Almofadinha
> Sempre "fundo", sempre na "linha"
> De uma alta presunção que dói
> Nunca saiu desta cidade
> A não ser na velocidade
> Da grande barca de Niterói
> [Mariano, 1927:107].

Já Costallat destaca a imbecilidade e a vagabundagem como uma de suas maiores marcas:

> O "almofadismo", por exemplo, foi um traço de talento dos imbecis, e que realizou, graças a um corte de roupa, o milagre fantástico de dar distinção a vagabundos, elegância a tortos e crédito a piabas. O "almofadinha" sempre impõe. Sempre, antes do ridículo, inspira respeito. E não pouco. Um homem perfumadinho, ajeitadinho, apertadinho, um lustre constante que vem dos sapatos, passa pelas unhas, pelos dentes, e vai até os cabelos, é uma instituição realmente respeitável [Costallat, 1923:44].

Ainda, aponta certa falta de virilidade no almofadinha, e outro viés pouco explorado que seria sua precária condição financeira:

> O traço inconfundível do "almofadinha" é ser um eterno ausente de dinheiro. É um produto da crise, a quem a moda, em hábil *camouflage*, deu um casaco cintado e umas calças altamente suspensas, para deixar no anonimato uns fundos mais ou menos rotos... [Costallat, 1923:100].

Apresentado como um *bon vivant*, o almofadinha não teria sólidos recursos para a constituição de uma família, abusaria da construção das aparências para encobrir sua precariedade patrimonial e intelectual, e se diferenciaria de outro tipo, o *jeune fille à marier*, o "menino de ouro" mais viril e mais endinheirado, que tem automóvel, usa camisas de seda, é bacharel em direito e seria um excelente partido matrimonial (Costallat, 1923:100).

A configuração do almofadinha não era unânime e sofria variações; enquanto para uns ele seria um "pobretão", para Lima Barreto, por exemplo, o almofadinha era retratado como um herdeiro rico, de família abastada (Cunha, 2009). Embora descrito comumente como afeminado, o almofadinha raramente era tachado de homossexual; ao contrário, aparecia na maioria das vezes

— Xi, Luizinho! Que vergonha! A Lili disse que você parece mais mulher do que homem!
— E você inda se espanta? Mas se eu não desejo outra coisa...

Frou-Frou, n. 1, jun. 1923

como um sedutor em busca das melindrosas. Comuns às diversas representações eram a preocupação excessiva com o visual e a dedicação à vaidade – o que, na contemporaneidade, poderia ser considerado um tipo metrossexual –, assim como um pendor exagerado para a mundanidade, sem se comprometer com a constituição de família, dedicação ao trabalho e manutenção do lar, valores impugnados ao arquétipo masculino aos quais se contrapunham novos paradigmas.

Pode ser que essa visão desqualificada do almofadinha encobrisse o ciúme de homens afeitos a posturas mais tradicionais, que estariam desgostosos com a "concorrência" de jovens menos esforçados profissionalmente na arena das conquistas femininas. Jovens que "faziam nada" ou se divertiam a valer, numa sociedade que exigiria de um "grande homem" apenas que ele soubesse dançar, jogar tênis e matar pombos (Costallat, 1923:179). Pode ser, também, que o almofadinha provocasse incômodo numa parcela masculina que não soubesse lidar com seu lado mais feminino, invocado nas vestes e nas posturas daquele tipo. Os tempos mudavam, e as qualidades projetadas na concepção do masculino também.

Cada vez mais tênues, as linhas fronteiriças das identidades de gênero esmaeciam na prática diária de certos atores:

Frou-Frou, *n. 36, mai. 1926*

MARIO OU MARIA?

– Xi, Luizinho! Que vergonha! A Lili disse que você parece mais mulher do que homem!
– E você inda se espanta? Mas se eu não desejo outra coisa...

Belmonte fazia uma crítica do almofadismo e da suposta feminilidade dos que encarnavam aquela opção identitária, como o personagem lânguido e "desmunhecado" de sua representação, afastado dos cânones de "macheza" que eram guardados sob cartolas, fraques e coletes. O tema da androginia sensibilizou o caricaturista a ponto de tematizar várias de suas criações gráficas, como a emblemática "Mario ou Maria?".

Propositadamente indefinida, a personagem pode ser tanto homem como mulher; se mulher, masculinizada pelos cabelos curtos penteados para trás com goma, o cigarro pendente na boca, o busto contido por uma faixa sob a blusa (ou vestido?); se homem, afeminado pela maquiagem e pelas vestes. Um intercâmbio de atribuições, antes fortemente arraigadas às construções de gênero masculino e feminino, que começavam a cruzar balizas e embaçar limites, de modo a instigar Belmonte em sua previsão futurística, um tempo não muito distante dali, onde duas mulheres masculinizadas, ou dois homens travestidos, poderiam acender o cigarro um(a) do(a) outro(a).

A indefinição das identidades é novamente acentuada nessa outra representação, de modo a provocar a dúvida no observador sobre quais os gêneros retratados: seriam homens ou mulheres? Se não era comum às mulheres fumar cigarros, menos ainda duas mulheres acendê-los em conjunto, em público, assim como não era usual dois homens com vestidos fazerem o mesmo em público. Acreditamos que a crítica de Belmonte fosse sobre o comportamento de mulheres que estariam "se masculinizando", mas não podemos deixar de vislumbrar, sobretudo à luz de uma leitura contemporânea, a possibilidade de serem dois homens vestidos de mulher.

Com alta carga erótica, o gesto das piteiras que se tocam – e evocam dois lábios que se beijam – é acentuado pela postura *nonchalant*, pelos olhos semicerrados, pela mão que segura o braço, numa demonstração de proximidade, carinho e intimidade; a indumentária, eminentemente feminina, apresenta corpos visíveis sob decotes profundos; e o cinto à direita direciona o olhar para a região pélvica, como uma faixa de "proibido" que cai frouxa sobre o vestido. Ao fundo, dois personagens com cabelo "Chanel" miram a cena, com olhar resignado, mãos contidas; estão vestidos com paletós (ou fraques estilizados), brincos, e um enorme e extravagante laço no topo da cabeça; quase como "orelhas de burro" – seriam esses os homens do futuro, pasmos, afeminados e tolos perante a explosão da nova feminilidade?

Conforme já mencionado, a fruição do cigarro pelas mulheres, um ritual antes proibido para elas, embutia um *status* simbólico de equiparação ao universo masculino; o gesto de acendê-lo em público por duas personagens parecidas reaparece na revista americana *Life* do mês de agosto de 1925, na edição intitulada "Feminine number":

Nessa outra representação, as roupas de banho, os cabelos curtos e o cigarro como que igualam homem e mulher, e evidenciam traços de comportamento que eram impressos no circuito gráfico das modernas caricaturas publicadas em revistas ilustradas.

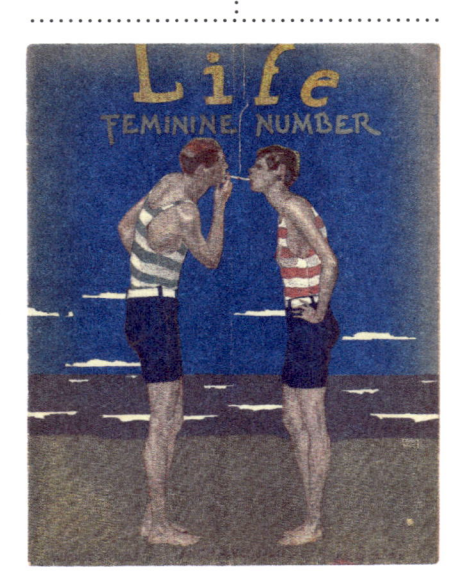

*Life*, ago. 1925

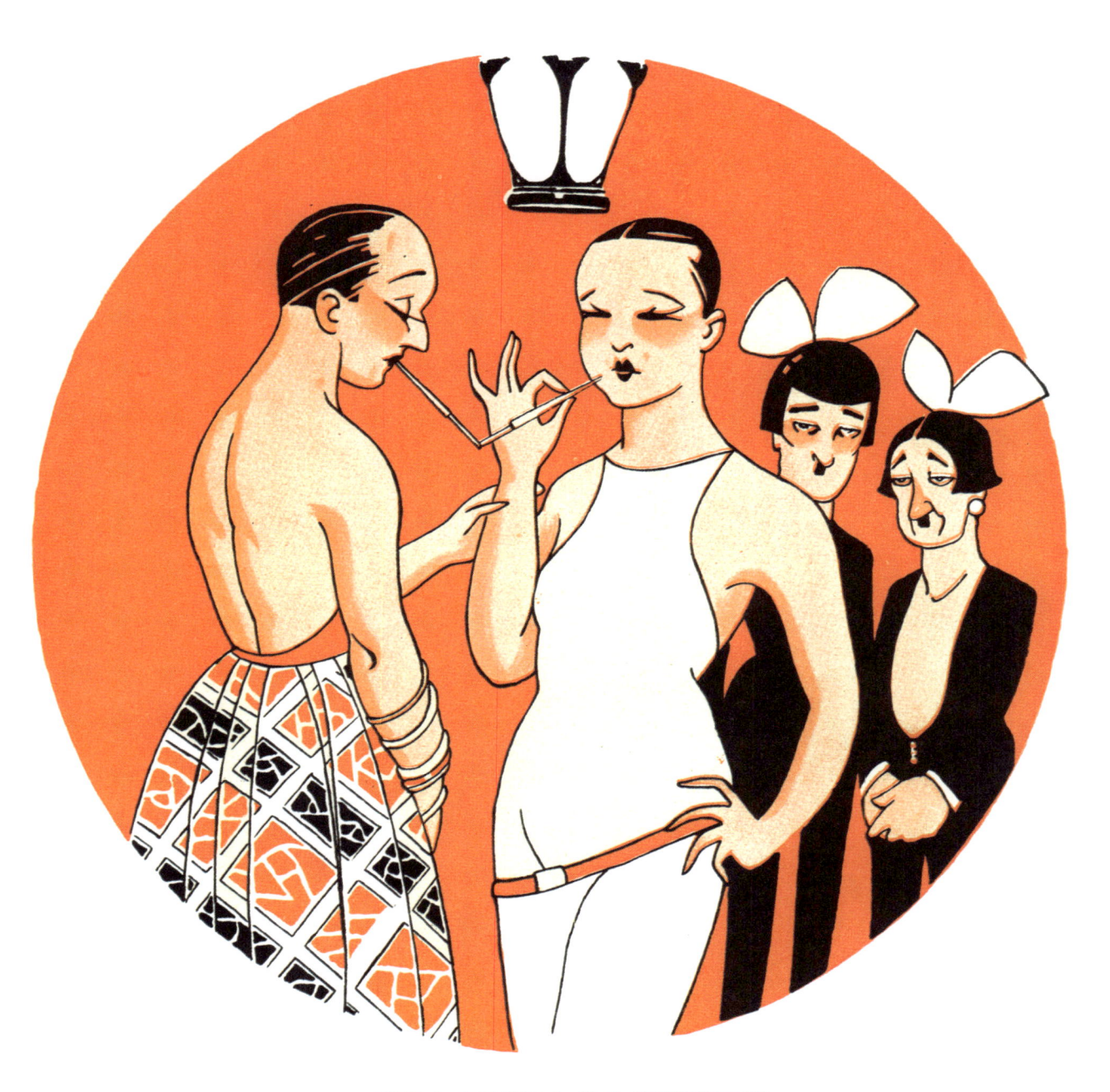

**UMA SCENA DO FUTURO**

Frou-Frou, *n. 23, abr. 1925*

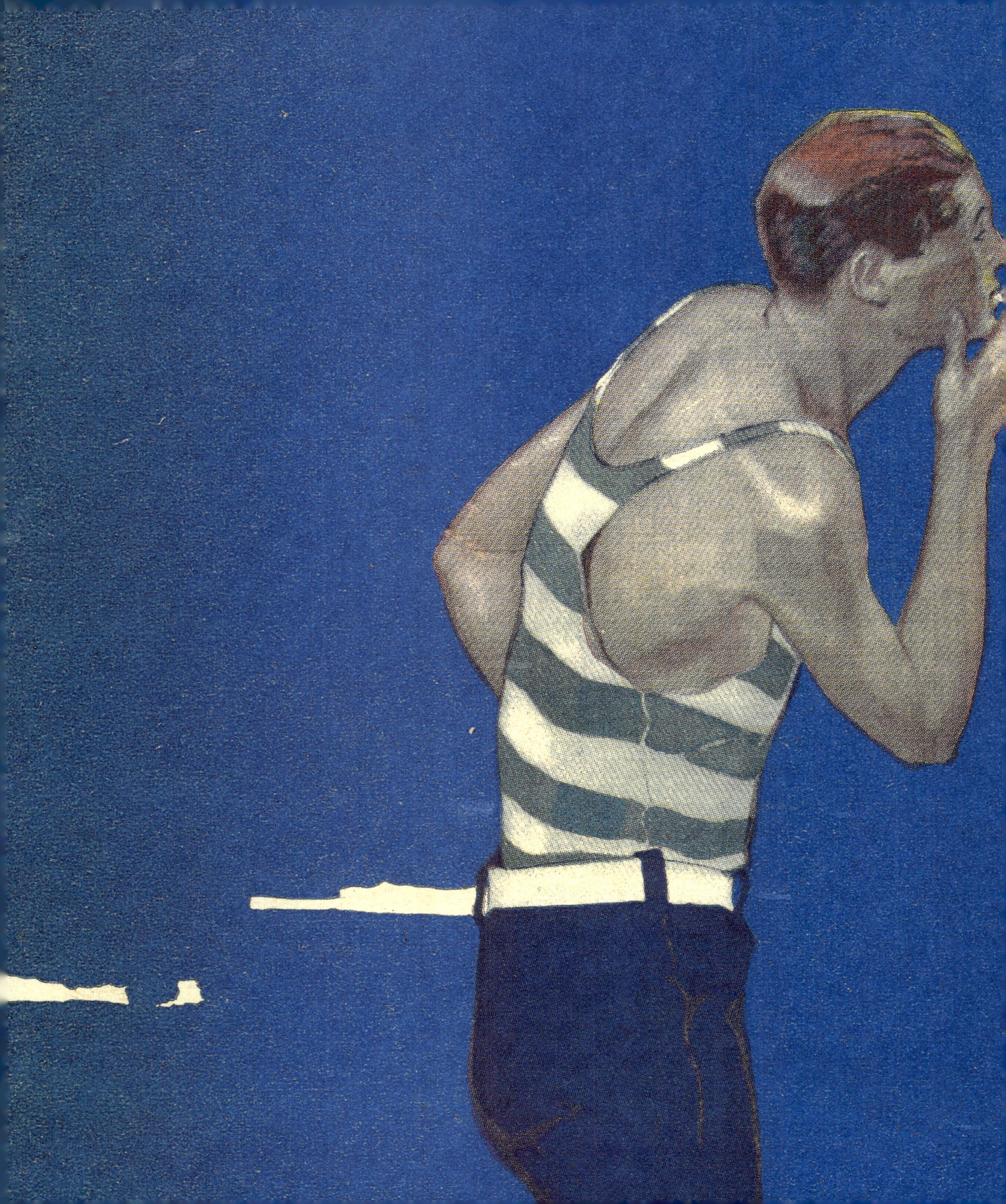

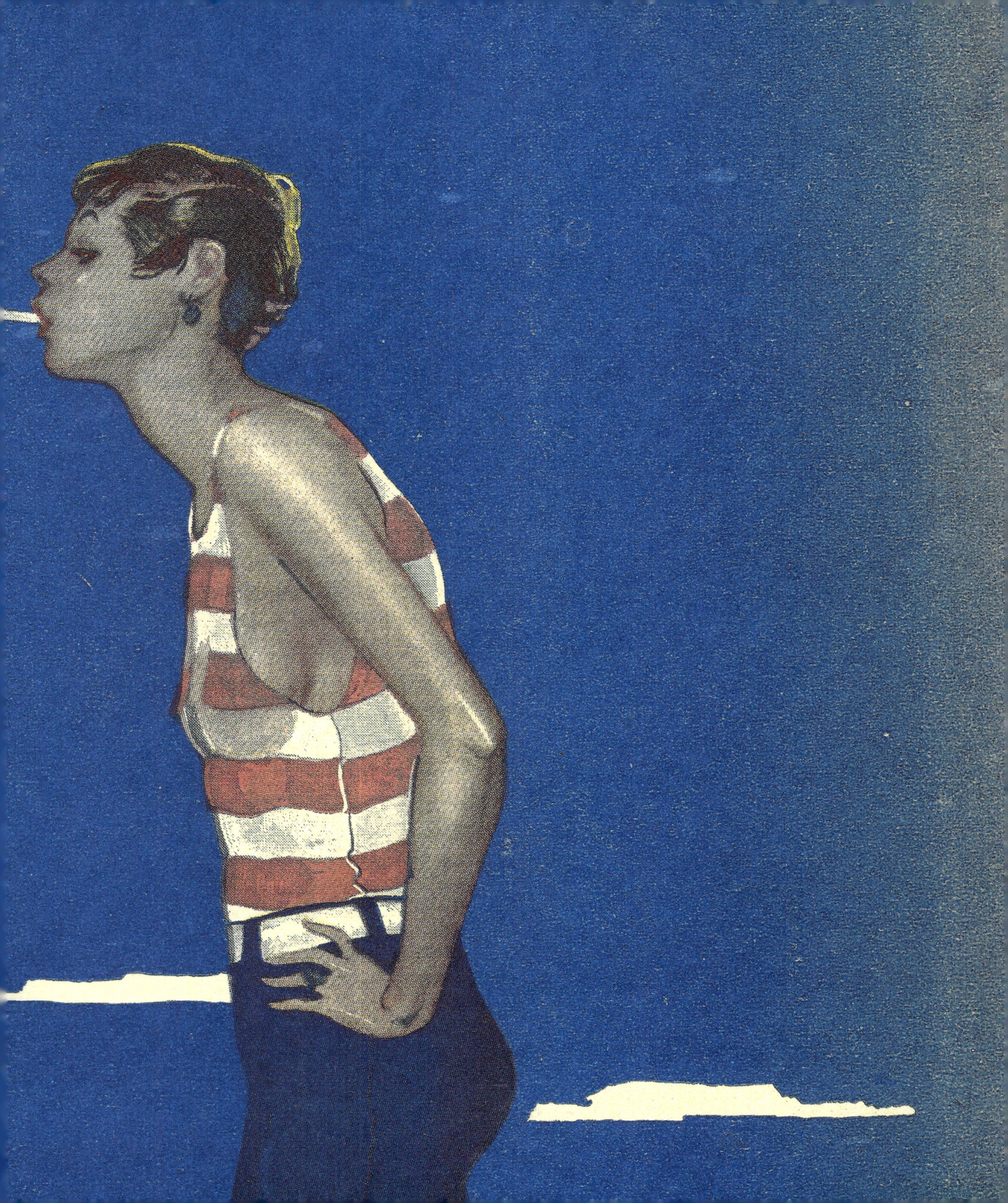

## Infidelidade feminina

O adultério – entendido como o relacionamento sexual de uma pessoa casada com outra que não seja o próprio cônjuge – e a infidelidade, cujas definições na língua portuguesa incluem "falta de respeito, de fidelidade àquilo com que se deveria estar comprometido; deslealdade, traição, perfídia", são práticas cujos contornos e limites apresentam-se variáveis conforme as balizas culturais. Historicamente, o homem gozou de maior liberdade do que a mulher para buscar outros relacionamentos fora do compromisso conjugal, num duplo padrão de moralidade engendrado por construções sociais que permitiram liberalidades desiguais para cada um dos gêneros. Nas palavras de Gilberto Freyre (2000:125), ao homem eram concedidas "todas as oportunidades de ação social, de contatos diversos, limitando as oportunidades da mulher ao serviço e às artes domésticas".

À medida que os anos 1920 testemunhavam uma revolução de costumes, o atrevimento feminino não se mostrava circunscrito à indumentária, tampouco ao cigarro ou à dança extravagante. Nos romances e nas caricaturas, o desejo feminino, antes negligenciado ou escamoteado, era cada vez mais trazido à tona em narrativas elaboradas sobre a infidelidade feminina. Não que o assunto fosse novidade – madame Bovary já havia escandalizado a moral burguesa no século XIX com trágicas consequências. Mas era cada vez maior a quantidade de representações que lidavam com formas de autonomia, liberdade de escolha e mobilidade em questões amorosas, numa profusão de personagens que fugiam ao *script* tradicional do fiel casamento monogâmico.

Por meio do imaginário dos autores, era construído um arquétipo de mulher que desafiava padrões previamente estabelecidos e provocava fissuras num modelo de dominação masculina; por um lado, escandalizando a sociedade, por outro, se mostrando em sintonia com a modernidade – de certo modo, era como se ter um amante estivesse na moda.

– Ali vai a Luiza com o marido!
– E quem é aquele sujeito baixinho que vai ao lado dela?
– Ah! Aquele é que é o marido!

No ambiente público externo, figuram elementos símbolos de modernidade urbana: a luz elétrica dos postes, o automóvel – cujos traços nos pneus ressaltam a ideia de movimento em velocidade –, o calçamento limpo e pavimentado, espaço de circulação facilitado aos transeuntes. A indumentária reforça o pertencimento a camadas abastadas, devido à elaboração da visualidade conforme as exigências sociais daquele momento. A mulher com vestido tubular decotado, cabelos cortados curtos, chapéu *cloche*, sapatos de salto, pulseiras e colares de pérola, lábios demarcados por maquiagem; pode ser considerada uma *melindrosa* típica, enfim. O homem que caminha de braços dados com ela, por sua vez, personificaria a figura do *almofadinha*, com *physique du rôle* para tal: chapéu-coco, camisa de peito duro, gravata, colete altíssimo abotoado até o colarinho de ponta, plastrão, paletó acinturado com mangas apertadas, calça com bocas estreitas que terminavam na altura do cano das botinas "agulha", feitas com dois materiais (geralmente verniz e pelica), polainas, flor na lapela, bengala simples com volta (sem adornos de metal) e o rosto limpo,

*Frou-Frou*, n. 40, set. 1926

— Alli vae a Luiza com o marido!
— E quem é aquelle sujeito baixinho que vae ao lado delle?
— Ah! Aquelle é que é o marido!

sem barba ou bigode. O outro senhor, embora pareça também portar-se com elegância e distinção, usa roupas consideradas menos extravagantes para o período: um terno mais largo, camisa, gravata e colarinho clássico (também chamado colarinho inglês, mais fechado e pontudo), chapéu estilo Fedora (ou Borsalino), óculos e sapatos bicolores.

Na composição, chama atenção a jovialidade dos dois primeiros personagens, destacados pela altura, pelo sorriso de satisfação e cumplicidade, pelos passos em compasso, pela proximidade com que caminham, à vontade. O homem "que vem ao lado", em contraposição, parece bem mais velho, diminuído (na estatura e no *status*), com a expressão facial fechada, de olhos fechados – para a situação? – e braços para trás – atados na imobilidade de quem nada poderia fazer?

A chave do humor é acionada na medida em que os observadores da cena revelam as identidades ocultas de cada personagem, surpreendendo o leitor. Embora o par adjacente pareça ser um casal constituído, a posição de marido daquela mulher pertence ao senhor mais velho que os acompanha "a distância". Belmonte explicita um comportamento que seria encontrado nas ruas das grandes cidades, onde a mulher poderia passear de braços dados com outro homem que não fosse seu companheiro matrimonial – fato impensável nos tempos coloniais e mesmo imperiais, quando a mulher quase não saía de casa, e se o fizesse teria de ser acompanhada pelo pai, irmão ou cônjuge.

Indo além, o autor traz à cena o triângulo amoroso composto pelos personagens "mulher", "marido" e "o outro" contemplando a existência de amantes extraconjugais para as mulheres, uma possibilidade que ia de encontro ao tradi-

**Notinhas de polidez**

— Não se pode servir a dois senhores a um tempo.
— Mas os senhores dois não podem me servir?

Careta, n. 762, jan. 1923

cionalismo patriarcal que admitia consensualmente amantes apenas para os homens. O diálogo entre os dois rapazes no automóvel pode ser lido tanto como uma reação de espanto diante daquela configuração, mas também de naturalidade, como se a mulher já pudesse valer-se de uma maior permissibilidade sexual nos domínios público e privado.

– Não se pode servir a dois senhores a um tempo.
– Mas os senhores dois não podem me servir?

De acordo com a assertividade masculina, a mulher deveria fazer uma escolha única entre dois homens; a ela caberia a função de "servir" o café da cena – prestar serviços ao homem, ser alguém útil, favorável e vantajosa para ele. Numa acepção mais ampla, ela deveria se oferecer, servir a si própria, sob um enfoque objetal.

A resposta, que devolve a pergunta, altera posições e lugares predeterminados, e dispara em sentido contrário às demandas e exigências em jogo. A coragem de não se submeter ao papel exigido traz também um novo elemento às possibi-

*Careta, n. 825, abr. 1924*

— E' inutil te zangares commigo. Eu sou sempre o mesmo.
— Pois é por isso: si ainda fosses o outro.

# BELMONTE

## "A BOM ENTENDEDOR"

Careta, n. 927, mar. 1926

— Quem é que esteve aqui hoje?
— Foi... uma amiga minha... a Zizi...
— Pois diga a ella que, por outra vez, não se esqueça de levar o cachimbo!

lidades de envolvimento, que é a duplicidade de parceiros, ao invés da necessidade da escolha única. Afinal, ao invés de ela ter de "servir" a um só, em sua visão os dois poderiam "servi-la", i.e., ambos poderiam submeter-se à sua vontade, atender a suas solicitações, exercer o papel de servo ou amante, devotos a ela.

Finalmente, o título da caricatura, "Notinhas de polidez", trata com a ironia do diminutivo o que seria uma forma de interação adequada, educada, delicada, a ser observada por homens e mulheres requintados que frequentavam ambientes de luxo, encobrindo com a leveza do trato o peso das disputas de força em questão.

Menos sutil, a abordagem explícita da existência de mais de um parceiro figura em várias caricaturas, descortinando uma teia de relações subsistentes:

– É inútil te zangares comigo. Eu sou sempre o mesmo.
– Pois é por isso: se ainda fosses o outro.

Belmonte revela com clareza a vivência do "outro" por meio da personagem feminina que responde com dura franqueza, e torna patente uma série de vetores emocionais que estressam os agentes: o homem se queixa do tratamento que lhe é dispensado pela mulher; ela demonstra irritação e aborrecimento com ele e ratifica a noção de que "homens não mudam", de que seu posicionamento e sua personalidade não sofreriam alterações apesar do descontentamento da companheira. A afirmação, pelo homem, de sua condição imutável pode ser entendida como um reconhecimento humilde das próprias limitações, mas também como uma provocação à mulher, no sentido de que sua cólera não teria efeito prático de promover mudanças – no homem e na sua condição – e ela estaria submetida àquele engajamento e àquele companheiro, com todas as suas características "imutáveis".

Ela, por sua vez, face à demarcação das balizas existenciais invocadas pelo homem, é capaz de causar espanto e surpresa pela revelação do "outro" e sua preferência por ele. Nesse sentido, a força da mulher emerge pela ampliação de suas alternativas de engajamento amoroso, pela subversão da contenção tradicional que lhe permitiria um único par, pela possibilidade de retrucar a limitação imposta pelo homem desafiando a monogamia do casamento. A forma como a mulher se coloca no enfrentamento *vis-à-vis* por si só já demonstrava uma inovação e uma tendência de ruptura com papéis tradicionais. Ainda que ela estivesse blefando e o "outro" não existisse, a sinceridade cínica com que responde ao provável marido consubstanciava uma nova forma de se colocar diante dos embates que trespassavam as relações entre homem e mulher.

– Quem é que esteve aqui hoje?
– Foi... uma amiga minha... a Zizi...
– Pois diga a ela que, por outra vez, não se esqueça de levar o cachimbo!

A profusão de estampas nos tecidos da cena, coordenados, remete a uma ideia de sintonia com a "moda de interiores", como se aquela família acompanhasse as últimas tendências. Entre as disposições dos novos tempos, a inclusão da infidelidade feminina como uma possibilidade, ainda que sob o viés cômico, abria brechas na rigidez das convenções vigentes. O autor usa um recurso metalinguístico ao inserir na cena uma revista ilustrada – usada pela mulher como um subterfúgio para parecer à vontade no sofá – que ela "lê" de cabeça para baixo.

A empregada presencia a cena e ri, numa evocação da reação do espectador, que pode achar graça da "desgraça" do marido traído, da dissimulação da mulher face à sua inquisição, do flagrante delito e do fato de o marido tratar do assunto com certa naturalidade, apenas fazendo uma recomendação de que o amante da mulher não se esquecesse de levar o cachimbo, na admissão de um próximo encontro.

As mulheres que "saíam da linha", embora parecessem inscritas – ao menos nas representações – nas dinâmicas da nova realidade, eram em sua maioria censuradas e reprimidas pelas suas escolhas. Como a "madame que esqueceu-se de que era casada".

No conjunto gráfico, a policromia ressalta a rica decoração do interior, obedecendo à voga *art déco*: estão lá os grafismos e as estampas que caracterizavam o estilo, num ambiente onde figuravam um *récamier*, um aparador de madeira com entalhes dourados, relógio de mesa, vasos de vidro, pufe, luminárias de piso e teto e um painel de parede elevado até uma borda enfeitada. O título sob a ilustração, "Madame esqueceu-se que era casada!", enuncia o teor das tensões verificadas entre os personagens; a mulher central, uma figura sensualizada, com roupa ousada e moderna, bracelete no braço, realçada pelo tom avermelhado dos cabelos bem curtos, do salto, da boca e da bolsa-carteira, está sob a mira da censura e do descontentamento enunciados na frase e nas feições de um homem vestido com *robe de chambre*, o dono da casa, seu marido, senhor refinado com piteira em punho, anel no anelar (aliança), que a olha "de cima para baixo". O rosto da mulher a seu lado também não exprime contentamento; do contrário, a outra senhora, que poderia ser uma governanta (haja vista as cores preta e branca de seu traje), ou ainda uma amiga ou parente (uma vez que os uniformes das criadas incluíam avental e touca, aqui ausentes), olha para ela com expressão desolada. O mordomo ao fundo, uniformizado com botões dourados, assiste a tudo sem demonstrar simpatia, e a criança pequena que lê um livro não demonstra tampouco um semblante sorridente.

A mulher madame encontra-se na berlinda: provavelmente agiu de forma indevida para uma mulher casada, e foi denunciada – pela outra mulher? – por "esquecer-se" de sua condição matrimonial. Diante do marido, olha para a frente, fixa em seus pensamentos, firme em sua pose sensual. A figura da criança intensifica o ar de culpabilidade pelo abandono das obrigações maternas; parece alheia a tudo, sozinha no chão, entregue à própria sorte, "largada". O homem, por sua vez, demonstra uma face esnobe, talvez artificial, sem deixar aflorar emoções mais fortes, mantendo também uma pose, altivez grã-fina.

Belmonte demonstra possibilidades distintas de tratamento conjugal à questão da infidelidade feminina, corporificada na correspondência das esposas: da indiferença aparente à explosão de indignação, da admissão serena à desaprovação do inconcebível. As duas formas de resposta contempladas são um indício da multiplicidade de vetores em movimento na sociedade, estabelecendo contrapontos entre modelos tradicionais e ousadias dos "anos loucos".

Nesse ponto, é importante ressaltar que essas representações não constituem, forçosamente, uma expressão literal de como homens e mulheres realmente vivenciavam experiências em sua época, conquanto nos ofereçam reflexões sobre práticas, e comportamentos, modos de sentir e agir que pareciam ultrapassar um ideal de feminilidade enfeixado na noção de respeitabilidade doméstica, *y compris* a fidelidade conjugal por parte da mulher.

Frou-Frou, *n. 24, maio 1925*

*Madame esqueceu-se que era casada!*

## *Materialidade das relações amorosas*

A expressão "golpe do baú", que significa popularmente se casar com alguém por dinheiro, tem sua origem num hábito do século XVIII, quando era comum compartilhar com o marido, na ocasião do casamento, o "cofre" com as riquezas guardadas da mulher – baús cerrados que acumulavam joias, metais preciosos e dinheiro (Ribaldi, 2016).

A objetificação das relações amorosas é aspecto que emerge recorrentemente nas caricaturas de Belmonte, trazendo o interesse material à pauta diária dos enlaces conjugais. Tratando do assunto "às claras", o caricaturista expunha nas páginas das revistas, que eram lidas por burgueses endinheirados, certas motivações que rodeavam seu universo. Não que aquela camada fosse exatamente vítima; nas representações, parece que são os próprios homens e mulheres integrantes daquelas esferas que vislumbram o enriquecimento monetário pelo matrimônio.

A galeria de tipos que saltavam aos olhos – e à mente – em filmes, livros e caricaturas incluía a mulher "liberada", "masculinizada", por vezes infiel; homens afeminados, jovens "à toa", os "endomingados" e caça-dotes de ambos os sexos. É possível que o retrato abundante desse expediente estivesse relacionado com a emergência de uma camada jovem que buscava uma vida de prazer e diversão, deixando para o casamento a função de solução para a sobrevivência com conforto, priorizando o patrimônio financeiro e não o parceiro. Lembre-se de que o almofadinha descrito por Costallat seria um sujeito sem dinheiro, que sobressaía socialmente pela aparência – portanto capaz de usar sua personalidade para conquistar uma mulher. E vice-versa, muitas mulheres também visavam estabelecer uma sociedade conjugal com homens portentosos.

– É um multimilionário! Oh! como eu gostaria de ser esposa dele...
– Ah! como eu gostaria de ser viúva dele...

Não pairam dúvidas sobre as intenções das moças, que miram num "alvo" potencial nas páginas de algum jornal ou revista, meios de divulgação de informações e projeções de personalidades.

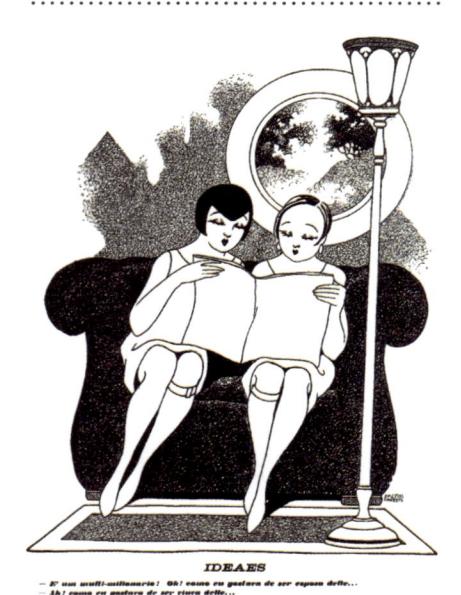

*Frou-Frou, n. 33, fev. 1926*

– Mas se você não ganha para comer como quer casar comigo?
– Sim. Mas em compensação seu pai ganha para uma dúzia...

A herança do dote seria um caminho mais fácil para a estabilidade monetária, tornando-se muitas vezes o objetivo principal de jovens que miravam em prerrogativas de privilégio advindas do casamento, descartando o percurso profissional baseado em benefício próprio.

# BELMONTE

Frou-Frou, n. 34, mar. 1926

— Mas se você não ganha para comer como quer casar commigo?
— Sim. Mas em compensação seu pae ganha para uma duzia...

Situação distinta de outro retrato de mulher, pragmática e senhora de suas escolhas, que consulta um advogado para se informar sobre seus bens e direitos:

– Segundo as disposições de seu falecido esposo, a senhora não pode casar-se outra vez; se o fizer toda a herança dele passará para o seu cunhado.
– Pois nesse caso, caso com meu cunhado!

A intenção de Belmonte poderia ser a crítica ao primordial interesse pecuniário da mulher, que não demonstrava traços de sentimentalismo pela viuvez e privilegiava o matrimônio como forma de garantir o patrimônio, independentemente das qualidades do cônjuge. Concomitantemente, o caricaturista imprimia e tornava visível uma personalidade feminina forte, autônoma, capaz de "correr atrás" do que deseja e de optar por seu destino, à parte julgamentos morais.

*Careta*, n. 843, ago. 1924.

— Segundo as disposições do seu fallecido esposo, a senhora não pode casar-se outra vez ; se o fizer toda a herança delle passará para o seu cunhado.
— Pois nesse caso, caso com meu cunhado !

As relações de fachada pautadas pela materialidade de interesses sobressaíam num sem-número de representações que destacavam o objetivo primevo do acúmulo de capital em detrimento de escolhas amorosas mais profundas e verdadeiras. Belmonte abordou também outra faceta decorrente da superficialidade das ligações afetivas que denotava um enfraquecimento do casamento com instituição basilar da família brasileira: a possibilidade de sua dissolução.

> – ...casar-nos-emos no dia 10 e depois vamos passar a lua de mel em Nova York...
> – Nova York por quê?
> – Oh! Porque o divórcio lá fica mesmo à mão.

Nos Estados Unidos, com efeito, a possibilidade do divórcio já existia em algumas de suas colônias (como Massachusetts) antes mesmo da conformação do país em 1776 (Coontz, 2005). Talvez por influência da antiga metrópole, a Inglaterra, onde o monarca Henrique VIII havia protagonizado um dos mais antigos divórcios de que se tem notícia, no século XVI. Não que fosse um procedimento fácil; estava atrelado a razões de adultério, abandono, bigamia, infertilidade e até impotência (embora para as mulheres fosse muito mais difícil conseguir perpetrar um pedido dessa envergadura). No século XIX, contudo, foram promulgados o Married Women's Property Act nos Estados Unidos (1848) e o Matrimonial Causes Act (1857) na Inglaterra, visando minimizar a desvantagem feminina no alcance do divórcio. Desde então, a

**Castellos...**

— ...casar-nos-emos no dia 10 e depois viemos passar a lua de mel em Nova York...
— Nova York porque?
— Oh! porque o divorcio lá fica mesmo á mão.

Careta, n. 769, mar. 1923

legislação desses países sofreu alterações em direção à amplitude de direitos equivalentes para os gêneros e a simplificação daquele procedimento.

A liberação da mulher não aconteceu de modo linear no mundo. No Brasil, o divórcio só foi regulamentado e sancionado no ano de 1977; até então, o casamento era indissolúvel. Na cultura nacional, não é possível esquecer que a instituição mais importante até anos recentes, a Igreja Católica, sempre considerou o casamento indestrutível, foi contra o divórcio e fez de tudo para que ele não fosse efetivado. Havia a alternativa do desquite, previsto no Código Civil de 1916, que era a separação de fato do casal (separação de corpos), com a permanência do vínculo; ou seja, a separação não rompia os efeitos jurídicos do casamento. Mas o desquite deveria ser motivado por algumas das causas taxativamente enumeradas por lei, que eram: adultério, tentativa de morte, sevícia ou injúria grave e abandono voluntário do lar conjugal (art. 317); além disso, ficava sujeito ao mútuo consentimento (art. 318). Foi só durante o regime militar de 1964 que o divórcio obteve aprovação, regulamentado e sancionado em 1977, quando a presidência da República era ocupada pelo general Ernesto Geisel, filho de imigrantes alemães luteranos.

O tema, verdadeiro tabu, há muito circundava em artigos na imprensa, em colunas de revistas, na literatura popular, e com alta frequência nos filmes do cinema; era uma reinvindicação integrante das lutas feministas que ganhavam agência nos anos 1920, em paralelo às ações contrárias de setores reacionários, que previam consequências apocalípticas de sua efetivação. Na abordagem do assunto, era comum a comparação do fenômeno em outros países, com o exame de quais eram os requisitos necessários, o modo como se processava e a exemplificação de casos notórios.

Por exemplo, no ano de 1923 a revista *Careta* n. 784 publicou o artigo "O divórcio na Inglaterra", chamando atenção para seu estabelecimento em 1857 e para a então recente liberação da prova de abandono e da prova de maus-tratos, restando a necessidade da prova de adultério como causa legítima; a *Revista da Semana* n. 00008, por sua vez, publicou "O divórcio na América do Norte", destacando o pleito feminino pela unificação das leis em todos os estados da Federação, já que cada um possuía termos e requisitos amplamente distintos. De fato, em 1900 cerca de 8% dos casamentos terminavam em divórcio naquele país, mas em 1928 aquele índice mais do que dobrou para 16,6% (Divine, 2002:814).

Nas crônicas de Gastão Penalva, a prática era retratada sob ironia moralizante:

– Aquele alto? É o Sobreiro da Câmara, com 15 dias de divórcio.
– De divórcio?
– Sim. De que te espantas? Hoje divorciar é tão natural como casar. Influência *yankee* dos artistas de cinema. Não chegamos ainda, felizmente, à perfeição americana da separação conjugal. Nos Estados Unidos o desquite é uma loucura, uma neurose, uma volúpia. Casa-se num dia e divorcia-se na véspera [Penalva, 1924].

Não era incomum a associação dos Estados Unidos a "posturas originais", um lugar onde proliferavam episódios "curiosos e cômicos", "pitorescos", pautados por "excentricidades". Em relação ao divórcio, essa era a forma como o país era percebido por formadores de opinião da mídia impressa brasileira:

> É sabido o pendor dos americanos pelo divórcio.[49]

> Os americanos do norte, além do campeonato de box, são detentores de vários outros, inclusive o do divórcio, que ali se verifica com uma frequência verdadeiramente espantosa.[50]

A descrição do divórcio de ricos e famosos estrangeiros parecia atrair o público brasileiro. Entre outros exemplos encontrados na pesquisa, citamos esse d'*O Paiz* que noticiava: "Revistas chegadas ultimamente contam mil diabruras do casamento de Charles Chaplin com a atriz Pola Negri".[51] O jornal fazia um retrospecto da atribulada vida amorosa do artista, destacando a facilidade com que ele fazia e desfazia seus matrimônios. É curioso notar que, em suas biografias, Pola aparece como amante, mas não foi mencionada como uma de suas quatro "esposas oficiais".

A proliferação de uma série de informações poderia mesmo dar a impressão de que em Nova York o divórcio estaria mesmo à mão em 1923. Ainda que fosse uma possibilidade vista por parte dos leitores por um viés cômico, como mais uma das excentricidades americanas, a representação de Belmonte trouxe à tona um pensamento que deveria estar presente na subjetividade de muitos nubentes.

Tanto que a interdição do divórcio no Brasil fez com que muitos casais partissem ao exterior em busca dele – embora não houvesse qualquer respaldo para esse expediente na legislação pátria, onde ele continuava a ser ilegítimo. Com a sentença de desquite do Brasil, era possível reconhecê-lo como divórcio em países que dispunham dessa prerrogativa, abrindo caminho para a possibilidade de um novo casamento, também no exterior. Na década de 1950, essa situação ocasionou o florescimento de um negócio hoje extinto, que era o de mediação de divórcios e casamentos no exterior. Escritórios especializados nesse tipo de serviço publicavam anúncios nos jornais, oferecendo felicidade fora dos limites legais brasileiros.[52]

Com todas essas liberalidades apresentadas nas caricaturas, não parece que nos anos 1920, 1930, 1940 e mesmo 1950 a posição das mulheres no Brasil tenha se modificado tanto. Mesmo nos Estados Unidos do pós-II Guerra, houve um refluxo da mulher para o lar; inclusive, os "maravilhosos" equipamentos que facilitavam o trabalho doméstico foram concebidos e divulgados para que a mulher ficasse no lar ou voltasse para ele. Há inúmeros filmes mostrando-a, "rainha", cuidando dos filhos naquele lindo lar nos subúrbios, enquanto o marido pegava o trem ou o metrô para trabalhar no centro da cidade. Foi apenas nos anos 1960, com o movimento *hippie*, a contracultura e a pílula anticoncepcional que antigos posicionamentos seriam questionados e modificados, estabelecendo – ou destruindo – uma série de parâmetros nas relações de gênero.

---

**49.** Careta, n. 777, 1923, p. 15.
**50.** Careta, n. 797, 1923, p. 8.
**51.** O Paiz, n. 14.000, 18 fev. 1923, p. 5.
**52.** Vide matéria "Divórcio acabou com o amor fora da lei", publicada n'O Estado de S. Paulo, 30 nov. 2012. Disponível em: <http://acervo.estadao.com.br/noticias/acervo,divorcio-acabou-com-o-amor-fora-da-lei,8617,0.htm>. Acesso em: set. 2017.

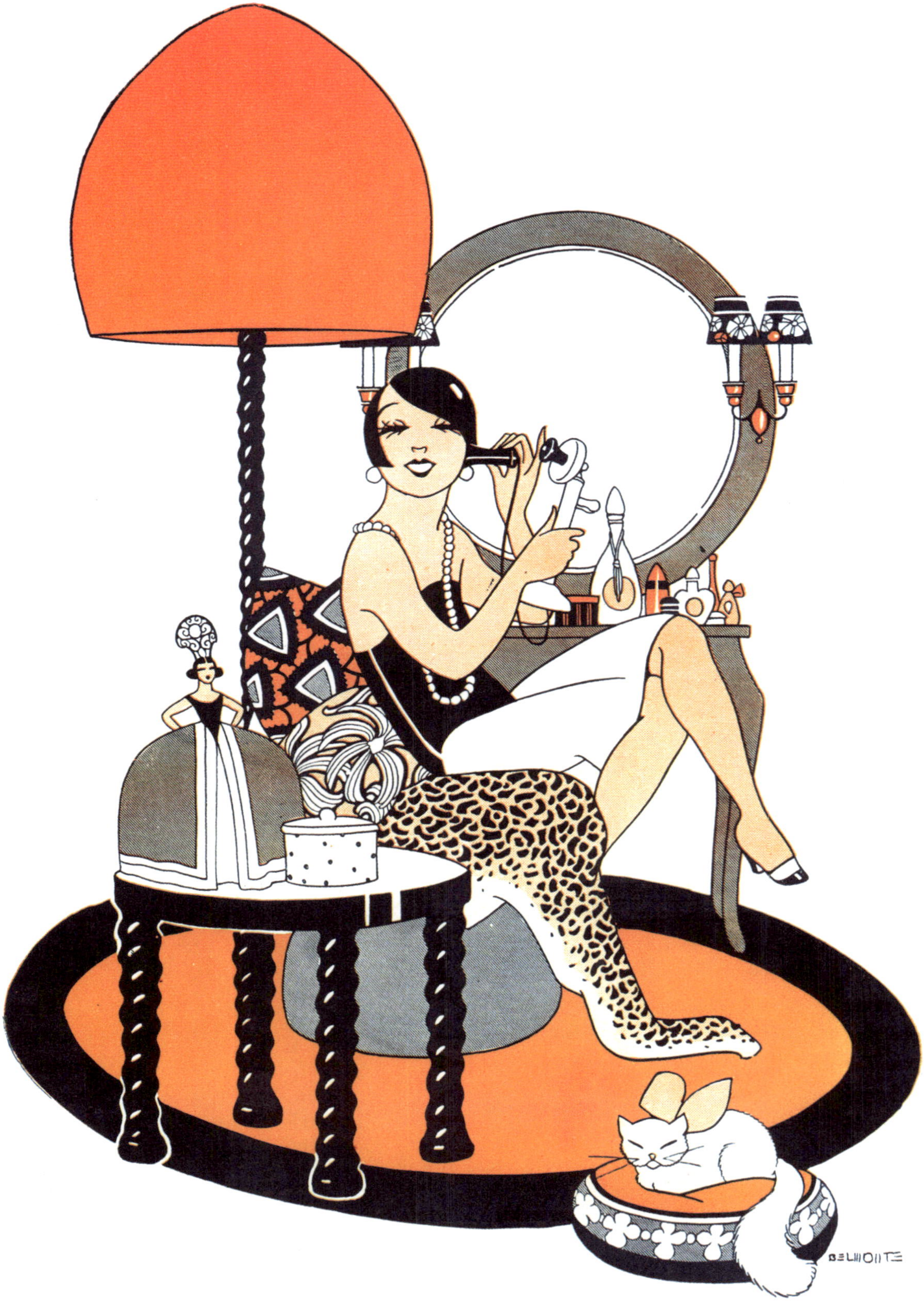
BELMONTE

BELMONTE

· CAPÍTULO QUATRO ·
# MODA NOS ANOS 1920

*Todo pecado de mulher, do mais leve ao mais
grave, tem uma "toilette" no meio.
E muito pecado de homem, também…*
— BENJAMIN COSTALLAT

Em meio a tantos movimentos que gradativamente ganhavam vigência nos 1920 – correntes feministas, socialistas, tenentistas, hedonistas, vanguardistas, cubistas, entre outras – desafiando velhos protótipos e chacoalhando antigos procedimentos, pode-se dizer que uma das maiores revoluções ocorridas naquela década se deu no campo da moda.

No Brasil, a observância do fenômeno vivera seus primórdios em tempos imperiais, com a chegada da corte em 1808; teve prosseguimento na segunda metade dos XIX, com o paulatino desenvolvimento urbano, a inserção de revistas ilustradas em sintonia com as europeias, o estabelecimento na rua do Ouvidor do ponto *chic* da cidade. Tal transformação ampliou-se consideravelmente na virada do século com as intervenções de Pereira Passos, que promoveram a circulação em avenidas ampliadas onde o comércio brilhava como atração principal e os grandes magazines protagonizavam uma experiência de consumo com estratégias de venda inovadoras.

A valorização de referenciais europeus, sobretudo franceses; o fetichismo das mercadorias, com a atribuição simbólica imputada a objetos que poderiam conferir *status* de pertencimento ou distinção; a divulgação de um arquétipo feminino pautado pelo ideal de beleza; o estabelecimento de empresas comerciais mais profissionalizadas e atraentes do que as velhas mercearias "pé de boi"; o consumo como atividade inerente à vida moderna, como passatempo e lazer; e a utilização de periódicos como plataforma de divulgação e incentivo ao comércio não eram exatamente novidades naquela década, e já integravam um processo em curso (Rainho, 2002).

Vale notar que foi no período pós-I Guerra que as roupas sofreram alterações formais profundas, com um estreitamento do dimorfismo até então verificado entre a indumentária masculina e feminina, e a adoção de linhas e volumes que se assemelham, em muitos aspectos, à vestimenta utilizada na contemporaneidade. Para se ter uma ideia, se folhearmos revistas das décadas de 1910 e 1920, como a *Careta*, veremos uma série de similaridades comuns a cada um desses decênios nas páginas da publicação: as seções, as classes retratadas, a mescla de assuntos sociais, culturais e políticos, a "louvação" à modernidade. Num voo de pássaro, a característica que melhor permite definir e distinguir qual o período de que se trata é, sem dúvida, a indumentária.

Nos anos 1900 e 1910, as silhuetas masculina e feminina contrastavam em acentuada diferença: uma caracterizada pela austeridade de calça, colete, camisa e fraque ou paletó, uma tríade que se manteve, com variações, ao longo do tempo; a outra, acentuada por modeladores corporais e artefatos que projetavam o busto para a frente e o quadril para trás (a silhueta em "s"), com um amplo espectro de tecidos, cores, detalhes e acessórios que farfalhavam sob exagerados chapéus ornamentados e apertados sapatos de bico fino.

Dali em diante, permaneceu o vínculo à matriz francesa como referencial-mor da moda, mas as roupas, a relação com o corpo, o visagismo de rosto e cabelos e a construção da aparência se transformaram radicalmente. Uma série de fatores concorreram nessa mutação: a crescente industrialização acelerava o motor da moda, com um aumento na produção de roupas prontas, enquanto as técnicas de impressão e projeção de imagens incrementavam a circulação dos veículos de comunicação, espalhando informações estéticas com mais celeridade e fomentando o desejo de consumo.

A figura da "ampulheta" estruturada, com saia longa, cabelos presos e blusa abotoada até o pescoço cedia seu lugar a uma silhueta tubular, mais solta, mais curta, em harmonia com uma mulher mais ativa, mais confiante, mais sedutora e mais prática. A juventude passava a ser um atributo explicitamente valorizado na composição de uma identidade que acentuava uma distinção em relação às *dames* da *belle époque*. De certo modo, a figura delgada, com o busto comprimido, a cintura baixa, a saia curta e o "sapato boneca" invocava um tipo infanto-juvenil, mas nada inocente; pelo contrário, muito sensual, com o corpo mais exposto, sob rosto com olhos e boca frisados em preto e carmim.

Não que as mudanças não enfrentassem resistências: nem todos aprovavam ou se identificavam com as novas figurações, tanto no campo formal como no campo comportamental. Como já foi dito, havia um forte movimento de crítica e rejeição às "novas modas" em diversos âmbitos, em latitudes temperadas e tropicais. E havia também certa distância entre a possibilidade de experimentar novos rituais e a efetiva escolha de um caminho distinto da tradição estabelecida. As mulheres que experimentavam novos hábitos e aproveitavam para se divertir de modo inédito, em sua maioria reproduziam aspirações e desejos comuns a suas mães e avós, sonhando com o casamento como um grande escopo existencial. No entanto, foi na esfera da indumentária que se estabeleceu de fato uma grande diferença entre elas.

As criações de *designers* franceses como Lelong, Lanvin, Chanel, Patou, Premet, Poiret e Vionnet ganhavam o mundo ocidental em páginas de revistas como *Vogue*, *Vanity Fair* e *Harper's Bazaar*, onde detalhes sobre decotes, bainhas, tecidos, estampas, cores e acessórios eram destilados como tema central, indispensável às mulheres. O consumo da moda era cada vez mais valorizado como estratégia para atender às prerrogativas de pertencimento social, enaltecer os predicados físicos, demonstrar sintonia com a modernidade e garantir a conquista amorosa do "bom pretendente".

Mediadora das relações de gênero, condutora de temporalidades diversas, expressão de personalidade e individualidade, catalisadora de convenções morais, a moda se afirmava como uma força poderosa no turbilhão que movia por aqui o leme de um passado rural e patriarcal em direção ao admirável mundo novo urbano, capitalista, industrial. As "novas modas" tanto poderiam ser alvo de um julgamento depreciativo, saudoso de roupas e regras sociais passadas, como objeto de um olhar atento a mudanças inexoráveis, em representações que decodificavam para os leitores a voga estética em movimento.

Do penteado à pintura do rosto, dos tecidos à configuração das peças, dos decotes femininos ao casaco de pele usado em clima tropical, Belmonte evidenciava particularidades que – como não utilizar o trocadilho – são pano de fundo para tratar de outras questões. Nas cenas retratadas, personagens urbanos protagonizavam comportamentos por vezes inéditos e acionavam respostas diversas, permeadas por disputas de forças que trazem à tona tensões entre a afirmação da individualidade e o exercício de novos papéis sociais face a padrões tradicionais característicos.

## *Moda de ontem e hoje*

Na contraposição dos casais de "Ontem" e "Hoje", a sucessão de temporalidades na indumentária emerge no contraste entre o que seria uma moda arcaica e um visual moderno. Belmonte fixa trajes que seriam associados a períodos distintos, realizando um inventário das diferenças nas vestimentas de homens e mulheres com traços particulares de cada tempo.

Como um *voyeur* que observa uma cena por detrás, o caricaturista usa o artifício da repetição dos personagens, do cenário e da posição em que se encontram – o homem, a mulher, o cachorro e a sombra – sublinhando uma ideia de que seriam, nos dois quadros, pessoas do mesmo gênero, mesma faixa etária e classe social, diferenciados no tempo pela vestimenta, essa sim apresentando feições acentuadamente distintas.

O conjunto "antiquado" incluía para a mocinha um vestido longo de corte elaborado, com saia comprida e armada por anquinha, cintura bem demarcada, mangas bufantes (sustentadas por barbatanas ou plumas) nos braços e justas nos antebraços, pleno de detalhes ornamentais (babados, fitas, laços, rendas, botões...), usado provavelmente sobre um modelador apertado; o chapéu de abas largas, enfeitado com plumas, cobria parte dos cabelos anelados e presos em um penteado. O volume da saia e das mangas parecia tornar a cintura mais estreita, no modelo de inspiração vitoriana e romântica, presente na virada do século passado. Para o mancebo, calças com pernas ajustadas, confeccionadas em tecido xadrez – padronagem tradicionalmente associada à Inglaterra, país que exportava tecidos e referenciais de moda masculina para o Brasil –, paletó também justo e acinturado sobre camisa de

BELMONTE

Frou-Frou, n. 36, mai. 1926

HONTEM... E

BELMONTE

HOJE...

colarinho alto, polainas sobre os sapatos e chapéu-coco, muito utilizado na *belle époque*.

O dimorfismo estético predominante no século XIX entre o conjunto masculino e o feminino fica claramente visível. Essa oposição de formas refletia uma segregação de gêneros na divisão do trabalho, na outorga de tarefas e no duplo padrão de moralidade vigente (Souza, 2003). A mulher, cuja maior realização viável seria o casamento, utilizava a indumentária como ferramenta de sedução, com artifícios cada vez mais elaborados; sua imagem também compunha um importante marcador social – a exteriorização da riqueza do marido – acentuando o investimento nas filigranas da moda feminina. Para o homem, as formas de afirmação social dependiam menos da aparência e mais das qualidades e dos talentos individuais. O despojamento dos seus trajes, sobretudo em comparação à roupa da mulher, não significava, no entanto, uma negação do cuidado com a visualidade; o corte das peças, os tecidos utilizados na alfaiataria e os acessórios eram elementos valorizados como indícios de poder, dignidade e competência.

Passando os olhos de um lado a outro na caricatura, somos transportados para a terceira década do século XX, na qual a moda apresentava mudanças significativas. No traje feminino, se fazem notar o corte reto, longilíneo, mais limpo e geométrico, e a exibição corporal por ele permitida; há um estreitamento entre as formas que guardavam as peças de vestuário de homens e mulheres, na contramão da distância que outrora os caracterizava. Os vestidos, que variavam conforme a ocasião em que seriam usados, seguiam em sua maioria uma base tubular com cintura baixa, decotes em U, V ou canoa; no início da década as bainhas subiram até a altura do tornozelo,

O INSPIRADOR DA MODA

*Frou-Frou, n. 5, out. 1923*

mas por volta de 1925 chegaram logo no joelho. Para ocasiões noturnas, como estreias de teatro, concertos ou jantares formais, tecidos luxuosos como seda, veludo, crepe ou lamê eram incrementados com bordados, pedrarias, lantejoulas e franjas; durante o dia, os vestidos eram um pouco mais simples, com cores e estampas claras, acompanhados de cintos estreitos, faixas, fendas, laços e broches, com mangas compridas, curtas ou sem mangas (Bonadio, 2007).

Os itens do rol masculino – calça, paletó, sapatos, chapéu, bengala – também denotam alterações visíveis. O paletó, mais largo e reto, era usado com calça de pernas bem largas, mais confortáveis (a ponto de seu usuário colocar com folga as mãos nos bolsos enquanto as puxa); o chapéu, com fita, tem abas retas, tipo panamá; os sapatos, sem po-

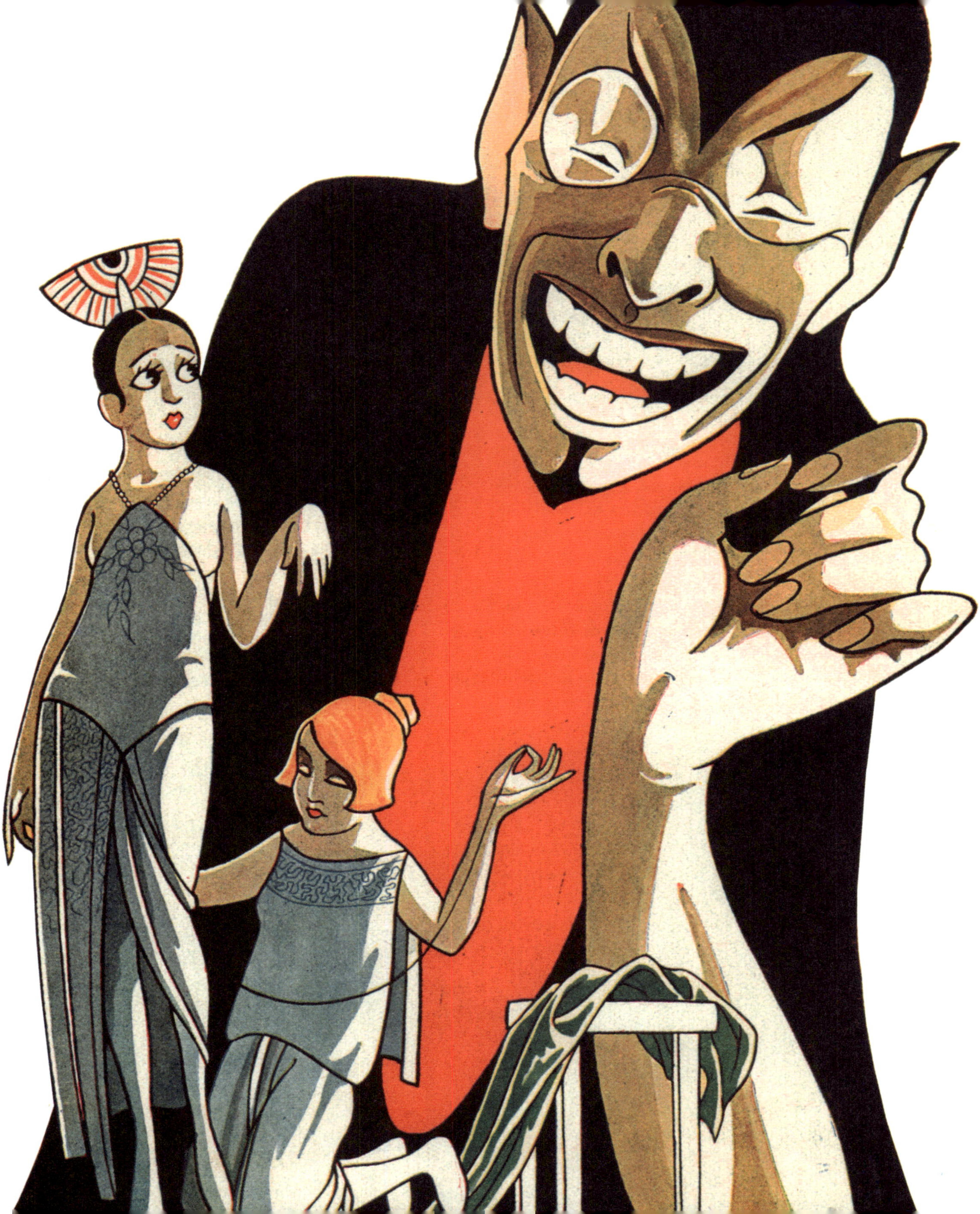

laina; a bengala, provavelmente de junco, possui uma alça de meia-volta simples, ao contrário daquela retratada no "Ontem... e", que apresentava um detalhe, provavelmente de metal.

Em uma espécie de recorte da linha do tempo da moda, captando o momento de transição entre os anos 1900-1910 e os anos 1920, o caricaturista calcava no lápis, com um suspiro nas reticências do título, o flagrante de mudanças contemporâneas a ele, como se, a partir do olhar sobre a moda, propusesse uma reflexão sobre transformações mais amplas.

Afinal, por detrás de todas aquelas alterações, havia uma profunda conjunção de forças que emanavam por meio da moda e diziam respeito a disputas no âmbito das relações de gênero. Não à toa, Belmonte descortinou em representação "fantasiosa" qual seria a fonte de inspiração da moda: nada menos que o demônio.

A mulher que faz o vestido na modista – uma criação ousada com enorme fenda frontal na saia, corpilho que aponta para o púbis e extravagante acessório no cabelo, que remete aos usados por atrizes de cabaré – olha com expressão temerosa o "grande inspirador", uma figura cuja ascendência emana do tamanho com que é retratada e também de sua expressão de satisfação, marcada por um gestual de punho e mãos com características femininas. O "demônio" por trás da moda poderia ser a identidade e o desejo feminino, em luta contra forças repressoras, em busca de novas formas de afirmação; e também uma "força malévola" externa que destruía amarras convencionais e empurrava as mulheres para um novo patamar de feminilidade, nem sempre autenticado por camadas mais "religiosas".

A associação entre a vaidade feminina e os "símbolos do diabo" não era incomum. Em nota na revista *Fon-Fon*,[53] por exemplo, lamenta-se o desinteresse das mulheres nos sermões em contrapartida à valorização da veleidade, um pecado, julgado negativamente: "Mas a palavra dos púlpitos nada pode contra a vaidade da mulher e a mais fútil melindrosa dos dias que correm ri dos sermões como fazia o grande Rabelais. Não há força humana que faça a mulher deixar os 'símbolos do diabo'."

Na crônica "O poder das *toilettes*", Costallat observava a devoção das mulheres aos criadores de moda, diretamente proporcional à medida com que eram "exploradas" e "despidas":

> [...] as mulheres fazem como a Sra. Sorel – entregam-se de corpo e alma aos costureiros que quanto mais as despem mais as exploram. E esses gênios da moda, e esses soberanos que resolvem com suas tesouras as mais altas fantasias; que hoje mandam pôr pernas à mostra e amanhã braços e depois de amanhã costas e espáduas e depois tudo; esses mestres da linha e da agulha que despem e vestem a humanidade conforme lhes vêm a vontade e a inspiração; esses Césares do dedal e do carretel têm a gratidão e a obediência cega das mulheres, principalmente quando economizam fazenda à custa da nudez feminina [Costallat, 1923:245].

Com tantas dinâmicas em jogo, a moda não passava despercebida ao juízo daqueles que se sentiam ameaçados por uma nova ordem insurgente. Um dos aspectos particularmente observados pelo caricaturista foi a possibilidade feminina de valorizar e exibir o corpo, deixando à mostra partes que, sob o jugo patriarcal tradicional, deveriam estar escondidas, "sob controle".

**53.** Fon-Fon, n. 48, 29 nov. 1919.

Ele – Você tenha paciência! Pode ir assim ao réveillon; mas quando dançar, tem de vestir o meu sobretudo!

O senhor, vestido de maneira formal para os festejos do Ano-Novo, num ambiente esmerado, não esconde seu aborrecimento ao se dirigir à mulher enquanto ela se apronta, auxiliada por uma empregada que faz as vezes de camareira, ajoelhada diante da patroa, com uniforme tradicional, provavelmente engomado – um vestido escuro com punhos, golas, avental e lenço brancos, mas também com cabelos curtos e saia na altura dos joelhos. Com expressão indignada e furiosa, ele esbraveja e segura o sobretudo, que seria "o grande remédio" que dá título à caricatura para "curar" a indiscrição feminina.

Ela porta um vestido estampado com as costas completamente desnudas, uma cauda longa em tecido liso, possivelmente com corte enviesado, pulseiras nos punhos e antebraços (provavelmente de baquelita), sapatos de salto. Na segunda metade da década, o corte enviesado foi desenvolvido pela estilista francesa Madeleine Vionnet, inicialmente utilizado no forro e em seguida adotado nos próprios vestidos. Por meio da costura de triângulos cortados de forma enviesada, com inspiração em figuras da Grécia antiga, os vestidos caíam de forma elegante e sedutora, geralmente com as costas abertas, sem a rigidez do corte reto (Condra, 2007).

Quanto à profundidade do decote, era uma tendência divulgada em revistas estrangeiras como a *Vogue*. A ilustração seguinte, publicada na edição britânica de agosto de 1926, era acompanhada de legenda que apontava a estilista francesa Louise Boulanger como "*one of the leaders in the movement towards the back*", figura-chave no movi-

*Frou-Frou*, n. 31, dez. 1925

mento *fashion* que passou a dar destaque às costas. E a fotografia da atriz americana de cinema Clara Bow, seguinte, mostra um tipo de ousadia que algumas mulheres estariam dispostas a usar (Condra, 2007).

A situação retratada na caricatura põe em xeque uma série de relações de poder entre suas personagens, permeadas pela moda que usam e as cargas simbólicas que perpassam suas vestimentas. Na caricatura anterior, a representação da mulher – esguia, alta, ousada, atrevida – que olha para o homem "de cima para baixo", numa posição relaxada, com a mão na cintura, evoca certa preponderância sobre a figura masculina, que é retratada como um baixinho, nervoso, que tenta impor sua vontade, a fim de impedir que ela usufrua das prerrogativas da moda (no caso, a possibilidade de despir as costas) para chamar atenção e seduzir.

A situação proposta por Belmonte deslinda um aspecto a considerar, que seria a adoção (ou não) do pronunciado decote sedutor entre as cariocas de certo padrão naquele momento. Nos registros imagéticos encontrados em periódicos dos anos 1920, as mulheres aparecem, em sua maioria, portanto vestidos tubulares de cintura baixa, mas raramente usando decotes tão acentuados. Diante desses indícios aparentemente contraditórios, há uma série de hipóteses que se podem contemplar, levando-se em conta as relações entre práticas e representações. As mulheres retratadas nas fotografias da revista poderiam ser apenas as "senhoras da sociedade" que respeitariam determinadas limitações morais e não seriam adeptas do decote – ou seja, os veículos de comunicação fariam uma escolha do tipo de mulher e de vestimenta que seriam prestigiados com fotografias publicadas em suas páginas, excluindo aquelas com costas à mostra. Ou talvez Belmonte fosse precursor ao captar uma tendência de moda e incorporá-la em suas caricaturas, embora, na prática, a maioria das mulheres não tivesse ainda adotado o uso daquele tipo de recorte nos vestidos.

Independentemente de uma reconstrução absoluta do real passado – tarefa que não é vislumbrada no horizonte de nossas pretensões –, a inclusão desse recurso sedutor na representação do artista como uma opção que se insinuava entre as possibilidades de vestimenta da época, é algo que concentra nossos interesses. A questão deflagrada pela indumentária e a construção da aparência denotam tensões entre os mandos e desmandos masculinos, de caráter machista, e o desejo feminino, sua vontade própria, sua possibilidade de relacionar-se com o próprio corpo e tomar decisões sobre si.

Ainda sobre a questão da censura masculina face à exibição do corpo feminino, percebemos olhares de desconfiança mútua entre aquele que exige explicações e aquela que não sabe se as motivações alegadas serão suficientes para convencê-lo:

– Mas, será possível que só sintas frio no pescoço?
– É porque é o único lugar que a moda nos permite cobrir...

*A atriz Clara Bow;* Vogue *(British), ago. 1926*

A mulher usa vestido sem mangas, chapéu enterrado cobrindo a testa, maquiagem marcada em olhos e boca, enquanto segura uma bolsa-carteira, numa situação que remete a um ambiente externo cuja temperatura seria baixa; basta ver o cachecol e a luva que porta o homem ao seu lado. Provavelmente

*Careta*, n. 928, abr. 1926

— Mas, será possivel que só sintas frio no pescoço?
— E' porque é o unico logar que a moda nos permitte cobrir...

com pernas também desnudas, ela usa um acessório em torno do pescoço, quiçá uma estola forrada de pele, um item que reaparece em outras representações de Belmonte onde as mulheres usam peças quentes no torso com pernas de fora por baixo.

O uso de peles no Rio de Janeiro era verificado desde a *belle époque*, haja vista o desejo de espelhamento do cabedal europeu que encontrava na moda a materialidade sob medida para sua expressão. A perpetuação do hábito em clima tropical nos anos 1920 era motivo de perplexidade para pensadores como Costallat, que vociferava:

O filho ingrato destas maravilhosas praias tropicais sonha noites frias europeias [...]. Sonhar com Paris, invejar Paris, imitar Paris já é uma doença no carioca. [...] Peles e mais peles, capas e mais sobretudos, como se aqui no Rio fizesse uma temperatura polar, são exibidos nas vitrinas que, para dar mais frio ainda a gente, têm nos seus cartazes um pouco de algodão imitando neve. Meu Deus, que frio! E que ridículo! [Costallat, 1924a:271].

Percebe-se, na moda, como o referencial cultural parisiense mantinha seu lugar sobre os ombros de consumidores com poder de compra para aqueles almejados índices de equiparação cultural.

Na caricatura de Belmonte, a indignação perante o paradoxo da vestimenta para temperaturas distintas no polo sul e no polo norte, Brasil e Europa, pernas e pescoço, reaparece configurada na personagem que tenta se defender da interpelação do homem terceirizando a decisão de descobrir-se para "a moda", como se não tivesse autonomia para decidir o que usava e devesse obedecer aos ditames impostos pelo que estava em voga estética e socialmente.

Na verdade, podemos pensar que a mulher tivesse prazer em poder exibir o próprio corpo de forma inédita, como retratado nas outras caricaturas, e diante do questionamento masculino se absolvesse da culpa em relação a seu desejo imputando à moda sua forma de vestir, como uma decisão imposta de fora para dentro. Em que pese a influência que a moda realmente exercesse sobre as escolhas femininas, não se podem desconsiderar a autonomia individual e a personalidade própria, que ganhavam agência nos anos 1920; conjugadas, ambas determinavam o visual feminino que tanto enciumava seus entes masculinos.

As "novas modas" deixavam partes do corpo em evidência e abriam espaço, literalmente, para o uso de acessórios também de modo inovador.

– Agora, sim! Agora as meias são meias mesmo; não são inteiras como antes...

*Careta*, n. 915, jan. 1926

— Agora, sim! Agora as meias são meias mesmo; não são inteiras como antes...

O mensageiro de hotel – um funcionário negro, reproduzindo a figura do *bellboy* americano, cujo uniforme inclui quepe preso com fita sob o pescoço, jaqueta com mangas compridas, gola japonesa e botões dourados, calça reta (provavelmente com friso lateral em outra cor), meias e sapatos – observa a senhorita que, numa citação metalinguística, lê a revista *Careta*. Chama atenção a proporção distinta entre as duas figuras retratadas; a figura do negro, "menor" em relação à moça branca, evoca uma posição de inferioridade por discriminação da cor da pele, ou, quiçá, o trabalho não regulamentado de menores de idade.

À medida que o comprimento das saias se tornava mais curto (até atingir a altura logo acima dos joelhos) e as pernas se tornavam cada vez mais visíveis, a popularidade da meia-calça se intensificou como item fundamental no aparato feminino. Belmonte registrava uma mudança em relação ao uso das meias-calças ocorrida nos anos 1920, pelas cores, o material e a maneira de usar.

Até o começo da década, as meias-calças escuras de algodão eram as mais usadas; paulatinamente, meias de cores claras, brancas ou beges, feitas de seda, natural ou sintética,[54] começaram também a entrar em voga, com comprimento na altura das coxas, onde eram fixadas por presilhas ou cintas ligas rendadas. Às vezes as mulheres enrolavam o topo das meias sobre presilhas usadas logo acima dos joelhos, às vezes ainda mais para baixo, de modo a deixar os joelhos à mostra; uma atitude considerada o ápice da imoralidade na moda, mas, conforme a década progredia, joelhos desnudos passaram a ser uma visão bem comum (Drowne e Huber, 2004:107). Esse hábito, verificado nos países centrais, provavelmente foi adotado pelas *coquettes* dos trópicos, *vide* a representação de Belmonte e os anúncios de meias-calças que pipocavam nas revistas ilustradas do período. Voltando a Costallat, ele menciona o aparecimento de pernas nuas das mulheres que, por influência da moda, deixariam inclusive de usar as meias de seda:

> Teremos de ora em diante, pernas nuas, sem ter o trabalho de tomar banho de mar. [...] Não era justo que uma cidade como São Paulo não tivesse, como nós aqui no Rio, o seu banhosinho [sic] "ba-ta-clan", a visão de algumas pernas bem-feitas para, de vez em quando, alegrar nossos olhos [Costallat, 1924a:243].

Ao passo em que celebrava a entrada em cena daquela parte do corpo feminino – enquanto ironizava os paulistas pela falta do ritual praiano –, Costallat demonstrava a dubiedade que caracterizava a forma como muitos lidavam com todas aquelas novidades permeadas pela moda. Na mesma crônica, ao final, ele sugere que o teatro de revista, conhecido pelas atrizes desnudas, passasse a cobrir suas pernas com meias para que elas pudessem encantar os homens, retomar seu "mistério antigo" e receber as homenagens do um "velho lirismo que já morreu", comemorando e lamentando, a um só tempo, a banalização da visão de pernas femininas, ao natural, no circuito citadino.

**54.** *A seda sintética utilizada nas meias-calças a partir da segunda metade dos anos 1920 era denominada rayon; o uso do nylon na confecção daquelas peças só passou a ser difundido no final dos anos 1930.*

BELMONTE

## RECIPROCIDADE
Já que as pequenas usam cartolinha e cabellos curtos,
precisam aprender a cumprimentar...

*Careta*, n. 855, nov. 1924

## *Reciprocidade de gêneros, intercâmbios indumentários*

As aspirações por igualdade entre homens e mulheres eram matéria pulsante nos anos 1920, um movimento com trânsitos na forma de vestir, com reflexos em tendências andróginas. Belmonte tratou da incorporação de peças do vestuário (até então) masculinos pelas mulheres de modo bem-humorado, como se a proposta de igualdade fosse algo incontestável e que poderia ser encarado com leveza:

– Já que as pequenas usam cartolinha e cabelos curtos, precisam aprender a cumprimentar...

Ambientada em um bairro com casa em estilo "bangalô" ao fundo, em frente à qual um vistoso automóvel se encontra, a cena abriga o senhor cuidadosamente vestido conforme os padrões de elegância e distinção vigentes na época; ele usa um chapéu-panamá com o qual cumprimenta as moças, elas portam cartolas e *écharpes* com vestidos de cintura baixa, luvas e sapatos fechados com tiras, uma tendência dos calçados nos anos 1920.

Caracterizados por linhas geométricas – à semelhança da inspiração *déco* que influenciava as padronagens dos tecidos, as feições arquitetônicas e o corte das roupas –, os sapatos embelezavam os pés em evidência após a subida das bainhas; muitas vezes combinavam com os vestidos e os acessórios, apresentando novos materiais nos enfeites e nas tiras, muitas feitas de brocado, seda ou outro material delicado. Essas (as tiras), por sua vez, cruzavam o peito do pé de diversas maneiras; poderiam ser uma, duas, três, cruzadas ou em "T", sobre saltos médios ou altos, nunca finos – o chamado "sapato boneca" –, ou eram fixadas nos tornozelos; as tiras eram abotoadas em um dos lados do sapato e botões cobertos com esmalte, pedras, detalhes dourados ou prateados acrescentavam ainda maior requinte. A firmeza do passo feminino, com sapatos que permitiam dançar e caminhar com conforto e segurança, também pode ser encarada como um eco das conquistas das mulheres naquele período, materializadas na moda que vigorava nos pés.

Os cabelos curtos usados pelas mulheres eram um sinal exterior latente que condensava uma série de significados: a rebeldia que rompia, à tesoura, com amarras estéticas do passado; a observância dos ditames da moda propalada por centros culturais estrangeiros; a experimentação de uma "troca de papéis" com os homens, ainda que esse intercâmbio se efetivasse apenas na esfera exterior; e a adesão a um novo arquétipo de mulher mais ousada, jovem, sensual e, sobretudo, moderna.

Conquanto o senhor retratado na caricatura parecesse aceitar os novos costumes, sugerindo inclusive mudanças de comportamento às mulheres a partir do uso de determinada indumentária, o viés irônico impresso na cena também provoca reflexões sobre uma postura crítica acerca daquela situação, a ponto de motivar o riso entre os leitores pela ótica do impensável, do absurdo.

Para Costallat, por exemplo, os cabelos curtos femininos eram um sacrilégio: "a moda acaba de cortar os cabelos e raspar à navalha a nuca das mulheres. As senhoras mais distintas são as primeiras a se sujeitar à ação furiosa dos cabelereiros" (Costallat, 1924a:215). O autor demonstrava preocupação diante de uma série de padrões impostos pela moda e sua inter-relação com a (des)construção de identidades de gênero, antevendo e lamentando, por exemplo, o uso de calças pelas mulheres:

> Só fico com justificado receio de que a moda alarmante que está efeminizando os homens e masculinizando as mulheres não nos obrigue a nós, respeitáveis barbudos, a usar saia comprida, *"soutien-gorge"*, colete e todos os demais apetrechos que as mulheres de hoje atiram para o lado. Só nos falta passar para as saias e as mulheres para as calças [Costallat, 1924a:216].

A estreita ligação entre a moda e certos padrões de organização social, especialmente em relação à definição de papéis e elaboração de atributos de gênero, era evidenciada nas observações do escritor, que demonstrava indignação com os rumos e as novas tendências expressas na materialidade do vestir:

> O ridículo dessa inversão de papéis é coisa que a época parece não sentir. As qualidades viris que pela moda e pelos hábitos vão per-

dendo os homens, só têm como compensação o lucro de desavergonhados atributos para a mulher. Ela, sem sentir, vai abrindo mão de todas as delicadezas que lhe são inerentes, de todas as belezas íntimas que são o seu encanto. Ele, pouco a pouco, vai se esquecendo na nobreza de seu vigor e da fraqueza de sua superioridade. De conquistador, passou a ser conquistado [Costallat, 1922:108].

É como se as mulheres, ao experimentarem novos intercâmbios e configurações no exercício de sua feminilidade, deixassem de ser atraentes, belas e moralmente adequadas; e os homens, por seu turno, ficariam enfraquecidos e subservientes a elas que, de caça, passariam a caçadoras. As relações de gênero reiteradamente aparecem nas representações literárias e gráficas da época como verdadeiras disputas, onde feminilidade e masculinidade se revezavam num jogo de perdas e ganhos, com necessidade de estabelecer qual seria o/a mais forte, sem que a isonomia humana, independentemente de gêneros, fosse possível.

Os coletes de que falava Costallat figuram em outra caricatura de Belmonte também voltada à troca de peças intimamente ligadas às elaborações de gênero. "Em trânsito" sugere um deslocamento não apenas dos atores, que andam lado a lado, no mesmo passo, na rua, mas também das identidades e das novas possibilidades ofertadas pela moda, todos em movimento:

– As mulheres agora vão usar de novo coletes.
– Dizem, mas eu penso que é o colete dos nossos ternos, decotados e sem mangas.
– E curtos

## EM TRÂNSITO

*Careta, n. 972, fev. 1927*

A moda é tema da conversa dos personagens, que comentam a adoção, pelas mulheres, do colete masculino, em contraponto à sua versão feminina anterior. Explique-se: na primeira década do século passado, os espartilhos foram substituídos por um modelador corporal um pouco mais confortável, o então chamado *collete*, também conhecido como "espartilho científico" ou *devant droit-erect form*. Feito com tecidos mais elásticos, possuía barbatanas flexíveis e modelagem mais comprida. Nos anos 1920, esse tipo de modelador caiu em desuso, substituído por outros menores e mais confortáveis, próprios para serem usados com um novo padrão de silhueta, mais fluida e solta.

A mulher caminhante figura vestida com paletó escuro de abotoamento baixo, que facilitava a visualização dos coletes, sobre camisa branca e gravata com lenço no bolso, itens do rol masculino, mesclados com acessórios do rol feminino: a bolsa-carteira, o chapéu *cloche*, a saia pregueada e os sapatos de salto, que compunham seu visual híbrido.

A adoção de peças cujo uso era franqueado apenas aos homens provocava uma série de reações sociais que variavam entre a aceitação e a desaprovação dos novos hábitos, ora com consideração, ora rejeição, perplexidade ou adaptação. As alterações de padrões e possibilidades de vestimenta teciam relações com uma nova postura feminina, mais ousada e emancipada, em direção a uma igualdade de direitos e oportunidades guardadas ao sexo masculino.

Com ou sem a incorporação de um visual andrógino ou de roupas imputadas aos homens, fato é que a mulher passava a contar com maior praticidade, celeridade e conforto para se vestir em comparação com o ritual de décadas anteriores, quando o número de itens que compunham o *physique du rôle* feminino, suas formas e seus materiais não conferia trivialidade ao ato de se vestir. A dificuldade do trajar imposta por modeladores, crinolinas, peças de corte intrincado com rendas, bordados e fitas, chapéus enormes com adornos de plumas e flores, saias farfalhantes, armadas e compridas cedia a vez para roupas de modelagem mais simples e reta, usada com acessórios descomplicados para compor a aparência da mulher moderna.

*Fon-Fon*, n. 6, fev. 1925

## "Moda praia" nos anos 1920

Foi na década de 1920 que três grandes fabricantes americanos de roupas de banho expandiram de forma notável suas atividades: Jantzen, Cole e Catalina ajudaram a disseminar a "moda praia" da época, desafiando antigas interdições morais. Não encontramos documentos formais que comprovassem a comercialização dessas marcas no Brasil naquele momento, embora tenham se popularizado nas décadas seguintes; a Catalina, nos anos 1950, ficou bastante conhecida por executar os maiôs dos concursos de *miss*.

Ainda assim, acreditamos que os novos padrões disseminados por esses fabricantes tenham reverberado no Brasil e quiçá seus produtos tenham sido importados por magazines tais como Parc Royal e Casa Colombo, que anunciavam em página inteira nas revistas ilustradas suas novidades para banho de mar, ou mesmo na Casa Sportsman, cujo reclame oferecia "costumes completos, americanos, para todas as idades e ambos os sexos".

Também consideramos terem aportado, entre nós, influxos dos hábitos da campeã mundial de natação, a australiana Annette Kellerman, que mais tarde se tornou atriz de cinema; em 1907, ela causou escândalo em Revere Beach, perto de Boston, por ter usado um maiô peça única justo, muito diferente das roupas largas e pesadas que se usavam no início do século XX (Drowne e Huber, 2004:102-103). Junto com o novo maiô, Kellerman propagava uma ideia de liberdade para a mulher atrelada ao esporte, à exibição e à fruição do próprio corpo; a natação se tornara uma metáfora para a emancipação feminina por meio do exercício, uma modalidade na qual elas poderiam passar a competir com os homens.

Eram comuns, nas décadas de 1910 e 1920, notícias sobre as conquistas esportivas e os filmes estrelados por *Miss* Kellerman. A ela é creditada pela historiografia da moda a invenção do maiô inteiro que promoveu uma dramática mudança estrutural na roupa de banho, substituindo os vestidos do pescoço até o joelho e os *caleçons* "saco" usados pelas mulheres no mar. A nadadora criou uma peça de roupa que permitia nadar e não apenas se banhar; seu maiô inteiro era o que hoje consideramos um "macaquinho" curto, com um painel costurado na altura do quadril que fazia as vezes de uma sainha.

Com tecidos mais elásticos, as fábricas desenvolveram maiôs – tubulares, sem manga, com gola redonda ou canoa, com pernas justas sobre os joelhos – sobre os quais era costurada a pequena saia; muitos eram adornados com listras e faixas estreitas na cintura, outros com decotes mais pronunciados nas costas, abrindo um leque de opções para aqueles trajes.

Não surpreendentemente, a entrada daquele novo costume de praia provocou um impacto social, impregnando subjetividades com uma profusão de corpos, pele, pelos e movimentos capazes de atiçar sentidos e fantasias. Belmonte desvendou sua imagem do que seria uma banhista situada num tempo adiante, tecendo projeções sobre o desenvolvimento da "moda praia" a partir das mudanças que testemunhava em seus próprios dias.

Marcada pela androginia expressa no cabelo supercurto e na posse da bengala – um objeto fálico, analogamente a uma piteira ou a um cigarro – e pela forte sensualidade acentuada pela transparência do maiô, a mulher vai à praia maquiada, com muitas bijuterias (brincos enormes, pulseiras nos braços e antebraços), maiô translúcido com uma cauda longa drapeada que cobre a parte de trás, combinando com meias também translúcidas. O caricaturista não acertou todas as previsões, mas deixou registrada uma impressão causada por corpos que se descortinavam cada vez mais e mulheres que se restringiam cada vez menos.

Belmonte evoca a transformação da feminilidade, pontuando a mostra corporal na praia como um fator-chave na afirmação de uma mulher que lidava com o próprio corpo com menos vergonha e insinuava também o intercâmbio de papéis masculino e feminino na figura eminentemente andrógina. Essa mulher, que desafiava antigos valores de pudor e confinamento de si, poderia, numa leitura atual, ser também um travesti, um homem feminino. A "banhista de futuro" faz pensar não apenas no esgarçamento das possibilidades e do lugar da mulher, mas também do homem.

Nas praias, a visão das mulheres com as roupas de banho disseminadas nos anos 1920 mexia com o imaginário masculino e passava a integrar a "Vida que passa", nome do poema de Olegário Marianno que homenageava as "náiades pagãs":

# A MODA

UMA BANHISTA DO FUTURO

Frou-Frou, n. 33, fev. 1926

> Braços nus, colo despido,
> Canelas mostrando ao povo
> Formas de canelas mil
> E o povo espera aturdido
> Que Vênus surja de novo,
> Do mar azul do Brasil [Mariano, 1927:117].

Preocupadas em atender às exigências da moda na seara praiana, as mulheres passavam a investir em peças adequadas àquela ocasião, em que ficavam especialmente expostas às atenções masculinas.

Na visão do autor, o contraste entre o inventário do guarda-roupa feminino e o uso, na prática, de poucas peças por suas possuidoras dava combustível ao retrato satírico das "roupas que ela leva" face às "roupas que ela usa". Fica evidente um jogo de oposição entre polos quantitativos, muito e pouco, volume e minimalismo, peso e leveza, o vestir e o despir, a idealização e a realidade.

No quadrante superior da caricatura, uma jovem lidera um "esquadrão" de empregados que carregam suas bolsas, malas e caixas – dois *bellboys* com o característico uniforme e quatro carregadores, também uniformizados, com blusa no mesmo tecido da calça clara, bolso lateral na altura do peito, sapatos e quepe. Costallat chama atenção para o caráter novidadeiro de uma série de funções subordinadas e suas respectivas indumentárias, cuja demanda foi incrementada à medida que a cidade respirava cada vez mais ares cosmopolitas e perdia algumas de suas feições provincianas:

> Grandes hotéis surgiram. Enormes formigueiros humanos, luxuosos, confortáveis, de criadagem irrepreensível. *Concierges*, *grooms*, *chasseurs*, *sommeliers*, – toda uma população nova de criados fardados e encasacados que o velho Rio ignorava, o velho Rio que só conhecia, para fazer todos esses serviços ao mesmo tempo, a tradicional "bá" preta, que foi, mais ou menos, a ama-seca de todos nós, ou a velha portuguesa de lenço vermelho à cabeça... [Costallat, 1924b:157].

Os empregados uniformizados apresentam uma diversidade de tipos físicos, com idade, estatura, cor da pele e peso distintos – uma variedade que também se aplica aos itens que portam, diversos em tamanhos, padrões e materiais. Há um carregador que, parado, assiste à cena enquanto enxuga o rosto, provavelmente cansado devido ao peso dos dois baús que se encontram apoiados no chão, enquanto outro empregado, uniformizado com calça e casaca escura abotoada com galões nas bordas das mangas, sapato bicolor e quepe, cabelos gomalinados partidos ao meio e bigodes simetricamente delineados – quiçá um porteiro ou motorista – faz sinal para a jovem passar. Ela marcha agarrada à sua bolsa-carteira combinando com o chapéu, reforçando uma ideia de sua disponibilidade financeira.

No quadrante inferior, a mesma moça aparece na praia, cuja topografia retratada remete ao ângulo visto das imediações do Posto 6, em Copacabana. Ela usa um maiô de cor escura e barra de estampa geométrica, decote canoa, usado com cinto fino, touca listrada e sapatilhas. Dois "almofadinhas" de pé na areia a observam bem atentos e parecem trocar impressões sobre aquela que monopoliza os olhares na beira do mar. Estão vestidos de modo esmerado, de acordo com regras da moda masculina para a estação:

> A gravata de verão deve ser em crepe da China estampado, sendo a única parte da *toillete*

**A ROUPA QUE ELLA LEVA**

**AS ROUPAS QUE ELLA USA**

Frou-Frou, n. 32, jan. 1926

*Careta*, n. 932, mai. 1926

ELLE — Interessante! Eu sempre ouvi dizer que as mulheres dão a vida por um vestido
— E é verdade!
— Pois... pois não parece!...

masculina onde se podem tirar lindos efeitos de cor; [...] Nada de "carnavaladas", mas também, nada de cores fúnebres.

A maioria das camisas usa-se hoje de desenhos originais, cores várias, mas sempre de tons leves e discretos, de acordo com a cor da roupa. Geralmente em linhas verticais, ou, algumas vezes, cruzadas, formando quadrinhos. Podem ser de crepe da China, cor de marfim, que se harmonizam bem com as cores claras das roupas de verão. [...] Nada de camisas de seda no verão. É de mau gosto e insuportável! Tricoline, *foulard*, linho...[55]

Com camisas e gravata como mandava o figurino, portavam calças de perna e boca largas, paletós-saco com lenço no bolso do peito, sapatos bicolores, chapéus Fedora e palheta, bengala de junco. Embora estivessem "nos trinques", usavam roupas nada adequadas ao mergulho, guardando uma disparidade entre a visualidade do vestuário na praia e aquele utilizado fora dela.

A praia passava a disputar, cada vez mais, o tempo de lazer e sociabilidade com outros eventos e, em meio à especialização da vestimenta conforme a ocasião, as roupas de banho despontavam como protagonistas na agenda dos investimentos femininos.

Ele – Interessante! Eu sempre ouvi dizer que as mulheres dão a vida por um vestido.
– E é verdade!
– Pois... pois não parece!...

**55.** Frou-Frou, n. 33, p. 27, fev. 1926.

Encostados numa amurada que remete à avenida Beira-Mar, atores com roupa de banho conversam com outros, de "roupa de asfalto" – maiôs, salto alto e paletó lado a lado no calçadão. O homem à direita conjectura com a banhista envolta em toalha sobre o lugar que a "moda praia" estaria ocupando no repertório das vestes das mulheres, com ironia tripla: primeiramente, pelo fato de elas "darem a vida" por um vestido, ou seja, pela importância enorme que a moda desempenhava em suas vidas; segundo, por estarem substituindo os vestidos no panteão de suas listas por roupas de mergulho, em função da importância que a praia passava a desempenhar em seu cotidiano; terceiro, por dispensarem o "vestido" pelo "despido".

## *Moda masculina*

O fato de haver, para as mulheres, uma série de exigências sociais relacionadas com a moda e a ela se dirigirem primordialmente todas as engrenagens que movimentavam aquele universo – os anúncios das revistas, as vitrines das lojas, as criações dos estilistas, os discursos perpetrados nas representações – não significa que os homens estivessem alijados daquele fenômeno. Mesmo no século XIX, o despojamento do traje masculino não implicava um descuido com a aparência; ao contrário, a composição visual era calcada em acessórios, no corte das roupas, nos tecidos, no aprumo de cabelos, barba e bigode (Souza, 2009).

Na terceira década do século XX, a tríade paletó/calça/colete, que compunha o *corpus* primordial da indumentária do homem, apresentou notáveis alterações. A austeridade, a formalidade, a constrição e a correção valorizadas na *belle époque* começavam a ceder cada vez mais espaço para a praticidade e a mobilidade, num ambiente urbano onde o individualismo se acentuava e a competição ganhava agência, no campo profissional, nos esportes, nas relações pessoais. As noções de higiene, saúde, limpeza e elegância que deram o tom no início do século continuaram a predominar, mas os tecidos, as formas, os acessórios e o corpo denotavam, na aparência, o balanço entre vestígios do antigo tradicionalismo e o emergente cosmopolitismo liberal.

Após a I Guerra Mundial, a influência americana, como já foi mencionado ao longo desta pesquisa, abriu fissuras na até então supremacia dos indicadores europeus; tanto na Inglaterra, matriz mundial de moda masculina, como nos Estados Unidos os jovens buscavam se diferenciar do conservadorismo das gerações anteriores. O visual marcado por fraque de lã arrematado com flor na lapela e cartola, usado com coletes de bolsos para abrigar relógios e monóculos presos a correntes, camisas brancas de colarinho e punhos destacáveis e borzeguins nos pés, era paulatinamente substituído por opções que traduziam um estilo de vida mais ágil e moderno. Os paletós manifestaram uma série de diferenças no comprimento, na lapela, nos tecidos, nas cores, no abotoamento, no corte, mais ou menos acinturado, e na largura das espáduas. No início da década de 1910, eram caracterizados por ombros e lapelas largos, confeccionados apenas em tons escuros e tecidos pesados; na década seguinte, já eram admitidos tecidos e cores mais leves, tais como sarja, *palm-beach*, alpaca e linho, em peças sem cinta (ou, quando havia, muito baixa), com lenços brancos no bolso do tórax, que poderia envergar, também, peitilhos em linho engomado.

Além dos paletós, as alterações da moda masculina eram visíveis também nas gravatas, nos chapéus, nas camisas, nos colarinhos, nas bengalas e demais acessórios. Belmonte, contudo, voltou sua atenção para o uso de uma peça-chave capaz de demarcar diferenças entre o estilo conservador e o *up-to-date*: as calças Oxford. Adotadas pelos estudantes da universidade de Oxford – daí sua titularidade – em 1925, eram calças extremamente largas nas pernas, com cerca de 58 cm de circunferência na bainha. Lembre-se de que, até aquele momento, o padrão de calças masculinas proveniente da Inglaterra determinava circunferências de cerca de 48 cm no tornozelo e 40 cm na altura dos joelhos.

A origem desse tipo de calças é comumente associada à proibição dos alunos daquela universidade de frequentarem as aulas com as chamadas *plus four knickers*, uma espécie de bermuda abaixo dos joelhos (ou calças acima do tornozelo) usada para a prática de esportes como golfe, com meias escocesas (*argyle socks*); as Oxford *bags* serviriam para esconder os *knickers*, vestidas sobre eles. Na verdade, há registros desse tipo de calça e dessa nomenclatura que remonta ao final do século XIX, como aponta o historiador inglês Sean Longden em artigo sobre o tema (Longden, 2013); ele anota que tais calças seriam usadas por remadores para se aquecerem nos intervalos entre as competições, décadas antes de sua disseminação.

Em 1925 as calças Oxford alcançaram grande popularidade não só entre estudantes na Inglaterra, mas espalharam-se rapidamente também nos Estados Unidos, e de lá para várias outras nações ocidentais. Noticiadas na imprensa inglesa muitas vezes com perplexidade e desdém, sua adoção era motivo de controvérsias e debates entre colunistas, consideradas ridículas e ultra-

### Os "elles" de hoje

— Virgem Maria! Que vento indiscreto!!

*Careta*, n. 972, fev. 1924

jantes pelos mais provincianos. Não apenas o formato causava espanto, mas também as cores utilizadas. As críticas de uns eram acompanhadas pelo atrevimento de outros, também formadores de opinião, que bancavam as calças.

# MODERNISMOS

Elle: — Com franqueza, si eu te amei, foi pelas tuas pernas...
Ella: — E eu tambem, me enamorei das tuas calças...

Careta, n. 927, mar. 1926

– Virgem Maria! Que vento indiscreto!!

Para Belmonte, o homem alinhado à modernidade do seu tempo apresentava inovações indumentárias dignas de registro; as calças amplas usadas com paletó, camisa branca, gravata listrada, meias losangulares e botinas bicolores, chapéu tipo panamá e bengala de meia-volta resultariam numa combinação revestida de modernidade, que evidenciariam a sintonia do personagem com "as novas modas" da época; inovadoras e ainda não muito familiarizadas entre o corpo social, a ponto de ele parecer não saber exatamente o que fazer com as calças diante do vento (deixa até cair a bengala) e de ela achar graça da falta de jeito do sujeito, motivo de riso.

A mesma moda que poderia ser retratada como um motivo jocoso também revelava outra face, seu poder de atrair o sexo oposto. Convergindo sobre as calças Oxford, Belmonte decalcou os "Modernismos" de seu tempo:

Ele – Com franqueza, se eu te amei, foi pelas tuas pernas...
Ela – E eu também, me enamorei das tuas calças...

Com alta carga simbólica, a caricatura anterior, retratada em ambiente externo, com uma casa em estilo bangalô ao fundo, toca em pontos nevrálgicos das relações sociais; o uso da vestimenta adequada como fator de aprovação e atração, e uma sobreposição de valores, na medida em que as qualidades apontadas pelo casal para a escolha mútua recaem sobre a aparência externa, mais especificamente dos membros inferiores (ele, interessado nas pernas despidas; ela, interessada nas calças no estilo "correto" conforme a moda). A menina que observa a cena, por sua vez, conjuga um olhar enternecido diante das declarações apaixonadas do casal, enquanto sustenta um riso irônico no canto da boca, provavelmente em virtude das motivações alegadas.

Reforçando uma ideia de atrevimento associada ao uso daquele tipo de calça, Belmonte criou outra situação onde um casal de amantes anda de braços dados, num logradouro público. Ambos vestidos de modo exuberante: ela com vestido tubular curto e colorido, de cintura baixa, saia com pregas laterais, decote reto, cabelos *à la garçonne*, sapatos bicolores, meia-calça e bolsa-carteira; note-se que o chapéu não é o *cloche*, modelo tipicamente usado pelo arquétipo da melindrosa, mas sim um de abas largas; ele usa paletó com abotoamento inferior, gravata estampada, chapéu-panamá e piteira – acessório muito em voga nos anos 1920 –, tudo isso com calças muito largas que mal deixam entrever os sapatos.

Ele – Não te importes, eu dou o que me sobra nas pernas...

O autor usa o recurso do trocadilho para solucionar o impasse da situação, numa acepção literal da expressão de linguagem. A forma de relacionamento nomeada – um "caso" ao invés de um namoro, noivado ou casamento – sugere uma demarcada ousadia moral dos personagens face aos padrões da época; vinculadas àquele comportamento intrépido, as calças Oxford pontificam, a seu turno, uma ousadia estética, alargando os limites referenciais da indumentária.

BELMONTE

ELLA — O nosso «caso» vae dar panno para mangas...
ELLE — Não te importes; eu dou o que me sobra nas pernas...

Careta, *n. 991, jun. 1927*

Ao Barreto, amigo

S.Paulo. Maio.
1918.

BELMONTE

# CONCLUSÃO

Vivemos num mundo assolado por imagens, onde a facilidade de captação, tratamento, reprodução e divulgação faz com que sua proliferação alcance níveis que muitas vezes extrapolam nossa capacidade de assimilação do repertório iconográfico que nos rodeia e interpela. Para nós, pode parecer "óbvio" o uso e o lugar assegurado a esse modo comunicativo e narrativo que preenche telas de *tablets*, celulares, mídias digitais em geral. Voltar à história da visualidade, na tentativa de compreensão do papel dessa esfera na construção da modernidade, se revela tarefa necessária rumo à desnaturalização de um de seus sintomas mais inequívocos.

À medida que a imagem prolifera, multiplicada em nosso universo estético, político e histórico, para fins mercadológicos, ideológicos, educativos ou recreativos, temos a sensação de que nunca ela se impôs com tanta força quanto nesse momento em que as técnicas contribuem cada vez mais para sua manipulação. Não podemos deixar de pensar, no entanto, no impacto que as caricaturas de Belmonte tiveram a seu tempo, num momento em que as técnicas de impressão também apresentavam inovações, bem como no lugar que passaram a ocupar na rotina dos leitores de revistas ilustradas; linguagem célere, atraente, provocativa, portadora de sentimentos e questionamentos capazes de desencadear o riso do leitor, chamariz-motriz do veículo de comunicação por excelência em sua época.

Na emergência da grande imprensa no entresséculo passado, as revistas visavam ao que fosse rentável no momento, e as caricaturas ocuparam o posto de chamariz-motriz fundamental. Baseada na temática do cotidiano republicano, toda uma geração de caricaturistas se desenvolveu nas primeiras décadas dos anos 1900. Expandiram a arte gráfica em produções antenadas com inovações plásticas provenientes de países centrais, não

ACIMA: *autorretrato de Belmonte*
PÁGINA AO LADO: *caricatura de Belmonte por João Brito, 1918. Coleção particular*

se limitando ao conservantismo acadêmico voltado à pintura. Concentrados nos maiores centros urbanos do Brasil – Rio de Janeiro e São Paulo –, aprimoraram a capacidade social de leitura visual e crítica, disseminando, em representações bem-humoradas, sua percepção do país.

Belmonte foi exemplar dessa categoria de caricaturistas. Certamente ele não foi o único a tratar de relações de gênero, mudanças de comportamento, aspirações feministas, moda e androginia no período enfocado. Seus colegas J. Carlos e Raul Pederneiras, entre outros, também estavam voltados a essas dinâmicas; cada qual com seu estilo, deram vazão ao imaginário, adaptando o traço à técnica, acionando o ideário social.

Havia uma reciprocidade de temas e abordagens entre a produção de caricaturistas brasileiros e a de caricaturistas estrangeiros que integravam os editoriais de revistas como a francesa *La Vie Parisienne*, as americanas *Life* e *Vanity Fair*, as inglesas *Vogue* e *Punch*, por exemplo. Nas pesquisas que pude desenvolver em bibliotecas estrangeiras, foi possível entrever certas reverberações no tratamento de questões referenciadas às identidades feminina e masculina, às alterações indumentárias, à crítica a um modelo de modernidade ocidental caracterizado pela disseminação hegemônica de valores burgueses, numa perspectiva de trânsitos e trocas permeados pela circularidade de periódicos naquele momento.

Enquanto os editoriais instrumentalizavam a modernidade e auxiliavam na sua acelerada incorporação "de fora para dentro", oferecendo um "modo de usar" dos novos tempos, as caricaturas de Belmonte ofereciam um contrapeso no tratamento de como essa modernidade era vivida nas ruas e nos lares, "de dentro para fora", trazendo às mãos dos leitores uma visão crítica e "sem aura" das experiências que conviviam lado a lado em seções editoriais distintas. As revistas traduziam novas formas de ser e estar sob uma modernidade que se impunha; as caricaturas emergiam nesses "manuais metropolitanos" periódicos com a força da irreverência, relativizando comportamentos, voltando-se para as percepções e reações das pessoas que experimentavam novos referenciais e como se adaptavam – ou não – a eles.

Como matéria-prima de criação, o artista buscava inspiração na vida comum de atores que circulavam em determinadas camadas sociais. Muito provavelmente, aqueles atores seriam os mesmos consumidores que leriam as revistas de variedades e os livros populares dos cronistas citados. As mulheres e os homens que apareciam nas fotografias semanais da revista *Careta* "desfilando" no Largo do Machado após a saída da missa poderiam protagonizar situações retratadas nas caricaturas impressas na página seguinte; as moças que apareciam em trajes de banho ousados para a época nas páginas dedicadas aos flagrantes das praias poderiam personificar as personagens de Costallat em seu mais novo romance.

Em suas páginas, as caricaturas de Belmonte encontravam um *locus* singular para a abordagem do estilo de vida mundano, acrescidas pela expressão de sua forma crítica de apreensão do real. Suas conjunções de formas e letras espelhavam ambientes, tipos, rituais e conflitos de uma parcela da sociedade, em situações cômicas dotadas de alta carga simbólica e potencial reflexivo.

É de se notar que a produção carioca guardava feições distintas em relação à paulista. Na primeira, predominava o universo elitista e sofisticado da nova capital no cotidiano de *flâneurs* e *cocottes*, enquanto na segunda os dramas urbanos decorrentes da industrialização e da emigração em massa davam o tom. Essa divisão naturalmente não era estanque. Por exemplo, as revistas *Vida Moderna* (1907-1925) e *A Cigarra* (1914-1930), editadas e publicadas em São Paulo, eram voltadas ao mundanismo da pauliceia, enquanto no Rio a *D. Quixote* possuía acentuado viés político. Belmonte pôde transitar entre esses mundos nos anos 1920, na condição de paulista contribuinte de duas revistas do Rio; na *Careta* e na *Frou-Frou*, suas caricaturas tratavam de novas condutas e figurinos observados no *grand-monde*; na *Folha da Manhã* e na *Folha da Noite*, seu personagem Juca Pato encarnaria situações de sufoco econômico e político próprio da classe média.

Concordamos com Luiz Guilherme Sodré Teixeira, para quem, nas caricaturas da Primeira República, não havia uma preocupação em retratar fielmente a realidade nem em oferecer representações de indivíduos determinados, na esteira de um processo de despolitização dos temas. Quando se refere a J. Carlos, Teixeira conclui que seus tipos e cenas não eram "reais", no sentido de que eram apresentados em versões bem mais amenas em relação àquelas que corresponderiam à fragmentária realidade social.

No tocante a Belmonte, se por um lado sua produção estava inserida nessa geração de artistas gráficos, apresentando características comuns já apontadas, os atores e os impasses que surgem em suas caricaturas podem, sim, ser encarados de forma mais "politizada" numa leitura que busque desvelar as dinâmicas que se insinuavam em determinado contexto sócio-histórico. Afinal, mesmo quando a elaboração gráfica de humor se pretende reprodutora do real, trata-se de uma representação; e quando a representação se pretende totalmente fictícia, tece conexões com o real.

Num projeto humorístico visando ao passatempo dos leitores que consumiam a *Careta* e a *Frou-Frou*, Belmonte incluía um conjunto de circunstâncias, encontros de acontecimentos que poderiam "passar batidos" após a provocação do "riso fácil", leve, solto, sem maiores preocupações combatentes. Mas se a produção de representações é historicamente mediada, sua recepção também obedece a balizas temporais, espaciais, contextuais, capazes de sofrer mutação.

A sociedade caricaturada por Belmonte poderia ser, talvez, fictícia e idealizada como a de J. Carlos; inspirado por ele, o artista imprimia uma série de particularidades que distinguiam a produção própria das revistas ilustradas do período. Não obstante, ao depararmo-nos com filhas que desafiam os pais, esposas que confrontam maridos, domésticas que provocam patroas, mendigos que surpreendem doutores o riso fácil é substituído por uma abordagem que flagra um rico manancial de tensões a ser esquadrinhado.

As caricaturas de Belmonte não fugiam aos contornos delimitados pela *Careta* e pela *Frou-Frou*; como fator de atração para o público específico daquelas revistas, eram voltadas para assuntos que faziam parte do seu dia a dia. Mas "devolviam" esse mesmo dia a dia em representações plenas de ironia, capazes de apontar questões inauditas, a um só tempo causa de riso e fonte de crítica. Elas (as caricaturas) eram vozes que se imiscuíam em meio a textos, anúncios e fotos para trazer um novo olhar sobre situações corriqueiras, evidenciadas nas opções artísticas, temáticas e criteriosas do autor. Enquanto nas fotografias as pessoas eram retratadas "com seriedade" – homens, mulheres e famílias posavam para a câmera em situações sociais de prestígio, ou eram flagrados na cidade em locais específicos para o observatório público (a saída da missa, a praia) –, nas caricaturas esses mesmos personagens eram retratados de forma "menos nobre", sujeitos a mensagens polifônicas por vezes menos glorificantes.

As duas revistas se oferecem como um lugar de identificação, de encontro e empatia com os assuntos tratados por atores que personificavam certo tipo de vida, ou ao menos admiravam aquele "jeito de ser". Mas eram também o lugar de crítica, do olhar arguto e atento, da denúncia de tensões verificadas pelos caricaturistas que se utilizavam do humor como ferramenta para incitar o riso e a reflexão.

Se a vida parecia uma festa nas páginas atraentes em papel *couché*, nem tudo eram flores nos salões dos clubes, nas salas íntimas que exibiam o *art déco*, nas ruas de uma cidade que abrigava múltiplos domínios em condições tão diversas. As caricaturas como que abrem acesso aos bastidores do que acontecia para além do conteúdo editorial que, como linha mestra, reforçava o ideal de progresso e civilidade, apresentava a realidade como desejável e positiva, rumo à civilização propalada pelo Ocidente. Embora esse fosse o posicionamento central daquelas publicações, alinhadas a um ideário de modernidade, na prática as mudanças de valores e comportamentos não ocorriam sem que houvesse conflitos entre ordens distintas, numa cidade que apresentava, ao mesmo tempo, marcas de cosmopolitismo e provincianismo, transitava entre o patriarcalismo e o liberalismo, no balanço entre o antigo e o moderno.

A cidade era exalada naquelas publicações como cenário e personagem do *éthos* cultural que se construía, adentrada pelos editoriais em ambientes particulares – clubes, teatros, hotéis... – ou públicos, pertencentes à sua face mais prestigiada. Nas caricaturas, esses mesmos locais apareciam como lugar de ação dos personagens, flagrados com uma "lente de aumento" voltada às suas minúcias; como um "drone", eram capazes de adentrar, também, os lares, quartos e salas, onde se processavam as emoções daqueles agentes de moderna urbanidade, descortinando posicionamentos e enfrentamentos sob um véu de humor superficial.

Nas representações humorísticas surgiam os bastidores, as intrigas, as disputas de interesses, as minúcias do cotidiano, a um só tempo almejados e alvejados pelo lápis de Belmonte; como se ele expusesse o "lado B" de classes que se espelhavam no mundo daquelas revistas, trazendo à tona diálogos, pensamentos e instintos presentes no âmago de suas vivências. Por esse prisma, as caricaturas também assinalavam uma dissonância no corpo das revistas; eram alimentadas por esferas tradicionais como substância para sua criação – classes hierárquicas, instituições familiares –, mas o modo de abordagem escapava à face "comportada" dos editoriais, moderno na linguagem e no uso do riso como fator subversivo.

Mesmo que a intenção primordial de Belmonte fosse entreter e divertir os leitores, sem maiores pretensões revolucionárias, subjacente ao riso que ele provocava estava uma verdadeira crítica de costumes, um olhar arguto que se ocupava das contradições decorrentes de certa forma de subsistir, propenso à percepção de que algo estava fora da ordem. Suas criações estavam a serviço da venda das revistas, mas talvez fizessem sucesso justamente por sua capacidade de abordar o que de mais íntimo haveria na mente e no coração dos leitores, aproximando-se de seus sentimentos, para além da versão "oficial" que se espalhava no tecido social. Naquele conjunto de caricaturas, ficava evidente o choque de temporalidades entre as propostas avançadas do progresso recente e o quadro mental referenciado pelo caráter nacional.

O artista parecia interessado em registrar o modo como o ingresso brasileiro na modernidade se dava na prática cotidiana, ressaltando idiossincrasias e minúcias porventura verificadas na vivência das elites que se pretendiam modernas. Da missa dominical ao banho de mar, do teatro moderno à caça por um fotógrafo nas ruas, a cidade era palco de rituais de inovação por aqueles que podiam usufruir de certas benesses e imprimir um ritmo às atividades sociais. O deslumbramento da elite urbana; o proceder de jovens, mulheres, banhistas; as minúcias da cultura material; projeções da moda de "ontem", de "hoje" e de "amanhã". Tudo isso apareceu retratado na esteira de um processo de urbanização e adaptação cultural que alterou mentalidades e comportamentos.

É comum uma abordagem da Primeira República como se esse período fosse um bloco uno e indivisível; frequentemente refere-se ao "início do século passado" como se os anos 1910 e 1920 fossem a mesma coisa, emaranhados num decorrer que engloba tanto as mudanças urbanas de Pereira Passos como os banhos de mar em Copacabana. Entre nós, há certa dificuldade em delinear os traços culturais nos "famosos anos 20" e, muitas vezes, as próprias designações se confundem. *"Belle époque"*, no Brasil, pode ser o período compreendido entre 1889 e 1914, conforme o recorte de Jeffrey Needell (1993); mas também é considerada até 1920 para uns, 1922 para outros e até 1929, coincidindo com o fim da Primeira República.

O exame do material gráfico em questão, todavia, salienta a provável existência de hábitos e comportamentos que obedeceram a marcos de historicidade próprios, não pertencentes às três primeiras décadas do século passado de forma homogênea e igualitária. Ao menos na forma como a sociedade representava a si própria, nos anos 1920 homens e mulheres travaram "batalhas" de forma inédita, a música e a dança compassaram reviravoltas, membros das "classes inferiores" experimentavam novas abordagens e a moda imprimia uma verdadeira implosão de amarras estéticas, geracionais e "generacionais" (de gênero). O mundo não era o mesmo antes e depois da I Guerra, e o Brasil e o Rio de Janeiro, direta ou indiretamente afetados, também não. Em que pese a permanência de clivagens baseadas em distinções de classe, etnia e gênero, não se pode negar a afluência de uma série de novos padrões que, se não provocaram rupturas imediatas naquele momento, tampouco são desprezíveis no decurso de processos de mudança mais amplos.

Com o gradual incremento da influência americana de forma global, catapultado pelo alcance da sua produção cinematográfica e musical, padrões e valores disseminados no país estadunidense chegaram a nós e concorreram com a ascendência da cultura europeia. Valorizada desde tempos coloniais, a matriz franco-inglesa viveu o ápice de sua apreciação nas capitais brasileiras na virada do século XX, e começou no pós-guerra a ceder espaço para alguns registros de cultura americana.

Desafiados por ideologias e demandas de gerações mais jovens, os referenciais americanos de comportamento, moral e bons costumes sofriam abalos sensíveis e reverberavam mundo afora, provocando tensões e disputas de papéis. Numa era de liberalização das normas sociais, as preocupações com a defesa de valores civilizados e modernos mobilizavam as sensibilidades ocidentais.

A questão é que as próprias noções de "civilizada" e "moderna" não eram consenso, e conflitos decorrentes de propostas nem sempre sintônicas eram deflagrados nas situações mais banais. Eram justamente a complexificação e o choque de forças e interesses que forneciam combustível para os autores populares acionarem a imaginação, em narrativas que se aproximavam do público e eram por ele reconhecidas.

No Brasil, a ideia de modernidade cosmopolita, para alguns, pressupunha uma concepção patriarcal de nação, com a valorização da honra masculina e da virtude feminina, obedecendo a hierarquias bem demarcadas. Para outros, o distanciamento do atraso comportaria concepções e usos alternativos dos espaços da cidade, e porventura dos corpos e das identidades.

A designação da mulher ao espaço privado e à vida doméstica, e a liberdade de circulação do homem no espaço público – com prerrogativas exclusivas de fruição amorosa fora do casamento e dominação indecorosa dentro dele – eram questionadas em representações que retratavam mulheres mais fortes, mais desafiadoras e mais dispostas a afrontar antigos códigos de conduta. A postura iconoclasta poderia ser flagrada também nas relações entre patrões e seus empregados domésticos, entre pais e filhos, nos encontros entre membros de classes distintas, exteriorizada também no esgarçamento das fronteiras indumentárias e dos parâmetros estéticos.

Em certa medida, as elaborações satírico-gráficas de Belmonte não se afastaram de um padrão comum à época, no sentido de ridicularizar pretensões feministas e inovações femininas. Afinal, desde o século XIX as intenções das mulheres de ampliar sua esfera de atuação, em âmbito privado ou público eram criticadas nas revistas ilustradas em charges que desdenhavam das atitudes provocadoras de deslocamentos na ordem vigente. Explicações científicas e morais reforçavam o lugar limitado à mulher e se opunham à igualdade de papéis (Soihet, 2004).

Belmonte abordou o desejo de equiparação com ironia, enunciando as iniciativas feministas com sarcasmo, assim como também criticou, através do humor, o comportamento de mulheres excessivamente vaidosas, desinibidas, audaciosas e sedutoras, no que poderia ser um moralismo derivado da ameaça de *Lilith*.

Por outro lado, podemos pensar que, ao inserir essas demandas e essas personas em suas representações, dava visibilidade às forças femininas e trazia para as mãos do leitor essa "batata quente", descortinando duelos em jogo. O riso, muitas vezes, é a forma de desanuviar tensões reprimidas, e o movimento das mulheres certamente não passava incólume no arranjo social.

Ao nos voltarmos à sua obra no presente, à luz de questões contemporâneas, é interessante observar o quanto sua forma de expressão se afigurava inovadora. O conjunto gráfico do autor, sintonizado com o momento em que foi produzido, era dotado da qualidade de atualidade a seu tempo, uma produção adequada ao tempo da vida vivida. Percebemos uma construção estética apropriada para exprimir um recorte daquela realidade em movimento, marcada pelo ritmo da cidade e pelos novos ingredientes da vida metropolitana.

Entre o repertório de questões tratadas, as metamorfoses do feminino e os embates e forças envolvidos nas relações de gênero ganharam destaque e preponderância quantitativa. Como ressaltou Philip Bloom (2008), a mudança mais profunda de todas, verificada na virada do século XX, nos "anos vertiginosos", foi a do relacionamento entre homens e mulheres, com indicativos da grande ansiedade manifestada pelos homens face à insegurança de suas posições. Como sucedâneo de séculos de recato, a experimentação, pela mulher, de novas possibilidades de ocupação da cidade, de rituais de sociabilidade, de formas de se confrontar com o próprio corpo e de se relacionar com o gênero masculino evidenciava tensões entre o patriarcalismo consolidado e as iniciativas de emancipação e afirmação da vontade própria.

Inclinações comumente associadas ao período, como a androginia, foram captadas e registradas pelo autor, contribuindo para a reflexão sobre processos mais complexos. Em que pese a cronografia própria de sua produção, o autor contemplava uma série de fenômenos que se afiguram atuais. Note-se que "a questão de masculino e feminino está ficando cada vez mais diluída", e a época em que vivemos é apontada como aquela "na qual a igualdade e a fluidez de gêneros estão em pauta";[56] tendências nem tão novas assim, que se renovam e se reescrevem na sucessão de temporalidades distintas.

Vários dilemas do nosso tempo emergem a partir da interpretação crítica do objeto proposto: as demandas feministas, que recrudesceram recentemente face à necessidade, ainda presente, da luta pela igualdade de direitos (haja vista a campanha *He for She*, lançada pela ONU em 2014), pelo direito da mulher de dispor sobre o próprio corpo (vide o tema do aborto, ainda polêmico), bem como pela proteção do assédio e da violência contra a mulher (no ano de 2015, esse foi o tema da redação do Enem).

A permanência de preconceitos de classe na sociedade, o desejo de distinção e afirmação de *status*, a fetichização de objetos revestidos de caráter simbólico, a afeição a rituais de sociabilidade capazes de conferir sensação de pertencimento e exclusividade são algumas das questões acionadas pelo imaginário de Belmonte que podem se inscrever nos debates da contemporaneidade.

Nos anos 1920, a definição da identidade nacional ocupava o cerne das inquietudes intelectuais, que buscavam ora na negação de culturas estrangeiras, ora no reconhecimento de raízes autênticas brasileiras, a chave para a inserção do país nos rumos do moderno. Em meio a esses movimentos, os "intelectuais populares", cuja produção era disseminada por meio de veículos de comunicação vendidos em larga escala, documentavam os arranjos corriqueiros da "sociedade respeitável", das famílias brancas, europeizáveis e americanizáveis, num contexto mais amplo de democracia restrita.

Em suas representações, não parecia haver uma intenção primordial de estabelecer novos paradigmas da "essência" nacional; não obstante, nas criações compassadas na velocidade das vendas e do entretenimento, esses autores terminavam por imprimir o que seria uma das faces da nossa identidade e do moderno brasileiro.

Num olhar aproximado às práticas diárias daquele período, observamos o estrangeirismo recorrente na fala, na moda, na decoração – bem como o sobressalto diante de inovações que aportavam por aqui, como o *charleston*, ritmo americano difundido na época, apontado por Belmonte como uma dança apropriada para "fazer a capoeiragem dos salões", isto é, limpar o chão. Tampouco as *cocottes* e os *smarts* pareciam incorporar, no âmbito da esfera individual, a valorização do elemento nacional no seu jeito de viver. A estética *art déco* predominava com a força do preto e do dourado, sem que palmeiras, bananeiras e as cores fortes que invadiram as

---

**56.** *Estilo de Vida*, n. 160, jan. 2016.

manifestações artísticas imediatamente fossem absorvidas no espectro estético diário dos cariocas abastados.

A crítica ao projeto de República progressista e referenciado ao exterior era latente nas caricaturas que apontavam, por exemplo, o caos rodoviário, a tentativa burguesa de forjar suas tradições, o deslumbramento diante de tudo o que fosse importado e incorporado pelo fato de ser "novo" e "moderno".

Mas não seriam as caricaturas a própria chave do moderno? Não estaria Belmonte surfando na crista da onda de seu tempo, usando o binômio imagem-texto para levar à amplitude de seus leitores e admiradores sua crítica à modernidade e sua visão implícita de nacionalidade?

Belmonte transitou numa zona de desconforto ao aceitar e imprimir uma linguagem moderna, embora estivesse mais próximo de uma mensagem tradicional; ele utilizou categorias do conservadorismo para criticar a modernização desenfreada, mas não se circunscreveu a posições maniqueístas ou totalizantes.

Percebemos em suas caricaturas um caráter cosmopolita que não estava necessariamente indexado à chancela de modismos importados; uma reelaboração da linguagem em busca da rápida interação comunicacional com os leitores, que poderiam encontrar, naquelas representações, fragmentos de sua realidade. Nesse sentido, para nós, a arte gráfica de Belmonte corporificava uma nova proposta de composição na estética e no argumento, promovendo a reinvenção da vanguarda no país.

Quando se pensa em anos 1920 no Brasil, "crise política", "modernistas" e "centenário da Independência" são noções que imediatamente vem à mente no imaginário social coletivo, sob influência de perpetuações historiográficas e culturais.

Com efeito, a eclosão de vários movimentos evidenciava os descontentamentos de grupos insatisfeitos com os rumos político-sociais da Primeira República. As revoltas tenentistas, a fundação do Partido Comunista, a organização de entidades sindicais e feministas são fatos marcantes associados à década, período no qual o pacto "café com leite" chegou ao fim.

Em termos culturais, por muito tempo a Semana Modernista de 1922 ocorrida em São Paulo pontificou como verdadeiro divisor de águas estéticas. No Rio de Janeiro, as comemorações do centenário da Independência são relembradas como o "grande" acontecimento da década, e a derrubada do morro do Castelo figura como episódio importante, obra indexada às reformas urbanas em curso na então cidade capital.

Sem dúvida, esses episódios foram relevantes e garantiram um lugar no repertório atribuído ao período. Certamente contribuíram para a conformação da organização republicana que sucedeu o Império e que, embora contasse com apoio e a esperança das lideranças intelectuais em seus propósitos iniciais, fracassou em seus objetivos democráticos.

No entanto, as tramas diárias das pessoas que vivenciaram aquela década muitas vezes envolviam dinâmicas de forças peculiares, não necessariamente ligadas a levantes políticos ou à vanguarda paulista. Para muitos indivíduos, muitas famílias e algumas esferas sociais – notadamente a alta e a pequena burguesia –, o cotidiano era preenchido com necessidades, aspirações e vontades próprias, no equilíbrio entre a perpetuação de valores estabelecidos e o desejo de ultrapassá-los.

Havia formadores de opinião e autores de projeção que estavam voltados para esse cotidiano e, muitas vezes e por muito tempo, permaneceram "invisíveis" às perspectivas históricas dirigidas para grandes estruturas, ou à crítica centrada na "alta literatura". Belmonte, assim como seus colegas J. Carlos e Raul, e escritores contemporâneos a eles, tais como Benjamin Costallat, Ribeiro Couto, Orestes Barbosa e tantos outros citados ao longo do trabalho, podem ser considerados legítimos representantes desse perfil. Foram intelectuais extremamente atuantes a seu tempo e gozaram de enorme receptividade de público, embora nem sempre divulgados e valorizados em nosso índex cultural.

A leitura de suas caricaturas, à luz da leitura das crônicas daqueles autores populares, se mostrou uma via possível para a exegese do conjunto gráfico-satírico. Pudemos mapear escolhas, flagrar convergências e descortinar certas práticas e sensibilidades que compunham uma determinada maneira de viver. Naquele recorte de sua produção, Belmonte parecia sensível aos ingredientes da vida moderna; no cerne da busca pela adaptação das representações a uma nova realidade, Belmonte oferecia, voluntaria ou involuntariamente, um dos muitos retratos de Brasil.

Frou-Frou, *n. 37, jun. 1926*

# BIBLIOGRAFIA

ABRAVANEL, Genevieve. *Americanizing Britain*: the rise of modernism in the age of the entertainment empire. Oxford: Oxford University Press, 2012.

ABREU, Alzira Alves de. *Dicionário histórico-biográfico da Primeira República* (1889-1930). Rio de Janeiro: FGV Ed., 2015.

AGUIAR, Mariana de Araujo. *O teatro de revista carioca e a construção da identidade nacional*: o popular e o moderno na década de 1920. Dissertação (mestrado em história) – Unirio, Rio de Janeiro, 2013.

ALBERTI, Verena. *O riso e o risível na história do pensamento*. Rio de Janeiro: Zahar, 1999.

ALLEN, Frederick Lewis. *Only yesterday*: an informal history of the 1920's. Nova York: Perennial Classics, 2000.

ALMEIDA, Ivete Batista da Silva. Uma nova forma de ver o mundo: as revistas ilustradas semanais *Fato&Versões*, Uberlândia, v. 3, n. 6, 1995.

ALMIEDA, Paulo Roberto de. *A presença negra no teatro de revista dos anos 1920*. Curitiba: Ed. CRV, 2018.

AMARAL, Aracy. Aqui, nesse momento. In: __ *Textos do Trópico de Capricórnio*. São Paulo: Ed. 34, 2006. v. 2: Circuitos de arte na América Latina e no Brasil.

ANDRADE, Mario de. *Amar, verbo intransitivo*. São Paulo: Antonio Tisi, 1927.

__. *Ensaio sobre música popular*. São Paulo: I. Chiarato & Cia., 1928.

__. O movimento modernista. In: __. *Aspectos da literatura brasileira*. 6. ed. São Paulo: Martins, 1978.

ARESTIZÁBAL, Irma. *J. Carlos*: 100 anos. Rio de Janeiro: Funarte, 1984.

AZEVEDO, Carmen Lúcia de. *Jeca Tatu, Macunaíma, a preguiça e a brasilidade*. Tese (doutorado em história) – Universidade de São Paulo, São Paulo, 2012.

BADER-ZAAR, Birgitta: Women's suffrage and war: World War I and political reform in a comparative perspective. In: SULKUNEN, Irma; NEVALA-NURMI, Seija-Leena; MARKKOLA, Pirjo. *Suffrage, gender and citizenship*: international perspectives on parliamentary reforms. Newcastle: Cambridge Scholars, 2009. p. 193-218.

BAKHTIN, Mikhail. *A cultura popular na Idade Média e no Renascimento*: o contexto de François Rabelais. São Paulo: Hucitec, 2010.

__. Os gêneros do discurso. In: __. *Estética da criação verbal*. São Paulo: Martins Fontes, 2003. p. 261-306.

BAPTISTA, Paulo Francisco Donadio. *Rumo à praia*: Théo-Filho, Beira-Mar e a vida balneária no Rio de Janeiro dos anos 1920 e 30. Dissertação (mestrado) – Programa de Pós-Graduação em História Social, Universidade Federal do Rio de Janeiro, Rio de Janeiro, 2007.

BARBOSA, Marialva. *História cultural da imprensa* (1900-2000). Rio de Janeiro: Mauad, 2007.

BARICKMAN, Bert J. Medindo maiôs e correndo atrás de homens sem camisa: a polícia e as praias cariocas, 1920-1950. *Recorde*: revista de história do esporte, Rio de Janeiro, v. 9, n. 1, p. 1-66, jan./jun. 2016. Disponível em: <https://revistas.ufrj.br/index.php/Recorde/article/viewFile/ 3295/2565>. Acesso em: 22 fev. 2017.

BARREIROS, Daniel de Pinho. A crise de 1929 e duas elites: São Paulo e Rio de Janeiro diante da Grande Depressão. *Estudos Ibero-Americanos*, v. 35, n. 1, p. 128-144, jan./jul. 2009.

BAUDELAIRE, Charles. O pintor e a vida moderna. In:__. *Sobre a modernidade*. Rio de Janeiro: Paz e Terra, 1996.

BELLUZO, Ana Maria de Moraes. *Voltolino e as raízes do modernismo*. São Paulo: Marco Zero, 1991.

__. *De L'essence du rire*. Paris: Sillage, 2008.

BENJAMIN, Walter. *Passagens*. Belo Horizonte: Ed. UFMG, 2009.

BERGSON, Henri. *O riso*: ensaio sobre a significação da comicidade. São Paulo: Martins Fontes, 2001.

BERMAN, Marshall. *Tudo que é sólido desmancha no ar*. São Paulo: Companhia das Letras, 2013.

BLOOM, Philip. *Os anos vertiginosos*: mudança e cultura no Ocidente (1900-1914). Rio de Janeiro: Record, 2008.

BOAVENTURA, Maria Eugênia (Org.). *22 por 22*: a Semana de Arte Moderna vista pelos seus contemporâneos. São Paulo: Edusp, 2008.

BOLLE, Willi. *Fisiognomia da metrópole moderna*: representação da história em Walter Benjamin. São Paulo: Edusp, 2000.

BOMENY, Helena. *Um poeta na política*: Mário de Andrade, paixão e compromisso. Rio de Janeiro: Casa da Palavra, 2012.

BONADIO, Maria Claudia. *Moda e sociabilidade*: mulheres e consumo na São Paulo dos anos 1920. São Paulo: Senac, 2007.

BOSI, Alfredo. O Brasil republicano, as letras e a primeira República. In: fausto, Boris (Org.). *O Brasil republicano, sociedade e instituições*. São Paulo: Difel, 1977. t. III, v. 2.

BOTELHO, Felipe. The readership of caricatures in the Brazilian belle époque: the case of the illustrated magazine Careta (1908-1922). *Patrimônio e Memória*, São Paulo, v. 8, n. 1, p. 71-97, jan./jun. 2012.

__. *Sátiras e outras subversões*. São Paulo: Penguin; Companhia das Letras, 2016.

BOURDIEU, Pierre. Gostos de classe e estilos de vida. In: ORTIZ, Renato (Org.). *Bourdieu*. São Paulo: Ática, 1983.

BRAGA, João; PRADO, Luís André do. *Das influências às autorreferências*. São Paulo: Pixis, 2011.

BRAGA-PINTO, César. From abolitionism to black face: the vicissitudes of uncle Tom in Brazil. In: DAVIS, Tracy; MIHAYLOVA, Stefka (Org). *Uncle Tom's cabin*: the transnational history of America's most mutable book. Ann Arbor: University of Michian Press, 2017.

BRITES, Jurema. *Afeto, desigualdade e rebeldia*: bastidores do serviço doméstico. Tese (doutorado em antropologia social) – Programa de Pós-Graduação em Antropologia Social da Universidade Federal do Rio Grande do Sul, Porto Alegre, 2000.

__. Serviço doméstico: elementos políticos de um campo desprovido de ilusões. *Revista de Antropologia Social*, Campos, v. 3, p. 65-82, 2003.

__. Serviço doméstico: um outro olhar sobre a subordinação. In: azevedo, M. R.; maluf, S. (Org.). *Gênero, cultura e poder*. Florianópolis: Mulheres, 2004. p. 111-132.

BRITO, Fausto. O deslocamento da população brasileira para as metrópoles. *Estudos Avançados*, v. 20, n. 57, 2006.

BROCA, Brito. Costallat: uma época. *Correio da Manhã*, Rio de Janeiro, 8 mar. 1961.

BUARQUE, Christovam. *O que é apartação*: o apartheid social no Brasil. São Paulo: Brasiliense, 1996.

CABRAL, Sergio. *No tempo de Ari Barroso*. Rio de Janeiro: Lumiar, 1993.

CANDIDO, Antonio (Org.). *Crônica*: o gênero, sua fixação e suas transformações no Brasil. Campinas: Unicamp, 1992.

__. Dialética da malandragem: caracterização das Memórias de um sargento de milícias. *Revista do Instituto de Estudos Brasileiros*, São Paulo, n. 8, p. 67-89, 1970.

CARDOSO, Ciro Flamarion; MALERBA, Jurandir (Org.). *Representações*: contribuições a um debate transdisciplinar. São Paulo: Papirus, 2000.

cardoso, Rafael (Org.). *Impresso no Brasil (1808-1930)*: destaques da história gráfica no acervo da Biblioteca Nacional. Rio de Janeiro: Verso Brasil, 2009.

CARVALL (Org.). *Belmonte 100 anos*. São Paulo: Senac, 1996.

CERTEAU, Michel de. *A invenção do cotidiano*. Petrópolis: Vozes, 1994. v. 1. Artes de fazer.

CHARTIER, Roger. *A história cultural*: entre práticas e representações. Rio de Janeiro: Bertrand Brasil, 1990.

__. O mundo como representação. *Estudos Avançados*, São Paulo, v. 5, n. 11, jan./abr. 1991.

CHINEN, Nobuyoshi. *O papel do negro e o negro no papel*: representação e representatividade dos afrodescendentes nos quadrinhos brasileiros. Tese (doutorado em ciências da comunicação) – Escola de Comunicação e Artes, Universidade de São Paulo, São Paulo, 2013.

COELHO, George Leonardo Seabra. *Marcha para Oeste*: entre a teoria e a prática. Dissertação (mestrado em história) – Faculdade de História, Universidade Federal de Goiás, Goiânia, 2010.

CONDRA, Jill. *The Greenwood encyclopedia of clothing through world history*. Londres: Greenwood Publishing Group, 2007. v. 3: 1801 to the present.

COONTZ, Stephanie. *Marriage, a history*: how love conquered marriage. Nova York: Penguin Books, 2005.

CORBIN, Alain. *O território do vazio*: a praia e o imaginário ocidental. São Paulo: Companhia das Letras, 1989.

CORDEIRO, Mario. *O espaço vital*. São Paulo: Civilização Brasileira, 1940.

CRESSWELL, Tim. You cannot shake that shimmie here': producing mobility on the dance floor. *Cultural Geographies*, v. 13, n. 1, p. 66-77, 2006.

CUNHA, Fabiana Lopes da. *Caricaturas carnavalescas*: carnaval e humor no Rio de Janeiro através da ótica das revistas ilustradas Fon-Fon! e Careta (1908-1921). Tese (doutorado) – Universidade de São Paulo, São Paulo, 2008.

CUNHA, Getúlio Nascentes da. Melindrosas e almofadinhas: feminilidades e masculinidades no Rio de Janeiro da década de 1920. In: simpósio nacional de história anpuh, xxv., 2009, Fortaleza. *Anais...* Fortaleza: Anpuh, 2009. Disponível em: <http://anais.anpuh.org/wp-content/uploads/mp/pdf/ANPUH.S25.0728.pdf>. Acesso em: nov. 2017.

DAPIEVE, Arthur; loredano, Cassio. *J. Carlos contra a guerra*. Rio de Janeiro: Casa da Palavra, 2000.

DE LUCA, Tania R. *A revista do Brasil*: um diagnóstico para a (N)ação. São Paulo: Ed. Unesp, 1998.

DEL PRIORE, Mary. *A mulher na história do Brasil*. São Paulo: Contexto, 1988.

DIEGUES, Cacá. Nada de chapas brancas. *O Globo*, Rio de Janeiro, 10 jun. 2015.

DIVINE, Robert A. *The American story*. Nova York: Longman, 2002.

DOMINGUES, Henrique Foréis. *No tempo de Noel Rosa*: o nascimento do samba e a era de ouro da música brasileira. São Paulo: Sonora, 2013.

DROWNE, Kathleen; HUBER, Patrick. *The 1920s*: American popular culture through history. Connecticut: Greenwood Publishing, 2004.

DUMENIL, Lynn. *The modern temper*: American culture and society in the 1920s. Nova York: Hill and Wang, 1995.

DUQUE, Gonzaga. *Contemporâneos*. Rio de Janeiro: Tipografia Benedicto de Souza, 1929.

DURKHEIM, Émile; MAUSS, Marcel. Algumas formas primitivas de classificação: contribuição para o estudo das representações coletivas (1903). In: mauss, M. *Ensaios de sociologia*. São Paulo: Perspectiva, 1981. p. 399-455.

EL FAR, Alessandra. *Páginas de sensação*. São Paulo: Companhia das Letras, 2004.

EULÁLIO, Alexandre. *A aventura brasileira de Blaise Cendrars*. São Paulo: Quiron, 1978.

FASS, Paula S. *The damned and the beautiful*: American youth in the 1920s. Nova York: Oxford University Press, 1977.

FEIJÃO, Rosane. *Moda e modernidade na belle époque carioca*. São Paulo: Estação das Letras, 2011.

__. *"Tudo é novo sob o sol"*: moda, corpo e cidade no Rio de Janeiro. Tese (doutorado em comunicação) – Universidade do Estado do Rio de Janeiro, Rio de Janeiro, 2016.

FERREIRA, Procópio. *O ator Vasquez*. Rio de Janeiro: Serviço Nacional de Teatro, 1979.

FLEIUSS, Max. A caricatura no Brasil. *Revista do Instituto Histórico e Geográfico Brasileiro*, Rio de Janeiro, p. 584-609, 1916.

FONSECA, Joaquim da. *Caricatura*: a imagem gráfica do humor. Porto Alegre: Artes e Ofícios, 1999.

FONSECA, Leticia Pedruzzi. *As revistas ilustradas A Cigarra e A Bruxa*: a nova linguagem gráfica e a atuação de Julião Machado. Tese (doutorado) – Departamento de Artes e Design, Pontifícia Universidade Católica do Rio de Janeiro, Rio de Janeiro, 2012.

FRANÇA, Patrícia. "Livros para os leitores": a atividade literária e editorial de Benjamim Costallat na década de 1920. *Cadernos de História*, Mariana, v. X, p. 121-140, 2010.

FREYRE, Gilberto. *Sobrados e mucambos*. Rio de Janeiro: Record, 2000.

__. *Modos de homem & modas de mulher*. São Paulo: Global, 2009.

FREUD, Sigmund. Os chistes e sua relação com o inconsciente (1905). In: __. *Obras psicológicas completas*. Rio de Janeiro: Imago, 1977. v. VIII.

FRISBY, David. *Fragments of modernity*: theories of modernity in the works of Simmel, Cracauer and Benjamin. Cambridge, MA: MIT Press, 1986.

GARCIA, Eugênio Vargas. Estados Unidos e Grã-Bretanha no Brasil: transição de poder no entreguerras. *Contexto Internacional*, Rio de Janeiro, v. 24, n. 1, p. 41-71, jun. 2002. Disponível em: <www.scielo.br/scielo.php?script=sci_arttext&pid=S0102-85292002000100001&lng=en&nrm=iso>. Acesso em: 17 abr. 2017.

GASPAR, Claudia Braga. *Orla carioca*: história e cultura. São Paulo: Metalivros, 2004.

GAWRYSZEWSKI, Alberto. *A caricatura e a charge na imprensa comunista – 1945/57*. Tese (pós-doutorado) – Programa de Pós-Graduação em História Social, Universidade Federal do Rio de Janeiro, Rio de Janeiro, 2004.

GINZBURG, Carlo. Representação: a palavra, a ideia, a coisa. In: __. *Olhos de madeira*: nove reflexões sobre a distância. São Paulo: Companhia das Letras, 2001.

GOMES, Angela Maria de Castro. *Essa gente do Rio... modernismo e nacionalismo*. Rio de Janeiro: FGV Ed., 1999.

GOMES, Tiago de Melo. *Como eles se divertem (e se entendem)*: teatro de revista, cultura de massas e identidades sociais no Rio de Janeiro dos anos de 1920. Tese (doutorado em história) – Universidade Estadual de Campinas, Campinas, SP, 2003.

__. *Um espelho no palco*: identidades sociais e massificação da cultura no teatro de revista dos anos 20. São Paulo: Ed. Unicamp, 2004.

GONTIJO, Silvana. *80 anos de moda no Brasil*. Rio de Janeiro: Nova Fronteira, 1987.

GONZAGA, Alice. *Palácios e poeiras*: 100 anos de cinema no Rio de Janeiro. Rio de Janeiro: Record, 1996.

GRAYZEL, Susan R. Women and men. In: horne, John (Ed.). *A companion to World War I*. Oxford, UK: Wiley-Blackwell, 2010. cap. 18, p. 263-279.

GREEN, James N. *Além do carnaval*: a homossexualidade masculina no Brasil do século XX. São Paulo: Ed. Unesp, 2000.

HOBSBAWM, Eric. *História social do jazz*. São Paulo: Paz e Terra, 2009.

HOMERO, Ney. *Tango*: uma paixão portenha no Brasil. Rio de Janeiro: Ed. do Autor, 2000.

HUGGINS, Mike. *The spectre of 'Americanisation'*: assessing the impact of America on British leisure between the wars. [S.l.]: [s.n.], [s.d.]. Disponível em: <www.academia.edu/24648371/The_Spectre_of_Americanisation_Assessing_the_impact_of_America_on_British_leisure_between_the_wars>. Acesso em: 4 jun. 2017.

JAY, Martin. Vision in context: reflexions and refracions. In: brennan, Teresa; jay, Martin (Org.). *Vision in context*: historical and contemporary perspectives on sight. Londres: Routledge, 1996.

JANJULIO, Maristela da Silva. *Arquitetura residencial paulistana dos anos 1920*: ressonâncias do arts and crafts? Dissertação (mestrado) – Universidade de São Paulo, São Paulo, 2009.

KOFES, Suely. Entre nós mulheres, elas as patroas e elas as empregadas. In: __. *Colcha de retalhos*: estudo sobre a família no Brasil. Campinas, SP: Ed. Unicamp, 1994.

__. *Mulher, mulheres*: identidade, diferença e desigualdade na relação entre patroas e empregadas. Campinas, SP: Ed. Unicamp, 2001.

KUPERMAN, Daniel. Perder a vida, mas não a piada. In: slavutzky, Abrão; kuperman, Daniel (Org.). *Seria trágico... se não fosse cômico*. Rio de Janeiro: Civilização Brasileira, 2005.

LABRES FILHO, Jair Paulo. *Que jazz é esse? As jazz-bands no Rio de Janeiro da década de 1920*. Dissertação (mestrado em história) – Universidade Federal Fluminense, Niterói, 2014.

__; SANTOS, Rael Fiszon Eugenio dos. Jazz-bands no Brasil: modernidade, raça, nacionalidade e política na década de 1920. In: FERREIRA, Marieta de Morais (Org.). *Anais do XXVI Simpósio Nacional da Anpuh – Associação Nacional de História*. São Paulo: Anpuh-SP, 2011. Disponível em: <www.snh2011.anpuh.org/resources/anais/14/1308176626_ARQUIVO_JAZZBANDSNOBRASIL(versaofinalanpuh).pdf>. Acesso em: out. 2017.

LACERDA, Carlos Augusto (Ed.). *Dicionário da língua portuguesa Caldas Aulete*. Rio de Janeiro: Lexikon, 2007.

LAGO, Pedro Corrêa do. *Caricaturistas brasileiros*. Rio de Janeiro: Sextante, 1999.

LE GOFF, Jacques; NORA, Pierre. *História*: novos problemas, novas abordagens, novos objetos. Rio de Janeiro: Francisco Alves, 1988. 3 v.

LEITE, Thiago Alves. *Monteiro Lobato nas páginas do jornal*: um estudo dos artigos publicados em O Estado de S. Paulo (1913-1923). São Paulo: Cultura Acadêmica, 2010. (Coleção PROPG Digital – Unesp). Disponível em: <http://hdl.handle.net/11449/110758>. Acesso em: ago. 2017.

LEMOS, Renato. *Uma história do Brasil através da caricatura*. Rio de Janeiro: Letras & Expressões, 2001.

LIMA, Herman. *História da caricatura no Brasil*. Rio de Janeiro: José Olympio, 1963. 4 v.

LIMA, Yone Soares de. *A ilustração na produção literária de São Paulo*: década de vinte. São Paulo: Instituto de Estudos Brasileiros da USP, 1985.

LINS, Vera. *Gonzaga Duque*: crítica e utopia na virada do século. Rio de Janeiro: Casa de Rui Barbosa, 1996.

LIPOVETSKY, Gilles. *O império do efêmero*. São Paulo: Companhia das Letras, 2011.

LOBATO, Monteiro. *Ideias de Jeca Tatu*. Rio de Janeiro: Globo, 2008.

LOBO, Eulália Maria Lahmeyer. *História do Rio de Janeiro*: do capital comercial ao capital industrial e financeiro. Rio de Janeiro: Ibmec, 1978.

LONGDEN, Sean. Oxford bags the most important trousers of the 20th century. *Resign! The Newsletter of The New Sheridan Club*, Londres, n. 81, jul. 2013.

LOPES, Antonio Herculano. (Org.) *Entre Europa e África*: a invenção do carioca. Rio de Janeiro: Topbooks, 2000.

__. O musical ligeiro carioca. In: __. *Do guarani ao guaraná*: história, humor e nacionalidade. Rio de Janeiro: Casa de Rui Barbosa, 2001.

__. Do pesadelo negro ao sonho da perda da cor: relações interétnicas no teatro de revista. In: simpósio nacional de história, 23., 2005, Londrina. História: guerra e paz. Anais... Londrina: Anpuh, 2005.

__. Entre Rio e Paris é meu coração balança. In: RAMOS, Alcides; PATRIOTA, Rosangela. *Paisagens subjetivas, paisagens sociais*. São Paulo: Hucitec, 2012.

__; velloso, Monica Pimenta; PESAVENTO, Sandra Jatahy. *História e linguagens*: texto, imagem, oralidade e representações. Rio de Janeiro: 7Letras, 2006.

LOREDANO, Cássio. *O bonde e a linha*: um perfil de J. Carlos. Rio de Janeiro: Capivara, 2002.

__. *O vidente míope*. J. Carlos n'O Malho 1922-1930. Rio de Janeiro: Folha Seca, 2007.

__; VENTURA, Zuenir. *O Rio de J. Carlos*. Rio de Janeiro: Lacerda, 1998.

LÖWY, Michael. *Walter Benjamim*: aviso de incêndio – uma leitura das teses "sobre o conceito de história". São Paulo: Boitempo, 2005.

LUCA, Tania Regina de. Brício de Abreu e o jornal literário Dom Casmurro. Varia Historia, Belo horizonte, v. 29, n. 49, jan./abr. 2013.

LUSTOSA, Isabel. Humor e política na Primeira República. *Revista da USP*. São Paulo, set./nov. 1989.

__. *As trapaças da sorte*: ensaios de história política e de história cultural. Belo Horizonte: Ed. UFMG, 2004.

__. Imprensa e impressos brasileiros: do surgimento à modernidade. In: cardoso, Rafael (Org.). *Impresso no Brasil*. Rio de Janeiro: Verso, 2009.

MACHADO, Marcelo Oliano. *Be a ba, be é bé, be i bi*: o Almanaque Fontoura Dissertação (mestrado em história da educação) – Universidade Estadual de Maringá, Maringá, PR, 2011.

MAGNO, Luciano. *História da caricatura brasileira*. Rio de Janeiro: Mauad, 2012.

MAIA, Andréa Casa Nova; CARDOSO, Luciene Carris; SANTOS, Vicente Saul Moreira (Org.). *Lições do tempo*: temas em história e historiografia do Brasil republicano. Rio de Janeiro: 7Letras, 2016.

MAIO, Marcos Chor. O antissemitismo na era Vargas (resenha). *Estudos Históricos*, Rio de Janeiro, v. 1, n. 2, 1988.

MARQUES, Ivan. *Modernismo em revista*: estética e ideologia dos anos 1920. Rio de Janeiro: Casa da Palavra, 2013.

MARTIN-FUGIER, Anne. *La Place des bonnes, un essai sur la domesticité féminine en 1900*. Paris: Grasset, 1979.

MARTINS, Ana Luiza. Da fantasia à história: folheando páginas revisteiras. *Revista História*, Franca, SP, v. 22, n. 1, 2003a.

__. Desenho, letra e humor: tópicos de um percurso. In: MATTAR, D. (Org.). *Traço, humor e cia*. São Paulo: Fundação Armando Álvares Penteado, 2003b. cap. 1, p. 29-64.

__. *Revistas em revista*: imprensa e práticas culturais em tempos de República. São Paulo: Fapesp, 2008.

__; DE LUCA, Tânia Regina. *História da imprensa no Brasil*. São Paulo: Contexto, 2008.

MASSAUD, Moisés. *História da literatura brasileira*.. São Paulo: Cultrix, 2001. v. 2: Realismo e simbolismo.

MAUAD, Ana Maria. Sobre as imagens na história: um balanço de conceitos e perspectivas. *Revista Maracanan*, Rio de Janeiro, v. 12, n. 14, p. 33-48, jan./jun. 2016.

MAYER, Arno J. *A força da tradição*: a persistência do Antigo Regime (1848-1914). São Paulo: Companhia das Letras, 1990.

MCFARLANE, James (Org.). *Modernismo*: guia geral (1890-1930). São Paulo: Companhia das Letras, 1989.

MELO, Chico Homem de; RAMOS, Elaine. *Linha do tempo do design gráfico no Brasil*. São Paulo: Cosac & Naify, 2011.

MELO, Hildete Pereira de. O serviço doméstico remunerado no Brasil: de criadas a trabalhadoras. *Texto para Discussão*. Rio de Janeiro: Ipea, 1998.

MENCKEN, Henry Louis. *The American language*: an inquiry into the development of English in the United States. Nova York: Alfred A. Knopf. 1989 [1936].

MENESES, Ulpiano T. Bezerra de. Fontes visuais, cultura visual, história visual: balanço provisório, propostas cautelares. *Revista Brasileira de História [online]*, v. 23, n. 45, p. 11-36, 2003. Disponível em: <http://dx.doi.org/10.1590/S0102-01882003000100002>. Acesso em ago. 2017.

MINOIS, Georges. O riso e os ídolos no século XIX. In: __. *História do riso e do escárnio*. São Paulo: Ed. Unesp, 2003.

MORAES, Eduardo Jardim de. Modernismo revisitado. *Estudos Históricos*, Rio de Janeiro, v. 1, n. 2, 1988.

MORSE, Richard. As cidades periféricas como arenas culturais. *Estudos Históricos*, Rio de Janeiro, v. 8, n. 16, 1995.

MOTA, Carlos Guilherme da; CAPELATO, Maria Helena. *História da Folha de S.Paulo (1921-1981)*. São Paulo: Impres, 1980.

MOTTA, Marly Silva da. *A nação faz 100 anos*: a questão nacional no Centenário da Independência. Rio de Janeiro: FGV Ed., 1992.

NASCIMENTO, Abdias do. Teatro experimental do negro: trajetória e reflexões. *Estudos Avançados*, São Paulo, v. 18, n. 50, jan./abr. 2004.

NEEDEL, Jeffrey D. *Belle époque tropical*: sociedade e cultura de elite no Rio de Janeiro na virada do século. São Paulo: Companhia das Letras, 1993.

NEPOMUCEMO, Nirlene. *Testemunhos de poéticas negras*: de Chocolat e a Companhia Negra de Revistas no Rio de Janeiro (1926 1927). Dissertação (mestrado em história – Pontifícia Universidade Católica de São Paulo, São Paulo, 2006.

NERY, L. Charge: cartilha do mundo imediato. *Revista Semear (PUC)*, Rio de Janeiro, v. 7, 2001. Disponível em: <www.letras.puc-rio.br/unidades&nucleos/catedra/revista/7Sem_10.html>. Acesso em: 14 set. 2016.

NOGUEIRA, Andréa de Araújo. *Um Juca na cidade*: representatividade do personagem criado por Belmonte na imprensa paulista (Folha da Manhã 1925-1927). Dissertação (mestrado) – Instituto de Artes, Universidade Estadual Paulista, São Paulo, 1999.

NOGUEIRA, Clara Asperti. Revista Careta (1909-1922): símbolo da modernização da imprensa do século XX. *Miscelânea: revista de pós-graduação em letras*, Assis, SP, v. 8, p. 60-80, nov. 2010.

NOSSO SÉCULO: memória fotográfica do Brasil no século XX. São Paulo: Abril Cultural, 1980.

NOVAIS, Fernando A.; SEVCENKO, Nicolau. *História da vida privada no Brasil*. São Paulo: Companhia das Letras, 1998. v. 3: República: da belle époque à era do rádio.

NOVINSKY, Anita Waingort. *Inquisição*: prisioneiros do Brasil. Rio de Janeiro: Expressão e Cultura, 2002.

__ et al. *Os judeus que construíram o Brasil*: fontes inéditas para uma nova visão da história. São Paulo: Planeta, 2015.

NUNES, Christiane Girard Ferreira. *Cidadania e cultura*: o universo das empregadas domésticas em Brasília (1970-1990). Tese (doutorado) – Departamento de Sociologia, Universidade de Brasília, Brasília, DF, 1993.

O'DONNEL, Julia. A cidade branca: Benjamim Costallat e o Rio de Janeiro dos anos 1920. *História Social*, Campinas, SP, v. 22/23, p. 117-141, 2012.

__. *A invenção de Copacabana*: culturas urbanas e estilos de vida no Rio de Janeiro. Rio de Janeiro: Zahar, 2013.

OLIVEIRA, Cláudia de. A iconografia do moderno: a representação da urbana. In: __; VELLOSO, Monica Pimenta; LINS, Vera. *O moderno em revistas*: representações do Rio de Janeiro de 1890 a 1930. Rio de Janeiro: Garamond, 2010. p. 111-266.

__. Abaixo o Frou-Frou: a querela em torno do feminismo na imprensa carioca da belle époque (1900-1920). In: seminário "a imprensa da belle époque", 2017, Rio de Janeiro. *Anais...* Rio de Janeiro: Fundação Casa de Rui Barbosa, 2017. Disponível em: <www.youtube.com/watch?v=teQzHBaBD-c>. Acesso em: out. 2017.

__; VELLOSO, Monica Pimenta; LINS, Vera. *O moderno em revistas*: representações do Rio de Janeiro de 1890 a 1930. Rio de Janeiro: Garamond, 2010.

OLIVEIRA, Lucia Lippi (Org.). *Cidade*: história e desafios. Rio de Janeiro: FGV Ed., 2002.

__. *Nós e eles*: relações culturais entre brasileiros e imigrantes. Rio de Janeiro: FGV Ed., 2006.

__. Viagem às Américas. In: encontro anual da anpocs, 2008, São Paulo. *Anais...* São Paulo: Anpocs, 2008. Mesa-redonda "Raça e nação: os Estados Unidos vistos por brasileiros".

__. A primeira guerra e o Brasil. In: LIMONIC, Flávio; MARTINHO, Francisco Carlos Palomares (Org.). *A experiência nacional*. Rio de Janeiro: Civilização Brasileira, 2017. p. 51-77.

PAIVA, Eduardo França, *História & imagens*. Belo Horizonte: Autêntica, 2002.

PEDERNEIRAS, Raul. *Geringonça carioca*: verbetes para um dicionário de gírias. Rio de Janeiro: Biquiet, 1946.

PESAVENTO, Sandra J. Muito além do espaço: por uma história cultural do urbano. *Estudos Históricos*, Rio de Janeiro, v. 8, n. 16, p. 279-290, 1995.

__. *História & história cultural*. Belo Horizonte: Autêntica, 2003.

PINHEIRO, Larissa Brum Leite Gusmão. *Melindrosas e almofadinhas de J. Carlos*: questões de gênero na revista ParaTodos (1922-1931). Dissertação (mestrado em história) – Universidade Estadual do Paraná, Curitiba, 2015.

PORTOLOMEOS, Andréa. *A crônica de Benjamin Costallat e a aceleração da vida moderna*. Rio de Janeiro: Casa 12, 2009.

PRADO, Paulo. *Paulística etc*. São Paulo: Companhia das Letras, 2004.

PRIORE, Mary Lucy Murray del. *A mulher na história do Brasil*. São Paulo: Contexto, 1988.

__. *História das mulheres no Brasil*. São Paulo: Contexto, 1997.

PROPP, Vladimir. *Comicidade e riso*. São Paulo: Ática, 1992.

PROST, A. Fronteiras e espaços do privado. In: prost, A. et al. (Org.). *História da vida privada*: da Primeira Guerra aos nossos dias. São Paulo: Companhia das Letras, 1992.

RABAÇA, Carlos Alberto; BARBOSA, Gustavo Guimarães. *Dicionário de comunicação*. Rio de Janeiro: Codecri, 1978.

RAINHO, Maria do Carmo Teixeira. *A cidade e a moda*. Brasília: Ed. UnB, 2002.

RESENDE, Beatriz. A volta de mademoiselle cinema. In: COSTALLAT, Benjamin. *Mademoiselle Cinema*. Rio de Janeiro: Casa da Palavra, 1999.

__. Melindrosa e almofadinha, cock-tail e arranha-céu: a literatura e os vertiginosos anos 20. In: LOPES, Antonio Herculano. *Entre Europa e África*: a invenção do carioca. Rio de Janeiro: Casa de Rui Barbosa, 2000.

__ (Org.). *Cocaína*: literatura e outros companheiros de ilusão. Rio de Janeiro: Casa da Palavra, 2006.

__. Río de Janeiro y otros modernismos. *Cuadernos de Literatura*, Bogotá, v. XVIII n. 35, jan./jun., 2014, p. 73-85. (Departamento de Literatura, Pontificia Universidad Javeriana.)m

__ (Org.). *Lima Barreto*: impressões de leitura e outros textos críticos. São Paulo: Penguin; Companhia das Letras, 2017.

RIANI, Camilo. *Linguagem & cartum...*: tá rindo do quê? Um mergulho nos salões de humor de Piracicaba. Piracicaba: Ed. Unimep, 2002.

RIBALDI, Ari. Qual a origem da expressão "golpe do baú"? *Super Interessante*, São Paulo, n. 362, jul. 2016.

RIBEIRO, Luiz César de Queiroz. *Dos cortiços aos condomínios fechados*. Rio de Janeiro: Civilização Brasileira, 1997.

RICOEUR, Paul. Explicação/compreensão. In: __. *A memória, a história, o esquecimento*. Campinas:Ed. Unicamp, 2007. p. 193-245.

ROSS, Sara. The Hollywood flapper. In: DESSER, David; JOWETT, Garth S. *Hollywood goes shopping*. Minneapolis, MN: University Of Minnesota Press, 2000.

RUST, Leandro Duarte. Jacques Le Goff e as representações

do tempo na Idade Média. *Fênix: revista de história e estudos culturais*, Uberlândia, v. 5, n. 2, p. 1-19, 2008.

SALIBA, Elias Thomé. *Raízes do riso – a representação humorística na história brasileira*: da belle époque aos primeiros tempos do rádio. São Paulo: Companhia das Letras, 2002.

SANT'ANNA, Denise Bernuzzi de. *Corpos de passagem*: ensaios sobre a subjetividade contemporânea. São Paulo: Estação Liberdade, 2001.

SANTOS, Luciene Conceição dos. A (des)construção do Jeca Tatu: uma análise da personagem de Monteiro Lobato. In: ENCONTRO BAIANO DE ESTUDOS EM CULTURA – EBECULT, III., 2012, Cachoeira, BA. *Anais*... Cachoeira, BA: UFRB, 2012.

SANTOS, Vicente Saul Moreira dos. *"Minha alma canta, vejo o Rio de Janeiro"*: a Zona Sul carioca entre crônicas e canções. Tese (doutorado) – Centro de Pesquisa e Documentação de História Contemporânea do Brasil, Fundação Getulio Vargas, Rio de Janeiro, 2013.

SANTUCCI, Jane. *Babélica urbe*: o Rio nas crônicas dos anos 1920. Rio de Janeiro: Rio Books, 2015.

SARDELICH, Maria Emilia. Leitura de imagens, cultura visual e prática educativa. *Cadernos de Pesquisa*, v. 36, n. 128, p. 451-472, maio/ago. 2006.

SARLO, Beatriz. *Modernidade periférica*: Buenos Aires 1920-1930. São Paulo: Cosac & Naify, 2010.

SCOVENNA, Sandra Maret. *Nas linhas e entrelinhas do Riso*: as crônicas humorísticas de Belmonte (1932-1935). Dissertação (mestrado em história social) – Faculdade de Filosofia, Letras e Ciências Humanas, Universidade de São Paulo, São Paulo, 2009. Disponível em: <www.teses.usp.br/teses/disponiveis/8/8138/tde-09032010-111451/pt-br.php>.

SCOTT, James. *Weapons of the near*: everyday forms of peasant resistance. New Haven: Yale University Press, 1985.

SEVCENKO, Nicolau. *Literatura como missão*: tensões sociais e criação cultural na Primeira República. São Paulo: Brasiliense, 1983.

__. *História da vida privada no Brasil*. São Paulo: Companhia das Letras, 1988. v. 3.

__. *Orfeu extático na metrópole* (São Paulo: sociedade e cultura nos frementes anos 20). São Paulo: Companhia das Letras, 2003.

SCHWARCZ, Lilia Moritz. *O espetáculo das raças*: cientistas, instituições e questão racial no Brasil: 1870-1930. São Paulo: Companhia das Letras, 1993.

SHAW, Lisa. *Tropical travels*: brazilian popular performance, transnational encounters and the construction of race. Austin: University of Texas Press, 2018.

SILVA, Marcos Antonio da. *Caricata República*. São Paulo: Marco Zero, 1990.

SILVA, Mariza Vieira da. *História da alfabetização no Brasil*: a constituição de sentidos e do sujeito da escolarização. Tese (doutorado) – Universidade de Campinas, Campinas, SP, 1998.

SILVA, Regina Helena Alves da. *São Paulo*: a invenção da metrópole. Tese (doutorado em história social) – Faculdade de Filosofia, Letras e Ciências Humanas, Universidade de São Paulo, São Paulo, 1997.

SILVA, Zélia Lopes da. O traço de Belmonte: desvendando São Paulo e o Brasil (1922-1924). *ArtCultura*, v. 9, n. 15, p. 163-179, 2007.

SIMMEL, Georg. A metrópole e a vida mental. In: velho, Otávio. *O fenômeno urbano*. Rio de Janeiro: Jorge Zahar, 1976.

__. As grandes cidades e a vida do espírito (1903). *Mana – Estudos de Antropologia Social*, Rio de Janeiro, v. 11, n. 2, p. 577-591, 2005.

__. *Filosofia da moda e outros escritos*. Lisboa: Texto & Grafia, 2008.

SLAVUTZKY, Abrão; KUPERMANN, Daniel. *Seria trágico... se não fosse cômico*: humor e psicanálise. Rio de Janeiro: Civilização Brasileira, 2005.

SODRÉ, Nelson Werneck. *História da imprensa no Brasil*. Rio de Janeiro: Civilização Brasileira, 1966.

SOIHET, Rachel. Pisando no sexo frágil. *Nossa História*, Rio de Janeiro, n. 3, p. 15-19, jan. 2004.

SOLAND, Birgitte. *Becoming modern*: young women and the reconstruction of Womanhood in the 1920s. Princeton: Princeton University Press, 2000.

SOUZA, Gilda de Mello e. *O espírito das roupas*: a moda no século XIX. São Paulo: Companhia das Letras, 2009.

SOUZA, José Inácio de Melo. *O Estado contra os meios de comunicação (1889-1945)*. São Paulo: Annablume, 2003.

SÜSSEKIND, Flora. *As revistas do ano e a invenção do Rio de Janeiro*. Rio de Janeiro: Nova Fronteira, 1986.

__. *Cinematógrafo de letras*: literatura, técnica e modernização no Brasil. São Paulo: Companhia das Letras, 1987.

TEIXEIRA, Luiz Guilherme Sodré. *O traço como texto*: a história da charge no Rio de Janeiro de 1860 a 1930. Rio de Janeiro: Fundação Casa de Rui Barbosa, 2001.

URRY, John. Inhabiting the car. *On-Line Papers*, Department of Sociology, Lancaster University. 2002. Disponível em: <www.lancaster.ac.uk/fass/resources/sociology-online-papers/papers/urry-inhabiting-the-car.pdf>. Acesso em: out. 2017.

VALLADARES, Licia. A gênese da favela carioca: a produção anterior às ciências sociais. *Revista Brasileira de Ciências Sociais* [online], v. 15, n. 44, p. 5-34, 2000. Disponível em: <http://dx.doi.org/10.1590/S0102-69092000000030000>. Acesso em: out. 2017.

VELHO, Gilberto. Estilo de vida urbano e modernidade. *Estudos Históricos*, n. 8, p. 227-234, 1995.

VELLOSO, Monica Pimenta. *Modernismo no Rio de Janeiro*. Rio de Janeiro: FGV Ed., 1996.

__. *Que cara tem o Brasil?* Rio de Janeiro: Ediouro, 2000.

__. *História e modernismo*. Belo Horizonte: Autêntica, 2010.

VIANNA, Hermano. *O Mistério do samba*. Rio de Janeiro: Jorge Zahar, 1999.

VOVELLE, Michel. *Ideologias e mentalidades*. São Paulo: Brasiliense, 1987.

WILSON, Elizabeth. *Enfeitada de sonhos*. Rio de Janeiro: Edições 70, 1985.

ZALUAR, Alba; ALVITO, Marcos (Org.). *Um século de favela*. Rio de Janeiro: FGV Ed., 2006.

## FONTES

### Obras de Belmonte
(obras de Benedito Bastos Barreto publicadas sob pseudônimo)

BELMONTE. *O amor através dos séculos*. Rio de Janeiro: Frou-Frou, 1928. (Álbum de luxo).
__. *Ideias de João Ninguém*. Rio de Janeiro: José Olympio, 1935.
__. *Música, maestro!*. São Paulo: Folha da Manhã, 1940.
__. *A guerra do Juca*. São Paulo: Folha da Manhã, 1942.
__. *Caricatura dos tempos*. São Paulo: Melhoramentos, 1982. (Álbum póstumo).
__. *Belmonte 100 anos*. São Paulo: Senac, 1996.

### Cronistas de época

ALBUQUERQUE, J. J.de Campos da Costa de Medeiros e. *Graves e fúteis*. Rio de Janeiro: Leite Ribeiro, 1922.
BARBOSA, Orestes. *Ban-Ban-Ban!* Rio de Janeiro: Costallat & Miccolis Ed., 1923.
COSTALLAT, Benjamin. *Mutt, Jeff & Cia*. Rio de Janeiro: Leite Ribeiro, 1922.
__. *Cocktail*. Rio de Janeiro: Leite Ribeiro, 1923.
__. *Mademoiselle Cinema*. Novela de costumes do momento que passa... Rio de Janeiro: Casa da Palavra, 1999 [1923].
__. *Fitas*. Rio de Janeiro: 1924a.
__. *Mystérios do Rio*. Rio de Janeiro: Costallat & Miccolis, 1924b.
__. *Paysagem sentimental*. Rio de Janeiro: José Olympio, 1936.
COUTO, Rui Ribeiro. *A cidade do vício e da graça*. Rio de Janeiro: Costallat & Miccolis, 1924.
__. *Vida vertiginosa*. São Paulo: Martins Fontes, 2006 [1911].
FITZGERALD, F. Scott. *This side of Paradise*. Nova York: Dover, 1996 [1920].
HUXLEY, Aldous. The perversion of values. *Vogue*, Londres, out. 1926.
MARIANO, Olegário. *Ba-Ta-Clan*. Rio de Janeiro: Costallat & Miccolis, 1927.
MOREYRA, Álvaro. *A cidade mulher*. Rio de Janeiro: Mauad, 2016 [1923].
PENALVA, Gastão. *Luvas e punhais*. Rio de Janeiro: Costallat & Miccolis, 1924.
WOOLF, Virginia. *Um teto todo seu*. Rio de Janeiro: Nova Fronteira, 1985 [1929].
RIO, João do. *A alma encantadora das ruas*. Belo Horizonte: Crisálida, 2007 [1908].

## AGRADECIMENTOS

*À querida professora Lucia Lippi, que agora posso chamar de "minha" orientadora, pelas lições plenas de rigor, saber e muita generosidade.*

*Agradeço à Capes pela concessão da bolsa sanduíche que me permitiu, durante quatro meses, desenvolver e aprofundar a pesquisa comparada.*

*Ao professor Felipe Botelho Corrêa, co-orientador no Reino Unido, por ter me acolhido como pesquisadora visitante no King's College London.*

*A Luciano Magno, pelo privilégio das consultas e trocas de ideias.*

*À equipe da FGV Editora, pela parceria frutífera.*

*Ao amigo Vicente Saul, testemunha dessa aventura.*

*E, finalmente, à minha família e meu marido, Fernando Stambowsky, que me apoiou com incentivo, paciência e muito amor.*

*Marissa Gorberg Stambowsky* é Doutora em História, Política e Bens Culturais pelo CPDOC da Fundação Getúlio Vargas; participou, como bolsista CAPES, do Programa Doutorado Sanduíche no Exterior, junto ao King's College London. É autora do livro Parc Royal: um magazine na belle époque carioca *e integrante do grupo de pesquisas "Imprensa e Circulação de ideias: o papel de jornais e revistas nos séculos XIX e XX", coordenado na Fundação Casa de Rui Barbosa.*

*Este livro foi editado
na primavera de 2019
na cidade de São Sebastião
do Rio de Janeiro.
Foram usados tipos Didot,
Cochin e New Yorker.*

FICHA CATALOGRÁFICA ELABORADA PELA
BIBLIOTECA MARIO HENRIQUE SIMONSEN/FGV

Gorberg, Marissa.
    Belmonte : caricaturas dos anos 1920 / Marissa Gorberg. - Rio de Janeiro : FGV Editora, 2019.
    216 p. : il.

    Inclui bibliografia.
    ISBN: 978-85-225-2185-2

    1. Caricaturas. 2. Caricaturistas. 3. Belmonte, 1896-1947. 4. Caricaturas e desenhos humorísticos. I. Fundação Getulio Vargas.

CDD – 741.5